黄河三角洲经济史研究

（1840～1978年）

李靖莉　李沈阳　王爱民　杜立晖　著

山东大学出版社

图书在版编目(CIP)数据

黄河三角洲经济史研究:1840～1978年/李靖莉等著.
—济南:山东大学出版社,2018.12
ISBN 978-7-5607-6283-8

Ⅰ.①黄… Ⅱ.①李… Ⅲ.①黄河—三角洲—经济史—研究—1840-1978 Ⅳ.①F129.4

中国版本图书馆CIP数据核字(2018)第299158号

责任策划:王立强
责任编辑:王立强
封面设计:牛 钧

出版发行:山东大学出版社
社 址 山东省济南市山大南路20号
邮 编 250100
电 话 市场部(0531)88363008
经 销:新华书店
印 刷:济南华林彩印有限公司
规 格:720毫米×1000毫米 1/16
17.5印张 285千字
版 次:2018年12月第1版
印 次:2018年12月第1次印刷
定 价:38.00元

序

黄河三角洲是我国三大河口三角洲之一，面积仅次于长江三角洲，位居第二。历史上黄河泥沙淤积而成的这一三角洲冲积平原，生成发育持续演化，自然地理与经济、人文地理相互叠加运动，使之呈现出既古老又年轻的面貌特征。近现代以来，伴随着移民的大量迁入，黄河三角洲开发步伐进一步加快，经济形态发生了重大变化，成为山东重要的经济增长极，受到世人的关注。因此，黄河三角洲近现代开发历史研究，是一个值得深入、持久努力的学术领域。

《黄河三角洲经济史研究(1840～1978年)》作为山东省社科规划重点项目，在以李靖莉为首的课题组成员的努力下，历经四年终于完成并出版，可喜可贺！该书以近现代黄河三角洲区域经济演化为研究对象，从陆海、人文、人地关系变迁的视角，分三个时段全面、系统地梳理了地域经济的各个方面，包括农业、手工业、工业、商业、交通开发以及经济政策和水利工程建设，厘清了区域社会经济演变的内在脉络，探究了其变化的诸多原因及历史影响，并以史为鉴，提出了科学、高效、可持续开发黄河三角洲的对策和建议。

该书作者均供职于地处黄河三角洲的滨州学院，熟悉本区域的历史和风土人情，并怀有深厚感情。他们长期从事黄河三角洲历史文化研究，学术积累厚重，该书便是其多年辛勤耕耘的结晶。全书利用所能搜集到的各类资料，运用历史学、地理学和动态与静态相结合的方法，对近现代黄河三角洲经济的演变、特点与发展趋势作出了具有新意的分析和论证。概括而言，主要有三个方面：一是打通近代与当代的藩篱，从自然历史演进的特质出发，对近现代黄河三角洲经济发展全程和全貌进行贯通式研究，以此彰显研究的深度和厚度，特别是对当下黄河三角洲高效生态经济区建设具有突出的历史借鉴作用；二是注重区域经济社会演化的内在因素分析，将地域、个案、具体历史事件融合贯通，以求取得对历史整体的把握理解，其中对各县域经济特色、“乡建”运动、土地安垦的分析阐释颇具特色；三是依据各个时期地域经济变化的不同内涵，分析梳理其生成、延续、转化的历史动因，探究兴衰起伏的轨迹和实貌，由此进一步深化了对开发活动成效与局限的认识及解读。所以说，该书在一定程度上深化和推动了中国经济史、山东区域史的研究，弥补了黄河三角洲经济研究的薄弱。

当前，黄河三角洲开发进入新的历史时期，“知古鉴今，古为今用”，相信作者能够以此区域史研究力作为新起点，持续不断地有学术新创造。

是为序。

刘大可

2018年10月

目 录

绪　论

黄河三角洲地貌类型较为特殊，主要是在黄河携带的泥沙与海洋的共同作用下形成的。与珠江三角洲、长江三角洲不同，黄河入海口在漫长的历史时期历经多次变动，这给黄河三角洲地域范围的界定提出了难题。如何在确定黄河三角洲范围和把握黄河三角洲经济史研究现状的基础上，找到恰当的切入点，通过具体的研究为黄河三角洲区域研究提供基石和积淀，是值得思考的一个问题。

一、研究对象的界定

由于海岸线自距今 7000 余年前开始不断向渤海湾推进①，历史上黄河下游的决徙往往导致主河道的改变。黄河曾北自静海（今天津静海）东流，也曾南夺淮河入海。不同视阈下的黄河三角洲，范围有所不同。

从历史地理学的角度讲，“黄河三角洲的概念在历史上是不断变化的，有古代、近代和现代黄河三角洲之分。据学术界一致的看法，古代黄河三角洲是指黄河自远古至 1855 年改道山东大清河入海以前，以河南省的巩县为顶点，南到黄淮，北到天津的广大地域；近代黄河三角洲是指 1855 年黄河北夺大清河入海后至 1934 年之前冲积而成的，以垦利县的宁海为起点，北到套儿河，南到支脉河的地域范围，面积约为 5400 平方公里，包括了现在东营市的大部分（5200 平方公里）和滨州市的一部分（200 平方公里）；现代黄河三

① 参见徐其忠：《从古文化遗址分布看距今七千年——三千年间鲁北地区地理地形的变迁》，《考古》1992 年第 11 期。

角洲是指1934年以后由黄河尾闾冲积而成的新三角洲”①。在此基础上，黄河三角洲的概念有广义和狭义之分。广义的黄河三角洲，以河南省巩义市为顶点，北起天津，南到徐淮。狭义的黄河三角洲，主要包括以宁海为顶点的近代三角洲和以渔洼为顶点的现代三角洲两个堆积体系。②

从经济开发的角度讲，研究者一般将黄河三角洲“确定为包括东营和滨州两个地级市以及淄博的高青县，共13个县(区)，总面积1.8万多平方公里，总人口520万的范围”③。

近年来，又出现了“黄河三角洲高效生态经济区”的概念。在2008年山东省政府关于建设黄河三角洲高效生态经济区的规划中，黄河三角洲的范围进一步扩展：

> 黄河三角洲地区，是以黄河历史冲积平原和鲁北沿海地区为基础，向周边延伸扩展形成的经济区域。地域范围包括东营和滨州两市全部，以及与其相毗邻，自然环境条件相似的潍坊北部寒亭区、寿光市、昌邑市，德州乐陵市、庆云县，淄博高青县和烟台莱州市。共涉及6个设区市的19个县(市、区)，总面积2.65万平方公里，占全省的六分之一。④

从现实来看，人类有意识地开发黄河三角洲是20世纪后期的事情，而且往往立足于河流现状。因此，作为一项人文社会科学的研究，本研究中黄河三角洲的范围，指今天滨州和东营两市的全部以及淄博市的高青县。⑤ 这一界定是由黄河主河道的现行位置决定的，属于古代黄河三角洲的一部分，同时兼顾到历史地理学和经济开发意义上的黄河三角洲。

黄河三角洲各州县成立的时间不同，行政区划多有变动，在明清时期基本趋于稳定。晚清时期，黄河三角洲主要包括济南府的邹平、长山、齐东三

---

① 张金路、孙才顺、田家怡:《黄河三角洲文化概要》，齐鲁书社2007年版，第2～3页。

② 参见徐其忠、李靖莉、王燕:《黄河三角洲古文化遗存研究》，山东人民出版社2002年版，第6页。

③ 张金路、孙才顺、田家怡:《黄河三角洲文化概要》，第4页。

④ 《山东省人民政府关于印发黄河三角洲高效生态经济区发展规划的通知》(鲁政发〔2008〕46号)。

⑤ 根据刘德增的研究，山东的移民以胶莱河为界，大致上分为两大区域：胶莱河以西主要是山西洪洞“大槐树”与河北枣强移民，以东主要是“小云南”移民。(详见刘德增:《大迁徙——寻找“大槐树”与“小云南”移民》，山东人民出版社2009年版，第35～36页)移民的来源不同，文化特色也有区别，这也是本研究在界定黄河三角洲的范围时，没有把经济开发意义中的潍坊、烟台等地纳入研究范围的原因。

县，武定府[①]的惠民、青城、阳信、海丰、滨州、利津、沾化、蒲台七县一州，青州府的博兴、高苑、乐安三县。以上州县即为本研究中黄河三角洲的行政范围。当然，经济分界线不似行政区划那般直接明了，因此，在具体研究中，有时会超出此地理限定。

中国古代经济史是研究中国古代经济发展进程的一门学科，对它的学习与把握应当立足于整个中国古代社会，立足于它存在的自然与社会环境，用综合的、动态的和发展的观点去分析和研究，构筑整体的经济史观，把握中国古代经济发展的脉络与特性，探寻从历史中走来的中国经济的今天和明天。[②] 它主要研究经济发展的环境、经济结构、经济技术发展、经济政策以及经济区划等问题。

囿于研究能力、精力和资料，本研究在研究黄河三角洲经济史过程中，不可能对上述问题作全面的梳理，于是把时间限定在1840～1978年，并着力凸显以下几个问题：一是黄河三角洲经济发展的环境，尤其是黄河三角洲自然环境与经济发展的关系；二是黄河三角洲的农业、手工业和商业贸易在晚清、民国、中华人民共和国成立至1978年三个时期的发展状况；三是黄河三角洲经济史的特色问题，如淤积地增加与农业垦殖、移民与经济开发、制盐业与纺织业的发展、水利工程的兴修；四是对黄河三角洲经济开发历史的反思，尤其是黄河三角洲经济发展的制约因素与当代启示；五是通过与其他地域开发状况的比较，客观认识不同时期黄河三角洲经济发展的真实水平。

对于本研究时间范围以外的经济史，今后另作专门研究。

二、黄河三角洲经济史研究现状

黄河三角洲经济史是近年来学者关注的一个重点问题。研究者一般把黄河三角洲古代经济的发展分为几个阶段。比如，李靖莉、李淑芬以时间为线索，从史前、春秋战国、魏晋南北朝、隋唐、宋元、明清几个阶段，简要叙述了黄河三角洲农业、手工业和商业的发展状况，认为黄河三角洲农业因农产

① 武定府的行政辖地在清代有所变动。《清史稿》载："雍正二年直隶。十二年为府，置附郭，降滨并所领利津、沾化、蒲台及济南之青城、商河来隶。"（详见赵尔巽等：《清史稿·地理志》，中华书局1976年版，第2051页）

② 参见齐涛主编：《中国古代经济史》，山东大学出版社2011年版，第1页。

品种类齐全而为唐宋朝廷所倚重，手工业以发达的制盐业、冶铁业、纺织业而著称，市场繁荣，商品交易昌盛。[①] 这种分期法也体现在盐业史的研究中。李靖莉等把黄河三角洲食盐的生产追溯到西周时期，进而从春秋战国、魏晋南北朝、隋唐、宋元、明清五个时期概述了黄河三角洲古代盐业的发展历程，认为黄河三角洲古代盐业发展水平比较高，而行业作用、比较优越的自然环境、政府适宜的宏观举措等，对这一行业的发展起到积极的促进作用。[②]

在划分经济发展阶段的基础上，研究者初步探讨了各个阶段中黄河三角洲的开发情况。王爱民认为，黄河三角洲地区的龙山文化遗址分布密集，呈现明显的分区、集群分布，透露出黄河三角洲开发时间之早。[③] 李沈阳认为，东汉时期，伴随黄河决溢而产生的滩涂和在入海口不断淤积的新增土地，成为黄河三角洲吸引外来人口和开发的重要动力；汉代黄河三角洲在经济、人口、城市和文化方面达到较高的水准。[④] 杜立晖以棣州为例，认为隋唐五代时期是黄河三角洲大开发、大发展的重要时期之一，这一时期黄河三角洲在市镇、人口、农工商业等方面发生了显著变化。[⑤] 付春梅以滨州和棣州为中心，展现了北宋时期黄河三角洲在人口、农业、工业、商业等方面的发展。[⑥] 这些成果为我们研究古代黄河三角洲经济史奠定了重要基础。

黄河三角洲古代经济部门中，制盐业和纺织业较为发达。王爱民认为，到商代晚期，黄河三角洲成为商朝重要的盐业生产区，商朝采取派驻氏族和利用归附土著的方式，对该区域的盐业开发进行控制。[⑦] 李靖莉考论了黄河三角洲古代工商业的概况，认为丰富的自然资源与濒海临水的区位优势，使

---

① 参见李靖莉、李淑芬：《黄河三角洲古代经济述要》，《山东行政学院 山东省经济管理干部学院学报》2002年第2期。

② 参见李靖莉、赵惠民：《黄河三角洲古代盐业考论》，《山东社会科学》2007年第9期。李靖莉：《明清时期黄河三角洲手工业经济考论》，《东方论坛》2006年第4期。

③ 参见王爱民：《试论龙山时代黄河三角洲人文格局》，《管子学刊》2014年第1期。王爱民：《人地互动与先秦时期黄河三角洲开发》，《滨州学院学报》2017年第3期。

④ 参见李沈阳：《汉代黄河变迁与黄河三角洲的开发》，《东岳论丛》2010年第6期。

⑤ 参见杜立晖：《隋唐五代黄河三角洲的开发——以棣州为中心的考察》，《东岳论丛》2010年第6期。

⑥ 参见付春梅：《宋代黄河三角洲的开发——以滨、棣二州为中心的考察》，《兰台世界》2017年第13期。

⑦ 参见王爱民：《试论商代黄河三角洲地区盐业生产的控制》，《华夏考古》2014年第2期。王爱民：《商朝时期海盐生产与黄河三角洲开发》，山东大学文化遗产研究院编：《东方考古》第12集，科学出版社2015年版。王爱民：《商朝对黄河三角洲海盐资源的掠夺与商朝灭亡》，《黑河学院学报》2011年第4期。

黄河三角洲自古即有较为发达的手工业与商业经济。其中,制盐业与纺织业为黄河三角洲较发达的手工业部门,产品为历代朝廷所倚重。早在先秦时期即已产生的商业活动延至明清仍昌盛不衰。[①] 李靖莉还以制盐业、纺织业和草缏业为例,梳理描述了晚清黄河三角洲手工业的发展轨迹,认为这一地区的手工业虽然存在明显的局限性,但在"最关乎国计民生的重大领域,发挥着独特的富国强民作用"。[②] 例如,黄河三角洲是中国近代著名的棉花品种科学改良试验基地,成功选育出脱字47号、36号、57号等美棉良种与齐东4号等中棉良种,并进行了一系列棉花栽培试验。黄河三角洲近代棉业改良不仅对黄河三角洲,而且对山东乃至全国棉作产生重大影响:一是打造并愈益彰显了黄河三角洲区域经济的特色与地位;二是进一步巩固了山东植棉大省的地位;三是引领、带动了全国植棉业的发展。[③] 王爱民着重研究了民国时期黄河三角洲的市镇发育情况,认为民国前期黄河三角洲的市镇得到较充分的发育,使黄河三角洲成为山东省市镇比较密集的地区。商品经济的发展以及由此导致的农产品生产专业化,促进了商品交换的繁荣和产地市场的形成,这是黄河三角洲市镇发育的主因;胶济铁路的修建、便利的黄河和小清河航运等交通优势,是黄河三角洲市镇发展的诱因。而各区域的自然、交通等条件不同,造成了黄河三角洲南北部地区市镇发展的差异性;在市镇的密度及专业化水平方面,黄河三角洲与发达的江南地区也有较大的差距。[④]

在此基础上,有研究者估判了黄河三角洲商品经济发展水平。赵惠民分析了黄河三角洲古代商品经济的发展情况与地位,认为"地理环境与物产具有比较优势,加上政府适宜的宏观调控等多种因素的交互作用,使黄河三角洲古代商贸活动比较兴盛,商品经济的发育在山东乃至全国处于较高水平,并呈现出明显的区域特征"[⑤]。李靖莉进一步指出,至少在唐宋明清时期,黄河三角洲商品经济处在较高的发展水平。[⑥]

---

① 参见李靖莉:《黄河三角洲古代工商业考略》,《烟台师范学院学报》2003年第2期。

② 参见李靖莉、王萍:《黄河三角洲盐业生产史考》,李象润、李靖莉编著:《滨州历史与民俗文化考略》,黄河出版社2007年版,第128～138页。

③ 参见李靖莉:《黄河三角洲近代棉业改良及其影响》,《齐鲁学刊》2005年第6期。

④ 参见王爱民、李靖莉:《民国前期黄河三角洲地区市镇的发育》,《东岳论丛》2014年第8期。

⑤ 赵惠民:《论黄河三角洲古代商品经济的发育》,《中国石油大学学报》2007年第3期。

⑥ 参见李靖莉:《唐宋明清时期黄河三角洲商品经济考论》,《东岳论丛》2006年第11期。

当然,黄河三角洲古代经济发展也存在诸多问题。李靖莉研究了黄河三角洲的古代商业发展状况,认为这一地区的古代商业发展速度比较缓慢、发展程度偏低、发展区域不够均衡,因此从总体上看,"黄河三角洲商业贸易始终没有摆脱地方化与封闭性的特点,属于封建小农经济范畴内的余缺调剂性质"①。虽然唐宋明清时期优越的地理环境和丰富的物产资源促进了黄河三角洲商品经济的发展,但也存在发展区域不够均衡、区域差异较大的问题。② 这些分析说明研究者对黄河三角洲的区域经济有着较为深入的认识,也是当代黄河三角洲开发的历史借鉴。③

综上,在黄河三角洲经济史研究方面,研究者以王朝兴替为主线,围绕古代的农业、手工业和商业经济进行讨论,既关注到黄河三角洲手工业的两大优势产业——制盐业和纺织业,对这一地区的经济地位作出合理的估判,又对这一地区经济发展存在的问题进行了较为深刻的分析。④

三、本研究的思路与方法

本研究以 1840～1978 年为研究时限,以经济地理意义上的黄河三角洲为研究区间,把近 140 年的研究时限划分为晚清、民国和中华人民共和国成立至 1978 年三个时段,运用跨学科的方法进行回溯性研究:

(1)以历史法研究黄河三角洲经济发展史。根据社会性质的变化,重点关注传统社会农业、手工业、商业三大经济领域和中华人民共和国成立后农业、工业、服务业三大产业的发展面貌,梳理黄河三角洲经济发展的历史。

(2)采用比较分析法,在把握黄河三角洲经济发展脉络的基础上,运用翔实可靠的史料,通过与同时期胶东半岛、鲁西南地区经济发展状况的比较研究,分析不同时期、不同行业黄河三角洲经济发展的水平。

(3)运用历史唯物主义和现代经济学理论,剖析黄河三角洲经济发展迟缓的原因,提出规避失误,科学、高效、可持续开发黄河三角洲的对策建议。

---

① 李靖莉:《黄河三角洲古代商业考论》,《滨州学院学报》2005 年第 1 期。

② 参见李靖莉:《唐宋明清时期黄河三角洲商品经济发展考论》,《东岳论丛》2006 年第 6 期。

③ 参见种效博:《黄河三角洲开发的历史之鉴》,《中国石油大学学报》2014 年第 1 期。

④ 参见李沈阳:《近十年来黄河三角洲区域研究的回顾与展望》,《中国石油大学学报》2009 年第 2 期。

第一章　晚清时期黄河三角洲经济发展环境

经济与环境相互影响、相互制约。经济在特定环境中发展，受特定环境制约，环境的变动往往影响到经济的发展。这里所称“经济发展的环境应当包括自然环境和社会环境两大组成部分，自然环境的主体是地理环境，社会环境则包括了社会制度、思想文化、思维特点以及人口问题等”[①]。黄河三角洲自然环境和社会环境的特点，既为黄河三角洲的经济发展提供了便利条件，也存在着一定制约因素。

第一节　自然环境

自然环境包括河流、土壤、气候等，是环绕人们周围的各种自然因素的总和，也是人类赖以生存的物质基础。自然环境既可为经济发展提供便利，也会制约经济发展的速度。

一、河流众多

黄河三角洲地处黄河下游，属黄河冲积平原，区域内河流众多。以黄河为界，可将境内河流分成两大水系：黄河以南为小清河水系，黄河以北为海

① 齐涛主编：《中国古代经济史》，第 9 页。

河流域水系。

黄河横贯黄河三角洲中部，自邹平县西北部的苗家村附近入境，流经邹平、高青、博兴3县和惠民、滨城之间，穿越滨州中南部，在博兴县老盖家村附近进入东营市，再自西南向东北横贯东营市全境，于垦利区东北部注入渤海。

小清河自邹平县西部的五龙堂入境，横穿黄河三角洲南部，流经邹平、高青、博兴、广饶等县，至潍坊市寿光市羊角沟注入渤海。小清河水系主要包括孝妇河、胜利河、杏花河、预备河、乌河等。

海河流域水系包含的河道较多，有徒骇河、德惠新河、马颊河、漳卫新河和秦口河、潮河、褚官河、太平河、马新河、沾利河、草桥沟、草桥沟东干流、挑河、神仙沟等。海河流域各河河床落差较小，河口附近海域潮差较大，各河均有相当长的河段受海上潮汐影响，泥沙淤积，形成“拦门沙”。

以上河流既为黄河三角洲经济社会发展提供了丰富的水资源，也时常导致水灾。能否控制水灾，变害为利，成为黄河三角洲经济发展必须面对和解决的问题。

二、土壤碱卤

土壤是在成土因子(母质、气候、地形、植物、陆地年龄)综合作用下发育而成的历史自然体。晚清时期，黄河三角洲土壤的突出特点是盐碱化较为普遍，这在各县地方志中均有明确记载。如利津县：

> 利津僻在海滨，舄卤之地，生理素啬。……邑地多碱薄，宜谷之土较他邑为少。[①]
>
> 利津地滨海，壤多斥卤。[②]

博兴县：

> 博境处济水下游，毗邻海隅，地多荒碱。农民播种五谷，迨甲拆勾萌，一遇微雨，咸质滋入，苗即枯萎，有种至三五次者。

① (清)盛赞熙修，(清)于朝棻纂：(光绪)《利津县志・舆地图・风俗》，《中国地方志集成・山东府县志辑》，凤凰出版社2004年影印版。

② (光绪)《利津县志・户书》。

> (木材)以地斥卤不蕃,南交临淄则郁茂焉,工师常购材邻邑。[①]

邹平县:

> 西南多冈陵,东北多碱卤。山泽异势,民之生理亦因之。[②]

广饶县:

> 邑内地质多含盐碱,东北部斥卤不毛,几占全境之半可耕地。
>
> 邑东北境东濒海,北逼河,土质斥卤。[③]

沾化县:

> 境内西、南两面,方幅蕞尔,洼碱过半。东北一带,地逾百里,皆滨海斥卤,历来少收。[④]

“舄卤”“斥卤”“荒碱”“碱卤”“盐碱”等,成为地方志提及黄河三角洲土壤特点时出现较多的词汇。这一特点主要由自然环境所致。黄河三角洲的沉积环境、气候条件和土壤母质决定了原生盐渍化土壤在区域内广泛分布。当地农业的发展、平原水库的修建和重灌轻排的耕作方式,加上区域本身地下水埋藏浅但矿化度高,使黄河三角洲土壤次生盐渍化也日趋加剧。[⑤]

黄河三角洲的土壤不仅盐碱化程度高,而且分布较为广泛,这为黄河三角洲发展制盐业提供了得天独厚的条件,但也造成了淡水资源短缺、农作物生长不利、绿化效果难以保持和巩固等不良后果,制约着区域经济的发展。

三、气候温和

黄河三角洲属于东亚暖温带亚湿润大陆性季风气候区,受太阳辐射、季风和自然地理环境的影响,形成了四季分明、气候温和的基本气候特征,表现出较强的大陆性。春季气温回升快,不稳定,温差变化较大,降水少,风多

---

① 张其丙修,张元均纂:(民国)《重修博兴县志·风土志》,《中国地方志集成·山东府县志辑》,凤凰出版社2004年影印版。

② 钟垚、赵咸庆修,赵仁山等纂:(民国)《邹平县志·方域考·疆域》,《中国地方志集成·山东府县志辑》,凤凰出版社2004年影印版。

③ 王文彬、潘莱峰修,王寅山纂:(民国)《续修广饶县志·舆地志》,《中国地方志集成·山东府县志辑》,凤凰出版社2004年影印版。

④ (清)王植:《启抚军请蠲沾化县钱粮》,梁建章、徐中晟修,于清泮纂:(民国)《沾化县志·艺文志》,《中国地方志集成·山东府县志辑》,凤凰出版社2004年影印版。

⑤ 参见范晓梅、刘高焕、唐志鹏等:《黄河三角洲土壤盐渍化影响因素分析》,《水土保持学报》2010年第2期。

且大,气候干燥;夏季气温高,降水多而集中,多雷雨大风,气候湿热;秋季气温逐渐下降,雨量大减,云高气爽;冬季北风强劲,雨雪稀少,气候寒冷干燥。这样的气候比较利于农作物的生长发育,但也存在降水不均、蒸发量大、缺乏淡水等诸多不利因素。

黄河三角洲年平均降水量约为600毫米,年际与年内变动幅度均很大。按季节分配,春季占13%,夏季占66%,秋季占17%,冬季占4%,具有明显的"春旱,夏涝,秋又旱"的季节性气候特点。年平均蒸发量约为1944毫米,蒸降比大于3.4,蒸发成为水资源消耗的主要原因;春季是强烈蒸发期,蒸发量占全年的51.7%。年平均相对湿度为65%,多年平均干燥度为1.8～2.0。空气干燥、降水不足且分配不均是造成地表过度蒸发、返盐的重要因素。淡水资源缺乏是制约农业生产的关键因素,尤其是春季,光、热、水、气不够协调,导致土壤干旱,返盐严重。

黄河三角洲的客水主要来自黄河。黄河流经黄河三角洲内约90公里,平均径流量为419亿立方米,年际变化很大,水量相差有时达5倍以上。黄河三角洲平均每年引黄水量为11.7亿立方米,仅占来水量的3.5%,利用率比较低,而且黄河水的丰枯变化随季节变换波动较大,主要集中于汛期;而春季农林业生产用水紧缺时,恰逢黄河枯水期,季节性缺水尤为严重。

此外,黄河三角洲年平均风速为3～7米/秒,大风常常引起海水顶托倒灌,甚至浸入内陆几十公里,淹没村庄和农田,破坏生态环境。旱灾、涝灾、霜冻、冰雹和干热风等自然灾害时有发生。①

四、灾害频仍

中国幅员辽阔,可以从地理、气候、人文等角度分成不同的区域,不同区域自然灾害的组合互有差异。受自然环境的影响,黄河三角洲主要的自然灾害是旱灾和蝗灾,它们的频发和并发常常给经济发展带来沉重打击。

1. 旱灾

在中国古代社会,雨水是否适时而降对农业生产具有决定性的作用。久旱不雨是农民的四大灾患之一:"民之灾患大者有四:一曰疫,二曰旱,三

① 参见董合忠编著:《盐碱地棉花栽培学》,科学出版社2010年版,第33页。

曰水，四曰畜灾。岁必有其一，但或轻或重耳。四事之害，旱暵为甚。”[①]黄河三角洲降水集中于夏季，其他季节则较少，旱涝灾害常有发生。[②] 下表（见表1-1）列出了晚清时期黄河三角洲主要的旱灾情况。

表 1-1 晚清黄河三角洲旱灾简况表[③]

州县	灾 情
广饶	咸丰九年，旱，无麦禾。 光绪二年，大旱，无麦禾。三年，大旱，无麦禾。三十四年夏，大旱。
利津	咸丰六年，旱、蝗。 光绪元年，大旱。三年，春夏不雨，岁大饥。
无棣	同治六年，旱。 光绪元年大旱。二年，旱。三年，旱。
阳信	道光二十二年夏，旱。 同治十三年夏，旱。 光绪二年春，旱，无麦，至闰五月十八日大雨，始种五谷，岁歉，民饥有死者。三年，旱，民饥，死者甚多。二十六年六月，旱，日赤如血。二十九年，旱，低田收。三十二年六月大旱，洼田半稔。三十四年春，旱，无麦。 宣统元年春，大旱。

① （元）脱脱等：《宋史・儒林传》，中华书局 1977 年版，第 12799～12800 页。

② 参见山东省滨州地区地方史志编纂委员会编：《滨州地区志》，中华书局 1996 年版，第 90 页。

③ 资料来源：王文彬、潘莱峰修，王寅山纂：（民国）《续修广饶县志・杂志》，《中国地方志集成・山东府县志辑》，凤凰出版社 2004 年影印版。（清）盛赞熙修，（清）于朝棻纂：（光绪）《利津县志・杂志・祥异》，《中国地方志集成・山东府县志辑》，凤凰出版社 2004 年影印版。侯荫昌修，张方墀等纂：（民国）《无棣县志・祥异・物征》，《中国地方志集成・山东府县志辑》，凤凰出版社 2004 年影印版。朱兰修，劳乃宣等纂：（民国）《阳信县志・祥异志》，《中国地方志集成・山东府县志辑》，凤凰出版社 2004 年影印版。张其丙修，张元均纂：（民国）《重修博兴县志・祥异志》，《中国地方志集成・山东府县志辑》，凤凰出版社 2004 年影印版。（清）沈世铨修，（清）李勗纂：（光绪）《惠民县志・五行志・祥异》，《中国地方志集成・山东府县志辑》，凤凰出版社 2004 年影印版。（清）柳堂修，（清）李凤冈纂：《惠民县志补遗・五行志》，清光绪二十七年（1901）刻本。梁建章、徐中晟修，于清泮纂：（民国）《沾化县志・大事纪》，《中国地方志集成・山东府县志辑》，凤凰出版社 2004 年影印版。栾钟垚、赵咸庆修，赵仁山等纂：（民国）《邹平县志・杂志下》，《中国地方志集成・山东府县志辑》，凤凰出版社 2004 年影印版。（清）李熙龄纂修：（咸丰）《滨州志・纪事志》，《中国地方志集成・山东府县志辑》，凤凰出版社 2004 年影印版。梁中权修，于清泮纂：（民国）《齐东县志・地理志・自然・灾祥》，《中国地方志集成・山东府县志辑》，凤凰出版社 2004 年影印版。

续表

州县	灾　情
博兴	咸丰九年,旱,无麦禾。 同治五年,水、旱、冰雹均成灾。八年春,旱。 光绪元年春夏,旱。二年春,大饥,自正月旱,至闰五月二十七日始雨。三年,旱,无麦禾。二十五年秋,旱,岁歉。三十四年夏,大旱。
惠民	光绪二年春,旱。 光绪二十六年六月,天气亢旱,日赤如血。
沾化	道光二十二年夏,旱。 咸丰四年夏,旱。 同治十三年夏,旱。 光绪三年,旱,大饥。
邹平	光绪二年,大旱,岁歉。七年六月,大雨雹,孙家镇一带田禾尽折。二十六年,大旱,飞蝗蔽天,蝻生遍地。三十四年,大旱,七月二十三日乃雨。
滨州	咸丰九年,旱。十年春,旱。
齐东	光绪元、二、三年均大旱,民饥,树皮草根采食殆尽。二十五年夏,稍旱。

说明:①(民国)《长山县志·灾祥》记载的年份截止到嘉庆四年,所以表中没有长山县的旱灾简况。②(民国)《青城县志·天文志·祥异》记载至乾隆二十三年,且云:“此项纪载,虽曰休咎之征,终近于迷信。现在科学昌明时代,似非所宜,姑记之以存旧观。”因此表中没有青城的旱灾简况。③现存最晚的高苑县志修于乾隆年间,因此表中未列出高苑的旱灾简况。

通过上表可知,晚清时期黄河三角洲的旱灾呈现出三个特点:一是波及范围广,灾情往往影响黄河三角洲全境;二是灾情严重,动辄“民饥有死者”“死者甚多”;三是灾情频繁,阳信县和博兴县在清代各发生旱灾17次,平均约15年1次。据统计,“黄河三角洲自周定王五年至1949年新中国成立的2552年中,共发生旱灾306次,其中大旱或特大旱65次。黄河三角洲历史上旱灾八年一遇,大旱三十九年一遇。其中,周定王五年至元至正二十七年的1969年中,共发生旱灾36次,五十年一遇;明代自洪武至崇祯十六年的275年中,共发生旱灾114次,平均10年发生4次旱灾;清代自顺治元年至宣统三年的267年中,共发生旱灾119次,平均10年发生4.5次;民国时期,年年发生旱灾”①。从中可见晚清时期黄河三角洲旱灾之频繁。

2. 蝗灾

旱灾之外，蝗灾也成为黄河三角洲农业的严重灾害。清代邹平知县雷豫称：“夫患在稼穑者，水、旱而外莫烈于蝗，乘暑湿火淫之戾气，蕴隆烝育，洊食原野，飘忽蔓延，如鬼如蜮，害稼穑与水、旱等。”②作为一种掠食性昆虫，蝗虫喜欢温暖干燥的环境。黄河三角洲地处黄河下游，旱情时常发生，使得这一区域自古就是蝗灾的频发地。据研究者统计：“自西汉元始二年(公元2年)至1949年，该地区共记述发生蝗灾108次，平均18年发生一次。”③在唐、明时期，黄河三角洲均有大规模蝗灾记载。④ 由于资料所限，下表(见表1-2)仅列出了晚清时期黄河三角洲的蝗灾情况。

表1-2　　晚清黄河三角洲蝗灾简况表⑤

州县	灾　情
广饶	咸丰七年，蝗。 光绪十二年七月，蝗蝻生。二十五年六月，飞蝗遍野。三十二年五月，飞蝗蔽空。

① 田家怡、吕学军、闫永利等：《黄河三角洲生态环境灾害与减灾对策》，化学工业出版社2008年版，第39页。

② (清)雷豫：《改建刘将军庙碑记》，(民国)《邹平县志·建置考下》。

③ 田家怡、闫永利：《论黄河三角洲灾害文化的构建》，《滨州学院学报》2009年第1期。

④ 参见勾利军、彭展：《唐代黄河中下游地区蝗灾分布研究》，《中州学刊》2006年第3期。孟艳霞：《明代山东蝗灾分布特征初探》，《菏泽学院学报》2009年第1期。

⑤ 资料来源：王文彬、潘莱峰修，王寅山纂：(民国)《续修广饶县志·杂志》，《中国地方志集成·山东府县志辑》，凤凰出版社2004年影印版。(清)盛赞熙修，(清)于朝棻纂：(光绪)《利津县志·杂志·祥异》，《中国地方志集成·山东府县志辑》，凤凰出版社2004年影印版。侯荫昌修，张方墀等纂：(民国)《无棣县志·祥异·物征》，《中国地方志集成·山东府县志辑》，凤凰出版社2004年影印版。朱兰修，劳乃宣等纂：(民国)《阳信县志·祥异志》，《中国地方志集成·山东府县志辑》，凤凰出版社2004年影印版。张其丙修，张元均纂：(民国)《重修博兴县志·祥异志》，《中国地方志集成·山东府县志辑》，凤凰出版社2004年影印版。(清)沈世铨修，(清)李勗纂：(光绪)《惠民县志·五行志·祥异》，《中国地方志集成·山东府县志辑》，凤凰出版社2004年影印版。(清)柳堂修，(清)李凤冈纂：《惠民县志补遗·五行志》，清光绪二十七年(1901)刻本。梁建章、徐中晟修，于清泮纂：(民国)《沾化县志·大事纪》，《中国地方志集成·山东府县志辑》，凤凰出版社2004年影印版。栾钟垚、赵咸庆修，赵仁山等纂：(民国)《邹平县志·杂志下》，《中国地方志集成·山东府县志辑》，凤凰出版社2004年影印版。(清)李熙龄纂修：(咸丰)《滨州志·纪事志》，《中国地方志集成·山东府县志辑》，凤凰出版社2004年影印版。梁中权修，于清泮纂：(民国)《齐东县志·地理志·自然·灾祥》，《中国地方志集成·山东府县志辑》，凤凰出版社2004年影印版。

续表

州县	灾情
利津	咸丰六年,旱、蝗。
无棣	道光二十年,蝗。二十七年夏,蝗。 咸丰三年,飞蝗蔽日。七年秋七月,蝗。八年,蝻生。 光绪十八年夏五月,蝗。二十八年,蝗。
阳信	道光二十年夏,蝗。二十七年夏,蝗。 咸丰三年,飞蝗蔽日。四年,蝻子生,被鸟食净。五年夏,蝗,大雨水。 光绪二十六年八月,蝗,食麦。二十八年,蝗虫生。
博兴	光绪十二年七月,蝗蝻生。二十五年六月,飞蝗蔽野;秋,旱,岁歉。三十二年五月,飞蝗蔽天。三十三年,蝗。
惠民	咸丰三年夏,飞蝗蔽日。四年春,蝻子生,鸦鸟食之净。 咸丰五年六月七月之交,飞蝗蔽天。
沾化	道光二十年正月,雷震;夏,蝗;秋,大雨水。二十七年夏,蝗;秋,大雨水。 咸丰五年正月十九日,雷震;夏,蝗,大雨水,黄河自铜瓦厢决口入大清河,漫溢。
邹平	嘉庆七年,旱、蝗。八年,旱、蝗,蚜蚄生。 光绪十二年,旱,蝗蝻生。十八年,飞蝗害稼。二十六年,大旱,飞蝗蔽天,蝻生遍地。三十二年七月,蝗蝻生。
滨州	道光十五年,蝗。
齐东	光绪十七年,蝗蝻生。

由上表可见,晚清时期,黄河三角洲蝗灾依然严重。一是蝗灾的规模大。在涉及蝗灾时,经常用“飞蝗遍野”“飞蝗蔽野”“飞蝗蔽日”等字眼来描述,显示出蝗灾规模之大,导致的后果之严重。二是由于旱引发的蝗灾较多。中国很早就有“旱极而蝗”的说法,蝗灾和旱灾往往相伴相生。三是蝗灾与其他灾害并发,给社会带来严重的灾难。如蝗灾和瘟疫的继发:光绪二十八年(1902),阳信“蝗虫生。六月,瘟疫大作,人死无算,民间不通庆吊,讹以七月初一日作新年”。蝗灾与河患的并发:咸丰五年(1855)正月十九日,阳信“雷震。夏,蝗,大雨水。秋,黄河决入大清河,漫溢,秋禾尽淹,房屋倒塌无数”。①

① (民国)《阳信县志·祥异志》。

3. 水灾

黄河三角洲毗邻渤海，区域内河流众多，发生水灾的概率较高，常见的主要有洪涝、河决和海溢等。据研究者统计：自“西汉元狩三年（公元前120年）至1949年，共发生涝灾241次；新中国成立后的大涝灾发生40次。明洪武元年（1368年）至1949年，黄河在该地区决口、漫溢，或在中下游决口殃及黄河三角洲，灾情重、危害大的洪灾计25次；新中国成立前，小清河、徒骇河、马颊河各发生洪灾13次、22次、5次；新中国成立后，黄河三角洲共发生洪灾13次”[①]。表1-3列出了晚清时期黄河三角洲的水灾情况。

表1-3　　晚清黄河三角洲水灾简况表[②]

州县	灾　情
广饶	光绪二十四年，河决韩家口，泛滥新清南北六十里。原注曰：“黄河水灾，此为最巨。”
利津	光绪八年九月，黄河在历城桃园决口，利津县沿黄村庄及永阜盐场滩池灶坝多处被淹。十年，黄河在宁海、十六户、张家滩、小李等处先后决口。十一年，三不赶黄河大堤溃决，河水围利津城。十二年，“铁门关”被黄河水淹没，码头迁至县城东关。十五年三月，韩家垣子黄坝决口，河水改道东移，由毛丝坨（今垦利区境内）入海。二十一年六月，吕家洼黄河大堤溃决，利津永阜盐场被冲毁滩池120余副。二十三年五月，岭子庄黄河大堤溃决，河道变迁，改由丝网口入海。三十年六月二十九日，薄庄堤坝溃决，黄河改道，全县所有盐池淹没无存。

---

① 田家怡、闫永利：《论黄河三角洲灾害文化的构建》，《滨州学院学报》2009年第1期。

② 资料来源：王文彬、潘莱峰修，王寅山纂：（民国）《续修广饶县志·杂志》，《中国地方志集成·山东府县志辑》，凤凰出版社2004年影印版。山东省利津县地方史志编纂委员会编：《利津县志》，东方出版社1990年版，“大事记”。侯荫昌修，张方墀等纂：（民国）《无棣县志·祥异·物征》，《中国地方志集成·山东府县志辑》，凤凰出版社2004年影印版。朱兰修，劳乃宣等纂：（民国）《阳信县志·祥异志》，《中国地方志集成·山东府县志辑》，凤凰出版社2004年影印版。张其丙修，张元均纂：（民国）《重修博兴县志·祥异志》，《中国地方志集成·山东府县志辑》，凤凰出版社2004年影印版。山东省惠民县地方史志编纂委员会编：《惠民县志》，齐鲁书社1997年版，“大事记”。梁建章、徐中晟修，于清泮纂：（民国）《沾化县志·大事纪》，《中国地方志集成·山东府县志辑》，凤凰出版社2004年影印版。栾钟垚、赵咸庆修，赵仁山等纂：（民国）《邹平县志·杂志下》，《中国地方志集成·山东府县志辑》，凤凰出版社2004年影印版。梁中权修，于清泮纂：（民国）《齐东县志·地理志·自然·灾祥》，《中国地方志集成·山东府县志辑》，凤凰出版社2004年影印版。高青县地方史志编纂委员会编：《高青县志》，中国社会出版社1991年版，“大事记”。

续表

州县	灾　情
无棣	道光二十五年冬,海潮漫溢淹稼。 咸丰二年夏六月,海水溢。 同治四年春二月,海水溢。六年,海溢。 光绪四年,黄河溢,泛滥邑东境,至十二年屡溢,浸没室庐田禾无算。十四年六月,黄河水溢,浸入境。十五年秋七月,横水大至,淹没室庐无算。十六年夏六月,大水围城,坏室庐。十八年,大水。
阳信	道光二十五年春,海溢。 咸丰二年六月,大风拔树偃禾,海水溢。五年秋,黄河决,入大清河,漫溢,秋禾尽淹,房屋倒塌无数。七年,徒骇河水溢。 同治二年八月,河水溢。六年,黄水溢。八年秋,黄水。九年秋,黄水。 光绪四年八月,河决白茅坟。五年,大雨水,诸水沸溢。八年六月,黄水。九年正月,河决清河镇。十年六月,太白经天,黄水。十一年五月,黄水。十三年,河决桑家渡。十五年七月,黄水大至,惠、阳、海、沾四县如平川,所有村庄民房全行漂没。自被水以来,未有甚于此者,冲开无数深沟,大饥。十六年六月,黄水漫溢,较去年尚小。十八年,河决南北王庄。十九年,河决河套崔庄。二十四年,秋雨害稼,黄水继至,大饥。
博兴	道光二十五年,海水溢。 咸丰五年,大水。六年,黄水至。七年,黄水为灾,岁大饥,人民至碎麦穰、屋檐以为食。 光绪九年五月,黄水至,淹没麦禾。二十一年,黄河决口,田禾淹没,岁饥。二十四年秋七月,河决韩家口,泛新清河,南北六十里田禾均被淹没,水势之大,为近年所未有。

续表

州县	灾　情
惠民	道光二十年秋，大雨，河水溢。二十四年，水灾。 咸丰二年，小支河水溢，伤禾减收。咸丰三年秋，大水为患。五年六月，黄河决口河南铜瓦厢，改道向北夺大清河入海，白龙湾决口，徒骇河、沙河涨溢，县内灾情严重。此后两年，徒骇河漫溢，县内又患水灾。 同治元年后两年，河水溢，县内受灾。四年夏，黄河决口于白龙湾张家坟，突开120余丈，徒骇河、沙河皆溃，县内灾情严重。隔年，黄河再次决口。九年秋，徒骇河、沙河涨溢，水患成灾。 光绪四年七月，黄河漫决于白龙湾西白茅坟。九月，黄河又漫决于白龙湾东张家坟。八年七月，洪水入徒骇河，徒骇河漫溢。九年二月，黄河凌汛，漫决于清河镇。十二年三月，黄河冲决于姚家口。十三年七月，黄河漏决于王集。十四年七月九日，黄河漏决于刘旺庄。十五年六月，黄河漏决于白茅坟（南北王），漫决徒骇河，河北村庄多被淹没。十八年六月，黄河漫决于白茅坟，归徒骇河入海。十九年年初，黄河凌汛，决口于大小崔。二十七年六月，黄河冲决于五甲杨。二十八年八月，黄河漫决于刘旺庄。
沾化	道光二十五年春，海溢。 咸丰二年六月，大风，拔木偃禾，海水溢。六、七年，徒骇水溢。 同治六年，海水溢。 光绪八、九、十、十一、十二、十三等年，黄水浸溢，大饥。十五年秋，黄水漫溢，村舍多倾圮，大饥。十六年夏，黄水漫溢。十八、十九、二十、二十一、二十二等年，黄河由白龙湾决口，沾境连年受灾，尤以二十二年为最重。三十三年，黄河由利津薄家决口，沾境东北部受害。
邹平	光绪七年九月，黄河决。按：黄河北行，下流居民多淹没，自七年至二十七年，泛滥之患，几于无岁无之，此后除二十四、二十七两年外，不复尽书，不胜书也。二十四年，黄河决，城北一带全行淹没，民舍及牲畜漂泊无数。二十七年，黄河决，仁义、梁邹二乡漂没殆尽，遍野哀鸿，当亦郑监《流民图》所不能绘出者矣。

续表

州县	灾　情
齐东	咸丰五年至八年，连岁壩河水溢，知县苏名显创筑坝堤。 同治六年八月，坝河堤决，水溢没稼。 光绪七年七月，黄河决，东码头上下村庄多被漂没。八年至十二年，连岁黄河决。十五年，黄河决。十八年，黄河决，县城漂没，仅存东南一隅。十九年七月七日，黄河决，毁坏田庐无算。二十三年正月二十日，黄河决。二十四年六月二十四日，黄河决，泛滥三月有余，全境被害，小清河两岸附近村庄尤甚。二十七年六月二十二日，黄河决。
高青	光绪二十一年八月十日凌晨，黄河于青城县马扎子处决口，高苑、青城全境尽淹，水患三月余，死人无计，损失惨重。二十六年二月，黄河凌汛，冰厚 30 厘米。18 日夜，大道王处冰层卡塞，致使南岸桑行赵等 5 处决口。同时北岸马张家、张肖堂村亦决口，南岸口门遂自行淤塞。

黄河三角洲时常发生水灾，但在技术条件有限的时代，官民难以有效地治理，也无法预知其发生的时间，这给当地的生产和生活带来严重危害。如光绪十八年(1892)十月，利津“海潮涨发，淹毙灾民不计其数，亦有全家覆没者，此开辟海滩之一大打击也”。水灾来临时，一年的耕种和努力近乎白费，甚至投入的越多，损失越大，这在无形中束缚了民众的思想，使之顺天听命，缺乏进取和开拓精神。正如民国时人所言：利津“县境递次被水，木属尽死，一时难于恢复。且水患无常，人民畏之，不敢种植”。①

第二节　风俗习性

黄河三角洲民风淳朴，士、农、工、商各安其业。根据《武定府志》等资料的记载和描绘，这里虽然经济有待发展，但呈现出田园牧歌式的生活图景。

① 王廷彦修，盖尔佶纂：(民国)《利津县续志・舆地图》，(台北)成文出版社 1968 年影印版。

一、地方志记载的风俗习性

地方志是记载地方百态的综合性著作，其中有不少关于风俗习性方面的内容：

(惠民)人性朴实而敦礼教，士尚节义而励德行，民重廉耻而畏刑罚，居城市者事商贾，服畎亩者力农桑。

(阳信)风俗朴俭，男耕女织，饥者弗食而忧田赋之不完，劳者弗息而忧丁徭之无措。急公好义，古道存焉。

(无棣)逼处海隅，物产不繁，无艳佚骄纵之资，试经术者笃忠勤，务力作者敦本业，冠、婚、丧、祭，一循礼度，盖古风尚有存焉。

(滨州)衣服多朴素，饮食不尚珍异，居室极草陋，卤土渥途，聊避风雨，然不浸不乐，尚亦有利交游，亦减烦仪。

(利津)僻在海滨，土地碱薄，生理鲜少，惟土物是爱，故其俗浑浑朴朴，不见异物而迁焉。男妇自耕织外，不事操奇盈以逐什一之利，士大夫不以朱紫相夸诩，喜庆贺饮，浊醪雅会，薄暮言归，不作长夜饮，有太古之风焉。

(沾化)沾与邹鲁同风，故其民敦庞愿朴，尚行谊，力稼穑，尊吏肃法而习于俭，且僻处海陬，不通商贾会，不知坐列转贩，操奇盈以乘时之急。士安于庠，农狎于野，相助相望，至老死不识官府，其浑阔之俗乎？[①]

(邹平)士知礼义，民业农桑，性习简朴，志安居处，器皿不用金玉，衣服饮食俭约可风。[②]

以上引文中，“朴实”“朴俭”“朴素”“简朴”“朴朴”等与“朴”相关的词汇，成为黄河三角洲风俗的标志。实际上，隐藏在淳朴民风背后的是民众的保守习性——缺乏进取心和商品经济意识。如沾化“县境恒产足用，淤地日多，人皆安土重迁，不但农服先畴，即工商各业，亦罕有外出营生者”[③]。

---

① (清)李熙龄修纂：(咸丰)《武定府志·风俗》，清咸丰十年(1860)刻本。

② (民国)《邹平县志·杂志上·风俗》。

③ (民国)《沾化县志·疆域志·风俗》。

二、黄河三角洲风俗习性分析

黄河三角洲民众的保守习性与交通状况和自然环境有很大关系。张金路提道:无论古代还是近代,黄河三角洲虽然濒临渤海,但由于海岸不稳定,土地又为沙质,难以建成大泊位的港口,海上交通受限。历史上曾兴盛一时的无棣县埕口码头、下洼码头(今属山东省滨州市沾化区),利津县铁门关码头,由于航道淤积都已废弃。陆上交通,由于河流阻隔(从古至今,均有众多河流在黄河三角洲地区入海),非常不便。① 交通的不便使得区域内外的联系相对松散,并造成文化上的封闭。

黄河三角洲文化在发展历程中虽然不断接受外来文化因素,但一经形成,又具有一定的封闭性。王蕊在研究齐鲁家族聚落时认为:齐鲁家族聚落功能齐全,与外界联系很少,形成一个自给自足的小单位。其中位于惠民县的魏氏庄园有磨坊、水井、裁缝房等,仓库里可以储存大量粮食和煤炭,据说三年之内不与外界接触,也可以正常生活。魏氏庄园外围是高大坚固的城垣,内部是一个个封闭的四合院,即使站在高高的城垣上,看到的也只是一片屋顶。内宅更是处在深深庭院中,平常几乎看不到人影,住在里面的女眷过着与世隔绝的生活。这种建筑布局的封闭性,正是人们封闭保守思想的真实写照。②

交通的封闭和自然的无常熏染着生活在黄河三角洲的民众,使他们养成保守、守旧的习性。(民国)《沾化县志》提道:

> 本县僻处海隅,人多守旧,对于各种新建设事业,进行多不努力。如建设之朴陋,交通之迂缓,实业之凋敝,垦殖之纠纷,皆足为进化迟滞之表征。人事不尽,未可归咎于地利也。③

阳信也如此:

> 查本县工产,非不足以自给,唯人多不思工业为保全治安之根本,诸事不务进取而偏于保守,颓惰自安,一任物质自为消长,如煤油进而油坊之业消,洋布洋纱进而纺织之业废,发网堕落无挽救之术,劈草鞭

① 参见张金路:《黄河三角洲区域文化的渊源与特征》,《滨州师专学报》2000年第3期。
② 参见王蕊:《齐鲁家族聚落与文化变迁》,齐鲁书社2008年版,第139～140页。
③ (民国)《沾化县志·建设志》。

> 侵入无抵御之方，外人面粉输入即食用，要品亦将为外人所攘夺，民不知惊惧，官不加提倡，再过数年，恐欲保目下之现状亦不可得。[①]

齐东县“地处平原，人多守旧，男耕女织，向以务农为本。农产尤以棉花为大宗，除农业外，一切工商林蚕牧等业，概不发达”[②]。这三个县的地方志修纂者都认识到居民的守旧、保守习性。在不甚优越的自然环境面前，这种习性导致他们缺乏开拓进取、接受新事物的动力，而安于较低水平的生活。

---

① （民国）《阳信县志·物产志》。

② （民国）《齐东县志·政治志·实业》。

第二章　晚清时期的黄河三角洲经济

晚清时期的黄河三角洲，在政治、经济、社会和风俗等领域都呈现出传统与现代的双重变奏。一方面，随着与西方通商活动的深入，社会各个层面都受到冲击；另一方面，传统因素得以保留并继续发展。这种现象也表现在经济领域：农业生产在艰难中前进，手工业生产中的优势部门有的衰落，有的因改革而获得新生；同时，农产品和手工业产品被更多地卷入商品经济的大潮，市场和城镇获得较大发展。晚清时期黄河三角洲的经济呈现出延续与变动的局面。

第一节　农业

农业是黄河三角洲的基础产业，农业的开发程度直接影响着手工业和商业贸易的发展水平。晚清时期，黄河三角洲农业较以往有了更快发展，这既得益于黄河淤地的增加，以及随之而来的移民迁入和开垦，也得益于水利工程的兴修等因素。而与以往相似的是，农业开发仍是以"量"——耕地和人口等的增加为主要动力。

一、淤地的增加

黄河三角洲是土地资源与日俱增的区域，黄河带来的大量泥沙使三角洲不断向渤海推进，形成新生陆地。咸丰五年（1855）以前，黄河由江苏云梯关入海，现今的山东河道时称“济水”“大清河”，岸高槽深，水流“清清”[①]，是重要的盐漕河道。史载，利津永阜盐场所产之盐的“运输航路，旧有大清河，因盐船往来，船称盐划，河称盐河。咸丰四年，海潮大作，冲毁盐池甚多，所剩者仅百六十副。咸丰六年，因兰仪铜瓦厢决口，黄河改道，穿运夺济，直入渤海，利津盐运亦称便利”[②]。

咸丰五年，黄河夺大清河河道，在利津县由王庄乡转东，经前、后左家庄，盐窝镇东，陈庄西，至汀河，穿罗镇乡由老爷庙东去二河盖入海。此线行水28年，将汀河乡至海岸一带的退海之地淤厚1～3米，形成汀河乡以北的利津荒洼。光绪五年(1879)，牡蛎嘴已“淤出七八十里，遍生芦苇。昔日海船所出入之处，今已不能行驶”[③]，运载货物只得仍用驳船。三年后情况发生了改变。光绪八年六月，南北岭子河决，大量泥沙淤盖于昔日的退海荒滩之上，“芦苇深处始有垦户出入”。光绪十五年，韩村(今山东利津陈庄镇地)决口，大河东去，经老岭、四段、一千二、罗家屋子，由毛丝坨(今属山东垦利)入海。行水8年，形成利津东北荒洼。光绪十七年，知县钱鏁禀请“迁移灾民”，抚院“准将二十九村灾民迁于海滩高阜地点”，安置界址为“自割草窝以下顺旧河道迤北至柳树林子而止”，“他乡之民亦有因生活艰难前往萧圣庙、二河盖等处搭盖窝棚专事垦荒者”。[④] 同年，黄河决韩家垣，形成毛丝坨流路。光绪二十三年西滩庄(今北岭乡地)决口，黄河改道，经永阜村、双滩村过今黄河河道，向东入垦利，由丝网口入海。行水7年，再次淤盖利津东北荒洼。光绪三十年薄庄决口，黄河北行，流经青边岭、虎滩乡入沾化，又经义合庄、大洋铺、太平镇汇入徒骇河尾闾之绛河入海。行水17年，形成利津西北部荒洼。[⑤]

晚清时期黄河三角洲到底新增了多少土地，尚无准确数据。据张含英估计，淤出滩地平均每两年半约增1公里，到20世纪30年代中叶时，黄河三角洲宽约65公里，合计面积为370万亩有奇。[⑥]

---

① (清)程士范纂：(乾隆)《利津县志补·艺文志》，(台北)成文出版社1977年影印版。

② (民国)《利津县续志·舆地图》。

③ (清)夏同善：《疏治黄河下游奏议》，(民国)《利津县续志·利津文征·奏议》。

④ (民国)《利津县续志·舆地图》。

⑤ 参见山东省利津县地方史志编纂委员会编：《利津县志》，东方出版社1990年版，第175页。

⑥ 参见张含英编：《黄河志》第三篇《水文工程》，国立编译馆1936年版。

二、移民迁入与垦殖

移民是黄河三角洲历史上广泛而持续的现象。在明初以来的几百年时间里,黄河三角洲先后出现了三次较大的移民活动:第一次为明洪武、永乐年间山西洪洞与河北枣强的移民迁入,第二次为20世纪二三十年代鲁西和部分军队的移民迁入,第三次是20世纪五六十年代鲁西和各大油田的移民迁入。① 除了这三个移民相对集中的时期外,黄河三角洲在其他时期也有移民迁入。

黄河夺大清河入海,使山东境内的河患远超以前,尤其在咸丰、同治年间,黄河多次决口漫流,肆虐于山东30多个州县。但与此同时,随着泥沙下泄,河口地带形成淤积地,由于土壤肥沃,吸引了周围及外地众多垦户前去垦荒。光绪八年之前,利津县"东北界线仅七十里,至丰国镇而止,时铁门关以下至海,广袤约各六十余里,犹系洪荒世界,芦苇蔽天,杳无居人。相传蚊大如蝇。本县穷民或冒险前往,刈苇作燃料,亦卖作河工修埽之用。盛志所载海滩盐池四百余副,星罗棋布,所占地点不及海滩面积十分之一。光绪八年六月,南北岭子决口,海滩灶场淹没多处,逾年合拢,地被河淤,灶地之外亦有堪种之田,芦苇深处始有垦户出入"②。可见,在光绪八年之前,利津东北部无人居住,只有个别百姓前去收割芦苇出售;之后,由于黄河决口带来"堪种之田",才有垦户出入。

黄河尾闾"淤地辽阔,水草肥美","土质虽尚未定,而试种各植物皆宜"。③ 许多移民于是自发零散迁入河口新淤滩地,搭盖窝棚,专事垦荒。其来源,"多系旧曹属及广饶、寿光、昌乐、昌邑等县之民"④。宣统二年(1910),今东营市河口区面条沟附近淤地吸引寿光等地的"垦地之户纷至沓来","聚族而居,几无旷土"。⑤

在吸引外来移民的同时,晚清时期黄河三角洲还存在着其他移民区域

① 参见赵惠民:《清末民初的黄河三角洲移民》,《齐鲁学刊》2007年第4期。

② (民国)《利津县续志·舆地图》。

③ (民国)《沾化县志·建设志》。

④ (民国)《沾化县志·疆域志》。

⑤ 参见垦利县志办公室:《垦利县概况》,中国人民政治协商会议垦利县委员会文史资料委员会编:《垦利文史资料》第1辑,1987年,第6～16页。

少见的大规模的区域内移民，移民对象为沿黄两岸的被水灾民，安置地点集中在黄河近岸和黄河尾闾滩地两个区域，黄河近岸的移民主要安置在距离大堤不远的河堤以外或大堤之上。

光绪十七年(1891)，利津西埝接连遭水，灾民数以万计。知县钱鏶报请上司迁移灾民，将29个村的灾民迁于海滩高阜地带，依次安置。①

光绪十八年，“先是，黄河下游青城、滨州、蒲台、利津及上游历城、章丘、济阳等州县夹河以内村庄，终年浸于黄流，民情困苦。巡抚张曜奏请迁移，择大堤附近高阜之处，购地盖房，给赀迁徙，仅迁七百余户。时值伏秋大汛，黄水涨发，历城、蒲台、利津等处未及迁出，巡抚福润复设迁民局三处，令民速迁，统计迁出历城、章丘、济阳、齐东、青城、滨州、蒲台、利津八州县灾民三万三千二百九十七户，计三百五十村庄，设立新庄三十九处，共用银三十二万六千两有奇。新庄距其旧村，或四五里，或一二里，冬春水退，地仍可种，藉收二麦之利”②。具体到利津，时任知县吴兆荣将南杨家(今北宋镇地)灾民迁于红头子坞(今汀罗镇地)垦荒。

光绪二十八年，利津“迁罗盖十庄于汪二河，迁崔毕庄于汀河西。毕家庄首事李丹亭、东宋庄首事胡士先为便利办公起见，每村或二十户，或三十户不等，编为十乡，总名新安乡”③。

光绪二十九年，为安置利津小宁海河决灾民，山东“巡抚周馥奏设迁民局，按户拨发灾民津贴，饬令迁徙大堤以外，给地购屋安置，并予以牛力、籽种，听其迁地垦荒”④等。

宣统二年(1910)，利津县衙勘定面条沟(今罗镇乡北部)淤荒地数百顷作为公田，并酌量分给学堂和各机关，让其招佃，于是外来垦户日增，渐成村落。⑤

上述记载中，灾民从堤内迁至堤外，迁移的距离都不远，仍位于河堤附近。“罗镇乡所辖罗家、邱家、前梁、后梁、韩家、前进、许家、杨庙、王家、东宋等村多为光绪十七年务本乡移民新建。今傅窝乡所辖汪二河，虎滩乡所辖毕家庄、崔庄、王家庄、小街等村是光绪二十八年分别由县境南部的罗、盖十

---

① 参见(民国)《利津县续志・舆地图》。
② (民国)《利津县续志・河渠图》。
③ (民国)《利津县续志・舆地图》。
④ (民国)《利津县续志・河渠图》。
⑤ 参见(民国)《利津县续志・舆地图》。

庄和小街,利津镇崔、毕二庄的移民所建。”①

有研究者据《山东黄河南岸十三州县迁民图说》统计,仅光绪十五年(1889)至光绪二十年,山东共计从夹河内迁出旧村 543 个,新立村庄 557 个,迁出人口约 67000 户。以户均 5 口计,共计移民 335000 口。其中,齐东县迁旧村 58 个,立新村 59 个;青城县迁旧村 76 个,立新村 65 个;滨州迁旧村 70 个,立新村 55 个;蒲台县迁旧村 78 个,立新村 75 个;利津县迁旧村 41 个,立新村 56 个。5 州县共迁旧村 323 个,立新村 310 个。如将上述 67000 户均分到 543 个旧村中,平均每村约为 120 户,那么,323 个旧村共迁出灾民约 38760 户。以户均 5 口计,5 州县共计移民约 193800 口。② 对于地广人稀的黄河三角洲而言,这样规模的移民数量非常可观。移民的迁入促进了迁入地的土地开垦。

三、垦务管理

迁往淤地的移民,开始的时候比较零散,人数不多,因此管理较为松散,“县署仅发给领单、验单,每亩收费甚微,意在提倡垦务,任人拓地开荒”③,采取的是放任做法。优惠的垦荒政策和肥沃的新生滩地吸引了周围的百姓,前来耕垦的人户逐渐增多,土地纷争也随之而来。

清光绪中叶,山东省垦务总局成立,由藩署兼理。乃改领单、验单为司照,饬县设司照房,按户填发,每亩收租 1 角。光绪三十一年(1905),利津县在“盐窝镇设立垦务分局,别为仁、义、礼、智、信五路,一并清丈”;无棣县亦设立分局。光绪三十二年,“以沾化新淤之地二万余顷亟须丈放,遂于沾化县之利国镇设立分局,委派专员管理沾化垦务,并参照利津垦务章程办理。宣统元年,全省垦务归并劝业道公署内,并于沾化分局设正办委员”。④ 广饶

---

① 崔建学:《利津居民祖籍的来历》,中国人民政治协商会议利津县委员会文史资料委员会编:《利津文史资料》第 4 辑,1991 年,第 6～7 页。

② 参见李靖莉:《近代时期的黄河三角洲移民》,《东岳论丛》2011 年第 4 期。董龙凯估计:“19 世纪 50 年代中期至 70 年代建村 11 个,约占移民村总数的 3.6%,其中利津 7 个,河口区 4 个。19 世纪八九十年代建村 44 个,约占 14.5%,其中利津 32 个,河口区 12 个。20 世纪前 10 年代建村 56 个,约占 18.5%,其中利津 38 个,沾化 4 个,河口区 14 个。”(详见董龙凯:《近代黄河三角洲的发展与移民》,《中国历史地理论丛》1996 年第 1 期)

③ (民国)《利津县续志·舆地图》。

④ (民国)《利津县续志·舆地图》。

县为管理新淤滩地的移民垦殖，也于光绪三十年设立垦务局，“始设人、寿、年丰三局，在故大清河以南，神树坡以东开放，垦则分三等：上则每大亩岁租京钱一千二百文，中则一千文，下则八百文。放出三万六千二百七十三亩二分，共收岁租京钱三万一千七百串一百六十文”[①]。这是根据淤地的质量确定收租标准。

随着垦务机构的设立，固定和流动的垦户逐渐增多。民国成立前夕，垦利县从富国东至海滨（约100公里）、从辛镇西北至套儿河西（约100公里）的新淤地上，相继出现了像桃花园子这样比较大的移民新村。这一时期的移民，一部分系自由迁徙而来，另一部分系有组织的移民安置。[②]

四、水利工程的兴修

1. 治理黄河

面对肆虐的黄河灾害，黄河三角洲地方政府除了采取相对被动的灾后救治措施——移民等外，也采取了积极主动的预防和应对措施，兴修堤坝即为防治黄河冲决的重要举措。在黄河夺大清河河道之初，两岸并无堤防工程。狭窄的大清河河道容不下丰沛的黄河水，每至河水涨发，槽满漫溢，沿河村民自发筑埝自卫，官府乐观其成，劝民筑埝。历经数十年，弯弯曲曲、一段一段的民埝，渐次首尾连接，初具规模。至同治十二年（1873），埝尾已接修至铁门关（今利津县汀河乡前关村）附近。光绪九年（1883），山东巡抚陈士杰创修两岸遥堤（又称“长堤”），“底宽八丈，高八尺，顶宽两丈”，于次年五月告竣。南岸遥堤起自邹平上界，止于利津三里庄；北岸遥堤起自惠民上界，止于利津大马家。两岸民埝按“底宽四丈，顶宽一丈，高八尺”的标准，接修整理至利津铁门关，亦于汛前完成。利津以下两岸民埝改为官守。由此，形成遥堤和民埝两道防线。两岸官堤修成后，因距河较远，又无常设修防机构，而沿河村镇稠密，居民为保禾稼愿守埝而不愿守堤。于是，山东巡抚张曜在光绪十五年奏准，将南岸历城以下各州、县夹河以内村庄迁往堤外安置，弃埝守堤，展拓河身；将北岸民埝培修为堤，遥堤遂被废弃。至光绪三十

① （民国）《续修广饶县志・舆地志》。

② 参见李长梅：《垦利县的移民与垦务》，山东省政协文史资料委员会编：《山东文史集粹》（修订本），中国文史出版社1998年版，第715～717页。

一年,两岸堤防改修完竣后,官守堤防直至利津罗家一带。其中,老董(右岸纪冯)以上两岸堤防除因堵复决口曾将局部堤线改修外,大部堤线位置未加变动,堤身则经过民国时期及人民治黄以来四次大规模加培,高度、宽度成倍增加。老董以下两岸堤线因流路南迁北徙,方向、位置变化颇大。每次流路改道之初,都曾修筑堤埝。废弃之堤因水毁或长年自然剥蚀、人为平耕等,有的荡然无存,有的支离破碎。①

2. 修建道旭码头

道旭险工位于黄河滨州段南岸的道旭村北,始建于清光绪二十六年(1900)。咸丰五年(1855)铜瓦厢决口后,黄河夺大清河入海,沿道旭险工现北岸大堤而行。光绪十年,在加修南岸大堤时取土坑较深且相连,每逢汛期大水漫滩后,即分溜一股沿南堤根而行,逐步形成北大南小两股河道。因南股流程短,溜势顺,北股不断淤积,光绪二十六年道旭出大险,用秸、柳抢修了数段秸埽坝。因此,道旭码头便取代蒲关码头而成为南北轮渡、东西通航的商业码头,码头所在的北镇成为南北人流、物流、信息流的集散地。②

3. 修筑白龙湾大堤

白龙湾位于惠民县境内。惠民县地处黄河下游,河流众多。在漫长的历史进程中,海河水系变迁与黄河改道往往带来洪涝灾害。其中,白龙湾水险流急,深不可测,是洪涝的突发点。在清咸丰五年(1855)至光绪十八年(1892)的近四十年中,白龙湾附近黄河决口达9次之多,有时竟一年两次决口③,足见此处之险。修建河堤成为防灾、减灾的重要手段。

光绪"丙辰(1856)、丁巳之秋,河水泛溢如前,而堤竟无恙,余(凌寿柏)曰:'此民之力也,将以(上次捐款筑堤之)余钱畀分吾民'"④。光绪五年(1879)"九月初旬,距霜降数日,河水陡长一丈六尺有奇,黑水湾正迎其溜,岌岌可危。筑戗护埽,靡法不施,而狂飚数日夜,水力猛迅不可制,堤身摇动,始漫而剔□溃。茫茫田野,倏成大浸,即运土加料,如火投汤。呜呼危

① 参见山东省东营市地方史志编纂委员会编:《东营市志》,齐鲁书社2000年版,第141～142页。

② 参见政协滨州市委员会编著:《滨州区域文化通览·滨城卷》,中国文史出版社2012年版,第275页。

③ 参见(清)沈世铨修,(清)李勗纂:(光绪)《惠民县志·五行志·祥异》,《中国地方志集成·山东府县志辑》,凤凰出版社2004年影印版。

④ (清)凌寿柏:《重修白龙湾河堤龙神庙碑记》,(光绪)《惠民县志·艺文志》。

矣！方是时，譬犹孺子将入于井，不能不号呼求救矣。尔英与绅民咸跪拜泥涂中，虔求神佑。大王显示化身，未几，返风息浪，因得乘机鼓众，不日增筑，被水之区，数日而涸，亦幸无害”[①]。这两段资料意在说明修建白龙湾河堤龙神庙的原因，但其中的“运土加料，如火投汤”“不日增筑”等也透露出黄河决口时，地方官员曾率领民众修建白龙湾大堤。

图 2-1　惠民白龙湾险工[②]

4. 治理沙河

沙河是徒骇河支流，位于山东省东部，流经商河县南部、惠民县东部、阳信县西南边界，在滨州市三河湖镇注入徒骇河。沙河在惠民的流域面积为562.3 平方千米，是惠民北部主要的排洪河道。光绪二十四年(1898)黄河溃决，洪水直抵惠民城下，知县柳堂筹划再修沙河堤。次年春，将应修之处分段立石，由惠民、阳信、乐陵、商河、庆云 5 县会修。

5. 治理徒骇河

徒骇河源于聊城莘县文明寨村东，流经 14 个县，由流钟村西南进入沾化县。黄河在河南铜瓦厢决口后，河水涌入徒骇河，将河道冲刷得既深且宽，遂有航运之便。清光绪三十三年(1907)，黄河在利津县薄家决口，洪水横

---

① (清)仓尔英:《创建太王庙碑记》,(光绪)《惠民县志・艺文志》。

② 采自山东省惠民县地方史志编纂委员会编:《惠民县志》,齐鲁书社 1997 年版。

流，将孔家至海口段淤淀。光绪三十四年，武定府组织人力在邵家村东向北挑一新河衔接巴沟子入海，但河道时涸时流，终至淤塞。[①]

6. 疏浚小清河

小清河西源迄自济南市西部睦里庄，汇黑虎、趵突、孝感诸泉水，东流经章丘、邹平、高青、桓台、博兴、广饶、寿光诸县(市、区)，在寿光市羊角口注入莱州湾。光绪十七年(1891)，博兴县以工代赈治理小清河。自金家桥至寿光羊角沟海口，开浚正河 55 公里，境内金家桥一段截弯取直，出土成堤。光绪十八年，继续治理小清河，由金家桥向西取直，就支脉、预备两河套内择其洼区接开正河，河面连马道宽 96 米，开深 2.5～4.5 米。又从金家桥起，循预备河旧址，开浚支流至柳桥止，以承受麻大湖各河注入之水，并引入新小清正河，计长 12 公里，河道开宽 1.5 米，深 2～3 米。光绪三十一年和光绪三十三年都曾修浚并建闸。[②]

7. 开挖支脉沟

支脉河源出于高青县西南部的吉池沟(今属黑里寨镇)，开挖于明成化九年(1473)，自军张闸(今山东高青境内)东北导流博兴，后在广饶县内与小清河合流。明万历年间，支脉河逐段淤塞。清康熙五十七年(1718)，博兴知县李元伟主持对军张闸以下支脉河重新开挖治理，加深加宽，恢复分小清河水势之功能。清乾隆五年(1740)，挑修支脉河，西起军张坝，东抵博兴城南门桥。而从南门桥以下至县境下界，仅于河床开挖一线之沟，仍不能承泄层层积逆之水，遂于乾隆六年和乾隆三十五年又行两次疏浚。乾隆三十七年，发 13 县民力大开支脉河。自博兴傅家桥向东至入海尾闾，挑淤塞，培堤埝。清光绪十七年(1891)，将支脉河截弯取直，展宽筑堤，开引河注入博兴龙注洼(今龙河洼)，并自龙注洼下口注入小清河。[③]

五、粮食与经济作物生产

黄河三角洲地处华北，是中国重要的农业区之一，粮食作物与经济作物种类较多。其中，小麦是主要的粮食作物之一，种植面积居各种粮食作物

---

① 参见山东省沾化县地方史志编纂委员会编:《沾化县志》，齐鲁书社 1995 年版，第 272 页。
② 参见山东省博兴县地方史志编纂委员会编:《博兴县志》，齐鲁书社 1993 年版，第 180 页。
③ 参见山东省博兴县地方史志编纂委员会编:《博兴县志》，第 182 页。

之首。

小麦一般是秋种夏收。春天播种的叫“春麦”，俗称“转弯麦”，不如秋天播种的好。黄河三角洲气候比较干燥，冬天下雪少，春天雨水少，适合小麦种植。

除了小麦之外，黄河三角洲常见的粮食作物还有以下几种：

荞麦：与小麦一样，夏种秋收，但加工成面粉后不似小麦那样柔滑细腻，常用来做煎饼和面饼，主要作为御冬食物。

粟：有黄、白两种，有的茎秆为青色，有的为紫色，在北方被称为“谷”，脱皮后称为“小米”，是不可或缺的日用食物。

黍：与粟相似，但颗粒更大，夏天种植。

稷：与黍类似，呈红色，味道很香，是祭祀的必需之物。

蜀秫：有红色、白色和黑色三种，俗称“高粱”。在黄河三角洲不适合种小麦的区域，尤其是较为贫瘠的土地更适宜种植。①

经济作物中，棉花的种植在黄河三角洲比较普遍。如《滨州志》载：“地产木棉，种者十八九，妇女皆勤于织纺，男则抱而贸于市，乡闾比户，杼轴之声相闻，令人思唐魏之风焉。”②美国汉学家黄宗智曾提出：高粱和棉花的种植可以反映出一个地区农业商品化的程度。③ 根据这个观点，黄河三角洲大面积种植棉花的现实透露出当地商品经济的发达。

---

① 参见(咸丰)《武定府志·物产》。

② (清)李熙龄纂修：(咸丰)《滨州志·风俗》,《中国地方志集成·山东府县志辑》，凤凰出版社2004年影印版。

③ 参见[美]黄宗智：《华北的小农经济与社会变迁》，中华书局2000年版，第62页。黄宗智还在该书中分析了不同富裕程度的小农种植棉花的不同动机，指出：“较大而富裕的农场，在决定把棉花纳入其总作物组合型时，显然在很大程度上受到利润的诱导。然而，即使是最大、商业化程度最高的农场，一般仍以其耕地面积的相当部分，种植直接供家人食用的作物，并把部分剩余用以纳税，供政权组织所用。至于较贫穷的小农，生存的考虑往往重于利润的追求。小农分化和人口递增的双重压力，使许多贫农农场面积在十八世纪后，缩小到生产不足维持其家庭的食用。许多这类小农，被迫冒险以反常的比例面积来种棉花，因为植棉可以较充分地使用剩余劳力，而棉花的较高收益，也使他们有可能赖以维持生计。至于租佃土地的贫户，则往往毫无选择的余地。地租一旦随棉花所得的收益增高，租种可以植棉的土地的小农便无法继续种粮食。但是，如果市场行情发生剧变，他们便相应地调整作物组合比例，与较富裕的农场并无二致。换言之，小农对种植棉花的态度，同时受三种因素的影响。”(第5～6页)这些分析对于研究小农经济具有重要的启示作用。就黄河三角洲而言，囿于资料限制，目前还未探讨得如此详细。

第二节　手工业

尽管处在为农业服务的从属地位,古代黄河三角洲的手工业仍然持续发展。手工业门类中,制盐业和纺织业发展时间较长。鸦片战争之后,随着中国与西方经济交流的深化,黄河三角洲又出现了新的手工业门类——草缏业。

一、制盐业

制盐业是古代黄河三角洲重要的手工业门类。黄河三角洲东濒渤海,拥有漫长的海岸线,沿海内陆土壤含盐量高,发展制盐业具有得天独厚的自然条件和悠久的历史传统。(见图 2-2)

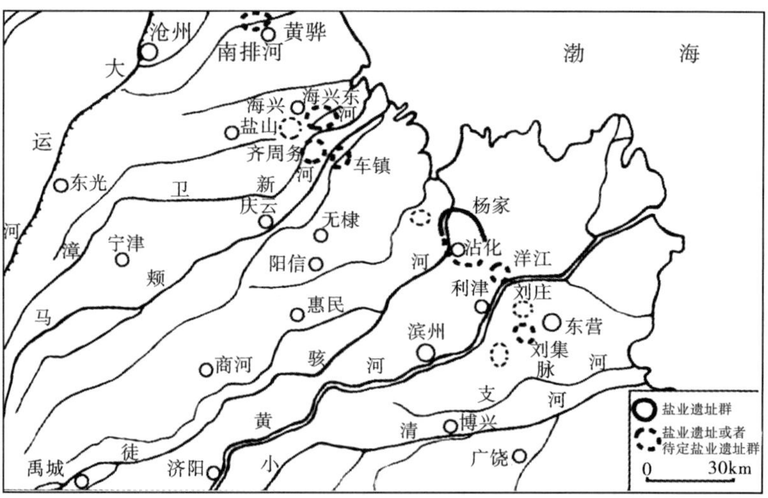

图 2-2　黄河三角洲盐业遗址示意图①

① 采自燕生东:《商周时期渤海南岸地区的盐业》,文物出版社 2013 年版,第 160 页。

1. 发展概况

早在先秦时期，黄河三角洲就成为齐国主要的食盐产地，并以其不可取代的垄断生产成就了齐桓公的首霸之业，支撑着田齐“七雄”之首的地位。[①]至清朝，经过几千年的持续发展，黄河三角洲的盐业生产走向兴盛，其突出表现之一便是盐场规模的扩大。道光年间，清朝在山东共设有8大盐场。其中永利、永阜、王家冈、富国4处盐场设于黄河三角洲地区，占山东盐场总数的50%。光绪二十一年(1895)，黄河决溢冲淹了永阜盐场后，“山东盐场凡七处”[②]，黄河三角洲的盐场数量削减为3个。此后直至民国初年，始终维持着这一规模，其中大部分盐场集中于东部近海的沾化与利津、广饶一带。

沾化“人惟以盐为生计”，产盐人群构成了当地的主流谋生群体。康熙五年(1666)出任沾化知县的孙锡蕃曾称：“沾化属有利国、丰民、富国、永利四场课司，均系产盐之地，而县境接海，斥卤不毛，故沾人世业，灶七民三。”[③]仅永利一处盐场便有灶户盐田8处，盐滩131副，滩池灶田3494.5亩，灶丁797名。[④] 所产原盐色多淡褐，粒大质坚，卤耗极轻，味感适中。利津一带不仅盐场数量十分可观，而且规模宏大。永阜盐场东西长65公里，拥有内潮滩248副，井滩198副，共计滩池446副，设有仁、义、礼、智、信5处盐坨[⑤]，分列于大清河两岸，形成“滩池弥望，星罗棋布，漉沙构白，澄波出素，灿如飞霞，峙如积璐”[⑥]的壮观场面。王家冈盐场与今寿光境内的官台盐场合并后，拥有盐滩1394副[⑦]，成为山东盐场中最为兴旺的场区，“盐蕊晴开万顷花”“盐坨万点乱山尖”反映了这里盐业生产的隆盛景象。黄河三角洲北部紧接闻名全国的大型盐场——长芦盐场(今山东无棣一带的盐池，大多归属长芦场区)，如果将这一部分计算在内，黄河三角洲的盐场数量要超出上述规模。

2. 盐业管理

由于朝廷实行食盐专卖政策，食盐产销具有很强的垄断性和保守性。

---

① 参见李靖莉：《黄河三角洲古代手工业考论》，《理论学刊》2005年第12期。

② 徐珂编撰：《清稗类钞・矿场类・山东产盐区域调查记》，中华书局1984年版。

③ (清)孙锡蕃：《条陈荒疲请宽积逋议》，(民国)《沾化县志・艺文志》。

④ 参见山东省无棣县史志编纂委员会编：《无棣县志》，齐鲁书社1994年版，第242页。

⑤ 参见山东省利津县地方史志编纂委员会编：《利津县志》，第280页。

⑥ 卜建华、翟新、李龙森：《山东海洋文化特征的形成与发展研究》，西南交通大学出版社2010年版，第279页。

⑦ 参见宋良曦、林建宇、黄健等主编：《中国盐业史辞典》，上海辞书出版社2010年版，第53页。

生产的食盐大多按计划管理体制，通过政府框定的运销渠道流散各地。制盐业的发展没有明显带动黄河三角洲城乡市场的发展。

黄河三角洲原盐运商分引商、票商两种，又可区分为官运、商运两类。其中，官运另细分为官办和局办两种形式。黄河三角洲属于官运区，但南、北部又略有差异。北部阳信、沾化、利津、滨州、蒲台等地实行官办，即由地方官掌控运盐事务；而南部博兴、乐安等地实行局办，即由专门设置的官运局经营盐务。由于陆路转输速度缓慢，载运量较小，食盐外运主要通过水路。甘一骥《盐河议》称：

> 国初，山东盐河有东、北二大支。其北一支属泺口、蒲台二批验所，为大清河。泺口上流自东平坎河口、东阿、平阴、长清、齐河而东入泺口，下流经齐东、蒲台、滨州、沾化、利津入海，以通宁海、永阜、丰国、永利、富民、丰民、王家冈等场，运盐出入八场，过蒲台、泺口二关而达运河。
>
> 其东一支属乐安批验所，为小清河。[①]

由此可见，利津附近所产的食盐，主要沿大清河溯流而上，经蒲台、惠民、青城、泺口、齐河、长清、平阴等地运至阳谷，再经运河水运到安居、南阳和夏镇等地。沾化一带所产的食盐，大多沿小清河运至历城，再由历城转输各地。大、小清河作为盐运通道，一度出现盐船穿梭水上、络绎不绝的盛况。

在政府允许的运销体系以外，黄河三角洲还暗藏着一条颇具规模的食盐走私渠道。《清宣宗实录》卷七一称：

> 山东武定、沂州二府，滨海盐碱，未能归坨，时有枭匪纠众抢滩售卖，为害地方……至滨州、高苑等县商人，均因误运革退，日久未佥新商，以致私枭阑入，殊与卤政有碍。

《清盐法志》亦称："东纲引票各地，北接长芦，南运淮北，恒苦邻私充斥，而以粮船夹私为害尤烈。"[②]清政府制定了严苛的禁私律令，对"犯私盐"者严加惩处：

> 凡犯私盐者杖一百，徒三年。若带有军器者，加一等。诬指平人

---

① (清)岳浚等监修，(清)杜诏等编纂：(雍正)《山东通志·艺文》，文渊阁《四库全书》本。转引自王赛时：《山东沿海开发史》，齐鲁书社2005年版，第268页。

② 盐务署辑：《清盐法志·山东·十七·缉私门》，1920年铅印本。转引自纪丽真：《明清山东盐业研究》，齐鲁书社2009年版，第299页。

> 者，加三等。拒捕者斩。盐货车船头匹并入官。引领牙人及窝藏寄顿者杖九十，徒二年半；挑担驼载者杖八十，徒二年。非应捕人告获者，就将所获私盐给付告人充赏；有能自首者，免罪，一体给赏。若事发，止理见获人盐，当该官司不许辗转攀指，违者以故人入罪论。①

但是，强烈的趋利意识使食盐走私行为屡禁不止，且愈演愈烈。雍正八年(1730)，巡盐御史郑禅宝上疏称：

> 永利一场，坐落沾化县地方，滩多盐盛，界连两省，不但盐枭偷扒盗贩，更有奸灶图利发私，由海丰、乐陵等到处随路散卖，驴驮肩挑络绎不绝，甚至大帮兴贩，侵灌直隶盐山、庆云等州县，害商误课，莫此为甚。②

清政府多方谋划，查禁走私。"向来缉私办法，北守海丰县之佘家港以杜芦私，南扼郯城县之大兴镇以遏淮私，中则于德州桑园稽查粮艘以禁其往来夹带之私，法亦密矣。至官商引票各地，大都自行办巡，以为各固藩篱之计，而于接壤他省及附近滩场之处，亦有摊捐经费，以厚巡力者。"③有时甚至动用军队，拨驻官兵专门缉私。雍正二年(1724)，山东巡抚陈世倌上疏称，"海丰地方逼近灶户滩场，两省居民错处，奸徒易于贩私，应添设官兵专司巡查"④，并奏请将武定营守备移驻佘家港专司巡缉。

道光年间，因枭贩充斥，政府又为沾化以及兰山、郯城、潍县等扼要州县"酌量添给"缉私人员和鸟枪、护标等装备。用于缉私的沾化巡费和利津巡费，占山东商课中缉私巡费支出总额的1/4。政府不堪重负，令"永利、永阜、王家冈、官台、涛洛等五场巡役，工食由春盐各商公出，交坐落该场之商人支发"⑤。博兴县也存在类似情况。"光绪中叶，县令李铨以私盐充斥，设巡缉私，奈县境近海，私贩如织，缉不胜缉，额盐之销售壅滞时，为一时权宜之计。每于春秋二季，运盐到境时，按银两分派，花户计银授盐，计盐缴价。初仅借

---

① 盐务署辑：《清盐洪志·山东·十七·缉私门》，1920年铅印本。转引自纪丽真：《明清山东盐业研究》，第294页。

② 盐务署辑：《清盐法志·山东·十七·缉私门》，1920年铅印本。转引自纪丽真：《明清山东盐业研究》，第296页。

③ 盐务署辑：《清盐法志·山东·十七·缉私门》，1920年铅印本。转引自纪丽真：《明清山东盐业研究》，第299页。

④ 盐务署辑：《清盐法志·山东·十七·缉私门》，1920年铅印本。转引自纪丽真：《明清山东盐业研究》，第296页。

⑤ 盐务署辑：《清盐法志·山东·十七·缉私门》，1920年铅印本。转引自纪丽真：《明清山东盐业研究》，第303页。

以防私,久遂沿为定例,是为官行时期。”[①]走私活动的猖獗,从侧面反映了黄河三角洲盐业生产的兴盛景况。

尽管食盐产销领域顽强地维持着传统的计划管理体制,但是,时代前进的步履终究难以阻挡。伴随着生产技术的改进,晚清时期,一种先进的生产关系在黄河三角洲盐产领域日渐滋长。康乾盛世之后,随着政府对灶户管理的松弛和商品经济的发展,游离于官营体制之外的私有盐滩、盐池逐渐萌生。嘉庆二十五年(1820),富国盐场滩户已“私开野滩七十余副”。嘉庆二十六年“较去年更甚”,达到“一百余副”。[②] 仅仅一年的时间,私有盐滩便大幅增加。私营盐业在黄河三角洲制盐业中所占比例较小,传统的管理体制严格捆束着食盐的生产与运销。如阳信县“滏泽之滨多斥卤,白坟穴起如孤堆者,均可滤盐,粒小不能成结晶体,俗名小盐。因关盐课,官府禁止煮滤与私卖”[③];沾化县“碱地可产盐,而民不敢收,一收则立陷于罪矣”[④]。但是,私营盐业的出现,毕竟预示着古老的管理体制已经松动,社会在不可违抗的自然规律中,缓慢地朝着新的形态迈进。

3. 盐场

永阜盐场。永阜盐场位于利津县,是黄河三角洲重要的盐场之一。利津濒海,有丰富的盐业资源,为历代统治者所重视。早在元、明两朝,官府为了控制盐业,就在利津境内建了丰国、永阜、宁海三大盐场,每场设置盐科司,派盐场大使统管,并在大清河入海口的铁门关码头派兵驻防,管理盐运、漕运。清初,仍沿明朝盐法,对各大盐场设盐运司管理,派外委把总带兵巡防,增置海口稽查船只,驻防铁门关码头。(民国)《利津县续志·舆地图》记载:“清初,山东盐场共十九场,康熙十六年裁并为十二场,雍正七年又并为十场,以盐运司领之,辖于直隶长芦盐院道。光绪十二年改属山东巡抚兼辖,遂并为九场。嗣后又改为八场,永阜其一也。”光绪年间的利津县永阜盐场由早年的丰国、永阜、宁海三场合并而成,场区占地东西长65公里,南北宽60公里,有滩池446副,其中,内潮滩池248副,井滩池198副,建有仁、义、礼、智、信五大盐坨,分布于大清河两岸。所产之盐,在大清河入海口处的铁

---

① (民国)《重修博兴县志·赋役》。

② (清)王定柱:《同治山东盐法续增备考·富国场私开滩池聚众侵害等情一案》,清同治三年(1864)辽阳刘清泰刻。转引自王赛时:《山东沿海开发史》,第365页。

③ (民国)《阳信县志·物产志》。

④ (清)联印修,(清)张会一、耿翔仪纂:(光绪)《沾化县志·物产》,清光绪十七年(1891)刻本。

门关装载，顺大清河南上，经利津城东关码头，到蒲台县城北关称验后放行，运销鲁西、鲁北、河南、江苏、安徽等地的 66 个州县，年引 50 多万包（每包 160 公斤），产量居全省八大盐场之首。盐运、漕运带动了利津商业的发展。铁门关码头和利津城东关码头，车船辐辏，客商云集，盛极一时。咸丰四年（1854），一场特大海潮将大部分盐池冲毁，仅存 160 副。咸丰五年，黄河主流夺大清河道入海，河床逐年淤垫抬高，黄河连连发生决口，不断危及盐池。光绪十五年和十六年，韩家垣子、南北岭子相继决口，河东岸的盐池全部淹没。光绪二十一年，吕家洼大堤决口，河水四溢，河西岸的盐池大部分被淹，仅余 60 副。光绪三十年，薄家庄大堤决口，所有盐池被淹，荡然无存。[①]

王家冈盐场。王家冈盐场位于广饶县。康熙十六年（1677），山东省对盐场进行了一次裁减，把原来的 19 场裁并为 8 场。广饶的 3 个盐场并为 1 个，称“王家冈场”。管理机关驻王家冈。光绪十七年（1891），政府重新治理小清河，历经 2 年浚通，使海运与河运连接起来，船舶从羊角沟港可直驶济南黄台，为广饶县盐业的进一步发展提供了有利条件。光绪二十二年，利津县的吕家洼处黄河决口，永阜盐场被淹，盐不敷用。省抚运两宪以新清河运输之便，谕令王家冈场大使转谕绅商、豪户等，允可在王家冈场境内择地修建新滩。建滩工本费用皆由灶户自备，或由外地盐商借给。于是南自宁海寺，北至沙营的百余里的滩涂上，展开了盐田扩建大会战。辛镇、沙营、王家冈一带新扩建沟滩百余副，塘头营、高堤、田家河坞处新建沟滩 60 余副，宁海寺、龙车道等处增建井滩 440 余副。共新建滩池 600 余副。“新滩池的布局也进行了更新，‘所产之盐皆由新清河上驶，供本省地者为北运，供河南归德八属者为南运。每年运出盐 20 余万包，至三十五六万包不等，每包净重 400 斤’（清《盐法史》）。”[②]

永利盐场。永利盐场位于无棣县，至晚宋朝时已建。元朝时，永利盐场为山东 19 处盐场之一，场署设置在棣州无棣县钟镇里（今属沾化区），盐区分布于秦口河两岸，拥有盐锅 300 口。清雍正年间，盐场废煎兴晒，拥有灶户盐田 8 处，盐滩 131 副，滩灶地 3494.45 亩，灶丁 797 人。光绪末年，利津永阜盐场因黄河决口被冲，难以再成规模，于是并入永利

① 参见中共利津县委党史研究室编：《利津县史》，齐鲁书社 2000 年版，第 23 页。

② 王雨先：《广饶盐业》，山东省政协文史资料委员会编：《山东文史集粹》（修订本），第 148～149 页。

盐场。两场合并后仍然沿用“永利盐场”这一名称。清末，永利盐场有盐丁2211名，连同家属近万人。[①]

二、纺织业

纺织业是黄河三角洲传统的优势手工业门类。晚清时期，黄河三角洲纺织业比较发达，主要表现在丝织业与棉纺织业领域。

1. 丝织业

丝织业兴盛于黄河三角洲南部地区。长山县为山东省著名的生丝与丝织品产地，百姓“俗多务织作，善绩山茧，茧非本邑所出，而业之者颇多，男妇皆能为之”[②]。长山县中，周村镇的缫丝与丝织业最为发达。这里的丝织行业率先迈出了由传统手工生产向近代机器生产转型的第一步。同治、光绪年间，周村的十几家缫丝厂中，实力较强的几家已经开始使用蒸汽机缫丝。裕厚堂义记丝厂、恒兴德丝厂、同丰公司缫丝厂和源丰丝厂四大蒸汽机缫丝厂的诞生，不仅极大地提高了缫丝业的生产效率[③]，而且促进了丝织业的繁盛。民国初年，“周村附近从事此项工人，计有4000余人，在同业公会机坊工人，盖占4822人”[④]，形成了庆和永麻葛庄(庆字号)、广盛永丝绸庄(广字号)、丰字号丝绸庄(丰字号)等16个行业小集团，其中大部分采用先进的铁木提花机生产。

2. 棉纺织业

黄河三角洲棉纺织业的发展，得益于棉花的专业化种植。自从元明之际棉花传入华北，黄河三角洲便凭借广阔的沙质冲积平原、相对适中的雨量以及充足的阳光等适宜棉花生长的自然条件，成为山东省乃至全国著名的棉花产地。

晚清时期，黄河三角洲所处的鲁北平原与鲁西北棉区一起构成山东农业经济倚重的两大棉花专业产区。其中，齐东县“清河边上的地，多半是棉

---

① 参见山东省无棣县史志编纂委员会编:《无棣县志》，第242页。

② (清)王赠芳、王镇修，(清)成瓘、冷烜编纂:(道光)《济南府志·风俗》，清宣统二年(1910)刻本。

③ 参见曲延庆:《邹平通史》，中华书局1999年版，第206～207页。

④ 彭泽益编:《中国近代手工业史资料(1840～1949)》第3卷，三联书店1957年版，第88页。

花地”[①]，百姓“富者积花粮，时粜粜……一切公赋、终岁经费，多取办于布棉”[②]。滨州物产以棉花为大宗，“地产木棉，种者十八九”[③]。沾化县只有“东南一隅稍有沃壤，然亦浮沙白土，性异膏腴。从前通县所赖，惟小麦、棉花二种”[④]。利津县“邑之土产，木棉最多，与五谷等。妇女无老少贫富，皆事纺织。用纺车擘棉为缕，继用机杼以为布。女红之勤，兹邑称最”；“邑无巨商大贾，盐商典商而外，诸业以棉花与布为其大端，权子母而懋迁于外者，亦多有之”[⑤]。惠民县“全县女于纺织，由来已久。凡十岁以上、六十岁以下之妇女，无不依纺车机杼为生活，汰出极老极幼，约占全县农民四分之三不为其业，其一皆为之。用具皆旧式，所产粗布为之土布，各供屋之用外，尚出售于外布庄”[⑥]。博兴县“货物广为民赖者，尤以棉花、白酒为最……城以北，土兼沙壤，故宜棉，商贾之家，藉是致小康”[⑦]。乐安县“新清河北地多斥卤，五谷稀少，宜棉之田计占耕地十分之七”[⑧]。由于植棉业成为黄河三角洲明显的区域优势产业，清末胶州海关税务司阿里文在《最近十年各埠海关报告》中统计山东物产时，仅将武定府列为山东省输出原棉的区域。[⑨]

棉花的专业化种植为棉纺织业的发展提供了充足的原料，使棉纺织业成为黄河三角洲后来居上且具明显优势的手工行业。早在康熙年间，齐东知县余为霖《游牧马处题辞》就称：“齐邑土田硗瘠，计其所入，仅足以糊口，而赋徭婚丧之费漠无所藉，惟恃纺花织布，而男女昼夜之所作，自工农而外，只此一事。是以远方大贾，往往携重资购布于此，而士民赖以活。”嘉庆三年(1798)，齐东知县周以勋《布市记》称：“齐东袤延百里，俗俭民厚，勤于纺织，民皆抱布，以期准集市场，月凡五六至焉。交易而退，谓之布市，通于关东，终岁且以数十万计，民生衣食之原，商贾辐辏之势在是。”[⑩]高苑县“以织布为

---

① (清)刘鹗：《老残游记》，中华书局2013年版，第81页。

② (清)余为霖修纂：(康熙)《齐东县志·职方纪·风俗》，清康熙六年(1667)刻本。

③ (咸丰)《滨州志·风俗志》。

④ (清)王植：《启抚军请蠲沾化县钱粮》，(民国)《沾化县志·艺文志》。

⑤ (光绪)《利津县志·舆地图·风俗》。

⑥ 王鸿绩、赵仁泉修，闫容德总纂：(民国)《续修惠民县志·产业志·工业状况》，山东省惠民县史志办藏1936年稿本之1983年抄本。

⑦ (清)周壬福修，(清)李同纂：(道光)《博兴县志·风土志》，(台北)成文出版社1976年影印版。

⑧ (民国)《续修广饶县志·政教志》。

⑨ 参见寿杨宾编著：《青岛海港史(近代部分)》，人民交通出版社1986年版，第5页。

⑩ 以上两文详见(民国)《齐东县志·艺文志》。

大宗”,“境内织工颇多”[①]。滨州“妇女皆勤于纺织,男则抱而贸于市,乡间比户,杼轴之声相闻”[②]。惠民县以“花布为大宗”[③]。

鸦片战争以后,受西洋棉制品的冲击,黄河三角洲棉纺织业在激烈的市场竞争中被迫进行顺应时势的改组。据交通部烟台港务管理局所编《近代山东沿海通商口岸贸易统计资料(1859～1949)》记载,仅光绪三十一年(1905),由青岛经铁路运入长山县及其附近地区的棉布和棉纱,就分别达61.2万匹和2.25万担。大量西洋棉制品的输入摧毁了黄河三角洲棉纺织业原有的发展轨道与秩序,使棉纺织业急剧衰退。

为摆脱困境,棉纺织业被迫改组自新,以购用洋纱代替原来的纺纱环节,织布生产效率因此大幅度提高。于是,土布生产一改小农经济自产自销的传统模式,转而趋向于商品化经营。如齐东县用土纱织成的棉布和用洋线织成的洋布“远销京津诸处”,“远方大贾,往往携重资购布于此,而士民赖以活”[④]。

与比较保守的制盐业不同,纺织业中弥漫着开放、革新的时代气息。活跃于黄河三角洲纺织领域的各地“客商”与“行店”,既集中收购农户生产的土布,又向农户提供棉纱原料。农户从原料的获取到产品的销售,均与市场密切相连。分散的土布生产者除保留了与小农业相结合的家庭纺织业的表面形式之外,实际上变成了受土布包买商资本支配的雇佣劳动者,这为纺织业的持续发展提供了保障。

三、草缏业

草缏业是鸦片战争以后黄河三角洲新兴的手工业门类。草帽在西方社会较为流行,是西方国家大量进口的产品,因此,草缏业主要应国外市场的需求而产生。

19世纪60年代烟台开埠后,草缏编制技术由西方传教士传入山东,初始仅在烟台及青州、登州、莱州等地传布。19世纪70年代以后,草缏编制技

① (光绪)《高苑县乡土志・物产》,1906年抄本。原文未见,转引自庄维民:《近代山东市场经济的变迁》,中华书局2000年版,第318页。

② (咸丰)《滨州志・风俗志》。

③ (光绪)《惠民县志・风土志》。

④ (民国)《齐东县志・社会・风俗》。

术由胶东沿海传入内地，很快普及于山东各地。其中，黄河三角洲的武定府与莱州、青州、济南、兖州等地成为山东草缏的主要编制地区。阳信县的草缏编制技术精良，成为周邻各县竞相仿效的对象。据《东方杂志》记载，光绪三十三年(1907)，齐东知县就曾专门“由阳信招到编制草缏女教习四名，饬赴四乡，召集妇稚转相传授、传习”。德州的齐河县也于“创设草帽缏总工场”之后，“由阳信招募男女教习六人到县教授，并饬各乡董事各保送女艺徒一人入场学习，限一月毕业，回乡充当教习”。[①] 可见，黄河三角洲的草缏编制技术在山东草缏业中处于领先水平。

草缏生产开始大多采用传统的家庭劳动模式，“妇女们在自己的家门口、或者在他们走道的时候，都在编织”[②]，即为草缏生产场景的真实写照。20 世纪初，在清政府推行新政、兴办实业的背景下，山东省相继开办了一批工艺局，黄河三角洲也出现了一批官营草缏工场和兼营草缏业的工艺局，传习与推广草缏生产技术。草缏业开始蜕脱传统的家庭手工生产模式，逐渐向家庭与工厂或家庭与手工工场联合的形式过渡。

晚清时期黄河三角洲的草缏业，不论从业人数、产值，还是对农村的意义，均超过传统的金、木、土、石四业，成为农村手工业中的支柱行业，对黄河三角洲的社会经济产生重大影响。

第一，草缏业的从业人员主要为农村闲散剩余劳动力，即此前除了从事家务劳动之外极少就业的妇女与儿童，他们在闲余时间从事草缏编制，具有极强的兼业性，因而编制草缏的收入成为黄河三角洲农民新的经济来源，在很大程度上改善了村民原本拮据的物质生活。

第二，草缏的生产与流通动摇了黄河三角洲传统封闭的农本经济的超稳定状态，活跃了农村市场。由于草缏生产者每到集日便将产品运至集市销售，或在集市上接受商家的生产预约，草缏交易不仅使黄河三角洲的商品流通结构不再单一，而且使原来处于封闭状态的乡村集市逐渐步入以沿海口岸城市为枢纽的国际贸易体系。

但是，由于草缏业并非中国传统农业社会原生的家庭手工行业，而是单纯为适应国外市场需求而产生的新兴行业，其从生产到流通的各个环节，均

---

① 转引自董传岭：《晚清自然灾害与乡村社会研究——以山东为例》，中国文史出版社 2014 年版，第 95 页。

② 彭泽益编：《中国近代手工业史资料(1940～1949)》第 2 卷，三联书店 1957 年版，第 62 页。

较多地受制于西方国家,行业命运不能自主。

在原料上,尽管草缏原料——麦秆在黄河三角洲比比皆是,随处可得,但是必须运至国外漂白加工后,方能运回国内使用。在生产过程上,虽然黄河三角洲草缏业的生产形式仍以家庭制作为主,但家庭生产的草缏只能作为中间产品,或作为整个生产过程的一个环节或工序而存在。草缏生产过程深受西方国家的遥控,"外商是按照欧洲或美国的指示定货,而中国商人则把定货单送入内地,并且雇用当地村民编织草辫,以极轻松方式执行其定货(义务)……经过相当时间以后,定货的商人便挨村挨户收集成品,然后把若干编好的草辫合在一起"①。显然,从缏庄领取计件工资的缏农,成为受市场关系支配的商品生产者。

在生产关系上,草缏生产者要受洋行、买办资本和商人资本的多重控制,既直接受制于缏庄,又间接受控于垄断出口业务的洋行。洋商利用不平等条约欺压缏主,缏主又通过降价收购或抬高质检规格等途径,将与洋商交易的损失转嫁于缏农。缏农在多重挤压之下,从业命运难以自主。不仅如此,甚至连草缏生产工艺都要随国外消费群体审美需求的变化而改变。对西方消费者而言,他们可以根据需要翻新式样。而缏农则必须根据"欧美之需要者,年年受崭新之样式,通地方之辫庄,如式编制"②。19世纪70年代之后在黄河三角洲流行编制的白、黑、花三种草缏,以及90年代以后兴起的劈草缏,均为适应当时国外市场审美需求而加工的产品。

第三节　商业贸易

晚清以来,随着资本主义的入侵,中国传统的自给自足的经济模式逐渐松动、解体。山东地处日本经济侵略的前沿,这种趋势表现得尤为突出,黄河三角洲也逐渐汇入这股洪流中。表现在经济领域,就是农产品的商品化、庙市的普遍化、牙行的发展和商埠的增多。

---

① 彭泽益编:《中国近代手工业史资料(1840～1949)》第2卷,第405页。

② 阙名:《山东麦秆草帽辫之调查》,《农商公报》第4卷第1册第37期,1917年8月。转引自庄维民:《近代山东市场经济的变迁》,中华书局2000年版,第336页。

一、农产品的商品化

晚清时期，黄河三角洲的商品市场与此前相比发展较快。农作物特别是棉花等经济作物的规模种植，使黄河三角洲农产品的商品化程度进一步加深，其中，尤以棉纺织业为甚，棉纺织品成为黄河三角洲城乡市场商品交易的大宗。齐东、惠民等地出现了专门的棉花与棉布市场。其中，齐东县的土布市场闻名遐迩。清人周以勋在《布市记》中写道："齐东袤延百里，俗俭民厚，勤于纺织。民皆抱布，以期准集市场，月凡五六至焉，交易而退，谓之布市。通于关东，终岁且以数十万计。民生衣食之原，商贾辐辏之势在是。"①

在黄河三角洲各地市场上，棉花与棉纺织品成为城乡集市连接全国贸易网络的桥梁与纽带。如齐东县的土布"远销京津诸处"；高苑县的小布"皆向周村贩运，由彼处漂房漂制白净，再贩他处"；惠民县以"土布为大宗，陆运则由车发往泰安、潍县、穆陵关等处销行，亦赴天津、芦台、平谷等处销售；水运则由海丰县埕子口即大沽河口装船渡海，赴东三省销行"；蒲台县的土布引得"各处商人至本境购买，每岁销行十万匹"；阳信县精美的土布，甚至引起省内外客商的争购。齐东、高苑、惠民、蒲台和阳信成为当时有名的贸易枢纽。②

黄宗智在研究华北小农经济时曾指出，棉花种植加速了小农的分化：

> 棉花收益远高于粮食，也因此赋予小部分农户力农致富的机会。但它也同时加大了农作所冒的风险。因为，它需要高于粮食的资本和劳力投资。失去一茬棉花对一家农户的影响，要比失去一茬高粱严重，许多改种棉花的小农，有可能因此而在经济阶梯上滑下来。③

前文已述，棉花在黄河三角洲的种植比较广泛，但受资料限制，目前还不清楚棉花种植给黄河三角洲小农群体分化带来的影响。

---

① (清)周以勋:《布市记》，(民国)《齐东县志·艺文志》。

② 参见赵惠民:《论黄河三角洲古代商品经济的发育》，《中国石油大学学报》2007年第3期。

③ [美]黄宗智:《华北的小农经济与社会变迁》，第109页。

二、庙市的普遍化

农产品的商品化促进了黄河三角洲农村集市与市场的发展，这从庙会的兴盛中可见一斑。《续修惠民县志》提道："全县商业交易，唯赖集场与庙会。"[①]邹平县"碧霞元君祠，在黄山东峰畔"，"每岁四月八日，山有圣会，邻此郡邑百里外乡民祈福，至数万人，商贾百货屯汇，咸获利焉，俗谓庙市"[②]。无论是将庙会与集场并列，还是称庙会为"庙市"，均透露和凸显出庙会的经济功能。庙会在黄河三角洲非常普遍(见表 2-1 至表 2-6)，从中可见商业的发达。

表 2-1 (民国)《重修博兴县志》所载古会一览表[③]

名称	会址	日期
天齐庙会	东关	十月十五
药王庙会	北关	四月二十八
城隍庙会	西隅	八月十五
丈八佛会	寨高村	十月
天齐庙会	张夏	四月
史家口会	史家	二月
崇德会	崇德	三月
纯化镇会	纯化	四月十日
闫家坊会	闫家	十月
郝家庄会	郝家庄	三月
兴福会	兴福	四月
曹王镇会	曹王镇	四月
利城镇会	利城镇	三月十六、十月十六
陈户店会	陈户	四月

① (民国)《续修惠民县志·产业志·商业经济状况》。

② (清)程素期、程之芳等修辑:(康熙)《邹平县志·建置·坛庙》，清康熙三十四年(1695)刻本。

③ 资料来源:(民国)《重修博兴县志·疆域志》。

续表

名称	会址	日期
闫家庄会	闫家	十月
相公堂会	相公	三月
胡家台会	胡家	二月
曲家会	曲家	三月

表 2-2　　(民国)《沾化县志》所载古会一览表①

名称	会址	日期
药王庙会	南关	四月二十三
三官庙会	北关	十月十八
妙相寺会	寺前	三月十八
流钟镇会	流钟镇	二月十五在街西首,四月二十八在药王庙,六月初六在大寺,十月初一在街里
永丰镇会	永丰镇	四月初八
张王庄会	张王庄	二月十五
王升家会	街里	二月二十九
麻姑庵会	街里	二月二十七
大王家集会	街里	二月二十五
大王庄会	街里	三月初八
城隍庙会	西街关	七月初七
毕家庙会	毕家	三月二十八
东关会	关里	五月十八
黄升镇会	黄升镇	四月十八在药王庙,五月十七、九月二十七、十二月初二在街里
富国镇会	富国	十一月初十
姜牙店会	姜牙店	三月初三

① 资料来源:(民国)《沾化县志·疆域志》。

续表

名称	会址	日期
城内会	西门大街	五月十八
泊头会	街里	二月十五、四月初八、十月初一、十二月十六
丰民会	街里	二月二十二
落后寺会		三月二十八

表 2-3　(民国)《乐安县志》所载古会一览表①

名称	会址	日期
城隍庙会	城里	五月
五大营会	高大营	二月、十月
秦旺会	秦旺庄	二月
马头会	大马头庄	三月、十月
大王桥会	大王桥庄	三月、九月
韩家桥会	韩家桥庄	四月、九月
大张淡会	大张淡庄	六月
贾庄会	后贾庄	四月
崔柳庄会	崔柳庄	九月
东寨会	东寨庄	二月
炉神庙会	西关	三月、十月
圪瘩子会	圪瘩子庄	二月
碑寺口会	碑寺口庄	二月、十月
牛家庄会	北牛家庄	三月、十月
高家港会	高家港庄	四月
辛店会	辛店庄	四月
张家店会	张家店庄	十月

① 资料来源:李传煦、陈同善修,王永贞纂:(民国)《乐安县志·舆地志·会集》,1918 年石印本。

续表

名称	会址	日期
府君庙会	大张庄	六月
桓台会	桓台庄	四月
五村会	五村庄	三月、十一月

表 2-4　（乾隆）《蒲台县志》所载会场一览表①

会址	日期
在城	五月初十至十二，六月初四至初六，九月二十六至二十九
旧镇[a]	十月二十至二十三
通滨镇	十月二十五至二十七
曹家店	九月初十至十二
于官寨[b]	三月初三
赵店	三月二十七至二十九，九月二十九至十月初二
团包店	十一月初二至初四
三岔镇	九月初三至初六
南街[b]	五月十三

说明：a：（光绪）《蒲台县志·寺观》云："旧镇北街玉皇阁，乾隆四十九年重修，九月九日会。"所载会场日期与（乾隆）《蒲台县志》不同。b：系根据（光绪）《蒲台县志·寺观》补入。

表 2-5　《邹平县志》所载庙会一览表②

名称	会址	日期
黄山庙会	黄山	四月初一至十五
三官庙会	西关	
北极庙会	北关	
大云寺庙会	解家村	六月初六至初十
醴泉寺庙会	醴泉寺	六月初六

① 资料来源：（清）严文典、任相纂修：（乾隆）《蒲台县志·建置志·乡镇·会场日期》，清乾隆二十八年（1763）刻本。

② 资料来源：山东省邹平县地方史志编纂委员会编：《邹平县志》，中华书局 1992 年版，第 719～720 页。

续表

名称	会址	日期
杏村庙会	苑城镇杏村	四月初八庙会，二十八进入鼎盛，“持续时间很长”
归苏圣母庙会	码头镇归苏村	三月二十八和九月初九各举办一次，每次四五天
段桥庙会	明家集乡段桥村	每年三次：正月初三、三月初三、六月十三
天齐庙会	东关	
龙王庙会	南关	
城隍庙会	城里	
会仙山庙会	会仙山	三月初三
关帝庙会	长山镇	四月初八
麻姑庙会	魏桥镇麻姑堂村	三月二十三至二十六，十月二十三至二十六
面山会	好生乡李家村	三月十五至二十四

说明：表中所列没有完全包含邹平各地举办的庙会。《邹平县志》提到，中华人民共和国成立前，“县境内有庙会约50余处。庙宇在平原者，称庙会；在山上者，称山会”。(详见山东省邹平县地方史志编纂委员会编：《邹平县志》，第719页)

表2-6　(民国)《续修惠民县志》所载庙会贸易简况表[①]

名称	会址	日期	市面情形
东关大会	东关	二月初二起	牲口、木料、农具
北行宫会	泰山庙前	三月初八起	木料、农具
药王庙会	西南营	四月二十八起	农具、夏货
城隍庙会	城隍庙附近	六月初九起	农具、夏货
		九月初七起	天津、济南等商均来

① 资料来源：(民国)《续修惠民县志·产业志·商业经济状况》。

续表

名称	会址	日期	市面情形
省屯庙会	大街		牲口、木料全
药王庙会	北姚家	四月十五起	牲口、木料全
宋家集会	宋家集		牲口、木料全
三元堂会	王家庙	三月初八起	牲口、木料全
青杨店会	青杨店		牲口、农具全
于家寨会	于家寨	三月初三起	牲口、农具全
药王庙会	于王庄	四月初八起	牲口、农具全
牛保塚屯会	塚近	九月十三起	牲口、农具全
皂户李会	皂户李	二月初八起	各市齐全
泰山行宫会	歇马亭	三月初六起	各市齐全
御史街会	御史家	十月二十六起	各市齐全
李茂家会	李茂家	三月初八起	各市齐全
火把李会	火把李	二月初二起	各市齐全
钟家营会	钟家营		
第三堡会	第三堡	二月、十一月	
淄角镇会	淄角镇	二月初二起、四月初六起、十月初八起、十二月初八起	各市俱全
李家庄会	李庄		
油王麻店子会	店子		各市俱全
陈洪口会	陈洪口		各市俱全
麻店会	麻店		各市俱全
刘家桥会	刘家桥		各市俱全
辛店会	辛店	四月	各市俱全
永利镇会	桑墅		各市俱全
陈家集会	陈家集		各市俱全
胡家集会	胡家集	九月十七起	牲口、农具，全县之最
魏家集会	魏家集		

续表

名称	会址	日期	市面情形
成官庄会	成官庄		
大周家会	大周家		
楼子孙会	楼子孙		
清河镇会	清河镇		
杨家集会	杨家集	三月十三起、五月二十三起	各市俱全
胡家营会	胡家营	二月十九起	各市俱全
三皇庙会	三皇庙	二月初二起、五月初五起、九月初九起	香火会
田家集会	田家集	二月初三起	各市俱全
车家集会	车家集	三月、四月、十月	各市俱全
王判镇会	王判镇	三月十五起、十月二十七起	各市俱全
聂索镇会	聂索镇	三月初三起	各市俱全
洪福寺会	洪福寺		
大年陈会	大年陈		

黄河三角洲的庙会以在乡村举行者居多,因此,庙会的时间一般集中在三月、四月和十月、十一月,符合黄河三角洲农业生产的特点。黄河三角洲的农作物季节性很强,一般为夏、秋两作制,收割时节多集中在五、六月及八、九月间。三、四月特别是三月份,春耕尚未完全开始,民众有较多的闲暇时间,会利用举办庙会的机会购置耕种所需的牲畜、农具等物资;到了十月、十一月份,秋收基本结束,民众又将农作物收成中的多余部分拿到庙会,换取过冬以及过年的物品,同时为来年田地的耕耘和小麦的播种作准备。据(民国)《乐安县志》记载,乐安县有 20 处庙会,时间分布为:二月 5 次,三月 5 次,四月 5 次,五月 1 次,六月 2 次,九月 3 次,十月 6 次,十一月 1 次。

乡镇和村落中的祠庙、寺观数量更多,因此,在城中举办的庙会少于乡村,庙会服务于农村的特征非常明显。沾化县在城庙会有 5 处:妙相寺会、南关药王庙会、西街城隍庙会、北关三官庙会、东关会。在乡庙会有 12 处:流钟镇会(3 处)、黄昇镇会(2 处)、落后寺会、毕家庙会、永丰镇会、富国镇会、张王庄会、姜牙店会、王升家会。[①] 博兴县在城庙会有3处：东关天齐庙会、北关药王庙会、西隅城隍庙会。在镇村的庙会有15处：丈八佛会、郝家庄会、兴福会、曹王镇会、利城镇会、张夏天齐庙会、陈户店会、史家口会、闫家庄会、崇德会、相公堂会、纯化镇会、胡家台会、闫家坊会、曲家会。乐安县在城庙会有2处：城隍庙会、炉神庙会。在镇村的庙会有18处：五大营会、圪瘩子会、秦旺会、碑寺口会、马头会、牛家庄会、大王桥会、高家港会、韩家桥会、辛店会、大张淡会、张家店会、贾庄会、府君庙会、崔柳庄会、桓台会、东寨会、五村会。

吸引民众进行贸易，成为华北庙会的突出功能。赵世瑜在比较华北庙会与江南庙会的功能时提到，"由于江南的市镇发展程度较高，较大都市中的日常商品需求可以通过店铺买卖得到满足，又由于此地区小市镇的覆盖面积较大，集市贸易更为普遍，乡村人口的日常所需也较容易得到满足。这样，庙会的经济功能就被具有同样功能的商业贸易场合所取代，因而呈现逐渐减弱的趋势。同时华北地区的商品经济发展水平决定了庙会还要发挥它的经济功能，作为市镇集场的必要补充"[②]。根据这一思路，黄河三角洲各州县商品经济的发展水平有较大差异（如长山、邹平等地较黄河以北地区更为发达），庙会功能的侧重点也应该有所不同。但目前能够搜集和调查到的庙会资料尚不足以揭示这种不同，因此，下文对庙会经济功能的论述涵盖整个黄河三角洲。

邹平县碧霞元君祠"每岁四月八日，山有圣会，邻此郡邑百里外乡民祈福，至数万人，商贾百货屯汇，咸获利焉，俗谓庙市"[③]；会仙山"每年农历三月初三王母寿诞之日，有香火庙会，远近的善男信女纷纷上山进香设供"，"庙会期间，商贾云集，进行山果和药材贸易"，而醴泉寺庙会"贸易最盛的是山果市"[④]。滨州关帝庙会期间"远近商贾贸易者云集"。青城县"四月十八日，县城西关娘娘庙（碧霞元君祠）会，商贾云集，香火甚盛"[⑤]。沾化县"落后寺，在城东北落魂堂。创建于唐贞观十三年，四围水绕，俗呼落魂塘。明天启末重修，清同治三年，经傅士宏、任观海等再修，有古钟可考。原有庙产百余亩，民国初年，完全捐入教育局。寺前有会场，废历三月二十八日为会期，商

① 参见（光绪）《沾化县志·会场》。

② 赵世瑜：《狂欢与日常——明清以来的庙会与民间社会》，三联书店2002年版，第219页。

③ （康熙）《邹平县志·建置·坛庙》。

④ 山东省邹平县地方史志编纂委员会编：《邹平县志》，第719页。

⑤ 杨启东修，赵梓湘纂：（民国）《青城县志·天文志》，1935年铅印本。

贾辐辏,香火甚盛,乡人每于会期演剧六天,大批商品及农产品,藉资畅销"[①]。高青县千佛庙会期间,"庙北是纸马香锞街道,因为香火是庙会的主要内容,因此供佛事活动用的纸马香锞这项买卖最是兴盛。由庙址起,向北直至阎家村,全是卖纸马香锞的市街"[②]。

在庙会期间进行商品交易,不仅是黄河三角洲庙会的内容,也是整个山东庙会的内容。从《山东庙会调查集》所收录的46篇文章的记载来看,"除了三四处庙会没有做买卖的外,大部分都在做着货物的交易。家庭手工业品、农具、农畜、洋货等充斥于这每年一两次的集会上"[③]。

三、牙行的发展

牙行是市场中为买卖双方介绍交易,评定商品质量、价格的居间行商,经纪人称"牙人(牙纪)"。清朝时期,随着集市的发展,黄河三角洲也出现了牙行。惠民县地方财政中有一种"牲畜捐",从中能发现牙人的影子:

> 城乡买卖牲口,旧习惯畜一头,买卖妥时,双方到收税处上账,按二分抽用,谓之官钱,内有牙纪处说,亦按二分抽用,谓之用钱,照例一方开官,一方开用。再有行头,按骡马一匹抽钱二百文、牛驴一头抽钱一百文,谓之头钱,亦谓之牙钱。买妥必拴圈子,按大小畜抽用,谓之圈子钱,亦名绳钱。叠床架屋,费几何矣。

经营牙行必须经过官府批准,持有官府发给的牙帖,并缴纳税课。晚清时期,利津县至少设立了7处牙行。惠民县的牙行也有不少。(民国)《续修惠民县志》"惠民县境内临时经常贸易会场一览表"后云:"斯特按最近编审领有牙贴者记之。按旧志重修在逊清光绪十二年,领有牙贴集镇,止有省屯、青杨店、于家集、淄角镇、李家庄、永利镇、胡家集等七处。"[④]说明在光绪十二年(1886),惠民县有7处牙行。

---

① (民国)《沾化县志·疆域志·古迹》。

② 马建华:《千佛庙与庙会》,高青县政协文史资料委员会编:《高青文史资料》第7辑,1991年,第137～147页。

③ 俞异君:《山东庙会调查集》,李文海主编:《民国时期社会调查丛编》(宗教民俗卷),福建教育出版社2004年版,第198页。

④ (民国)《续修惠民县志·产业志·商业经济概况》。

由于牙人巧立名目，恣意勒索，“市税银两，豪猾多就中取利，商困难苏”[①]，“微细不堪之物，亦有行名行帖。又一行竟有数人朋充，数行竟为一人独霸。或生员充当，市棍垄断，或豪绅豪仆倚势私充”[②]，严重干扰了集市交易活动的正常进行，地方政府制定了成立牙行、充当牙人的标准。（咸丰）《武定府志·田赋志》规定，若要成立牙行，牙人必须“查系殷实良民，本身并非生监者，取其邻佑及同行互保”，并采取设立义集的方法，遏制牙行的不轨行为。如长山县礼参店“旧无集，经庠生马辉祖于乾隆十四年立义集，设定市中升斗，自粜自量。生又时以息事宁人为念，事无竞争，人多悦服”[③]。地方名流李化熙也在周村倡设义集，“力捐课税，暨刺史岱源公每岁代为完纳。俾豪棍敛迹，不得横行肆廛”[④]，使周村商路大开，“绅商辐辏，士庶繁衍”，“商贾云集，各行货物皆出南省，凡采买运载，俱安然无恙，其为商贾荫者，尤未易更仆数也”[⑤]。

牙行是社会经济发展到一定程度的产物，是黄河三角洲市场扩大、商品交换频率增加的必然结果。

四、商埠的增多

晚清时期，在棉花与棉纺织品外运的影响和带动下，黄河三角洲的城乡集市逐渐走出原来的封闭状态，加入了以大中城市为核心的全国贸易网络。铁门关、埕口、下洼、周村、齐东、清河等发展成为具有商品集散功能的闻名遐迩的市镇。

1. 铁门关

铁门关位于利津城东北35公里处的汀罗镇前关村，是明清两代繁华的水旱码头和盐运要地。金代为扼海滨之要，在此修筑了土城。土城城墙由土坯垒成，东、西、南、北各有一个城门，城门上有密密麻麻的铁环、铁钉，人称“铁门”。由于渤海滩产盐，这里盐业日益发达，外地商船、渔船不时在此

---

① （清）金钺：《周村义集记》，（清）倪企望修，（清）钟延英、徐果行纂：（嘉庆）《长山县志·艺文志》，清嘉庆六年（1801）刻本。

② （康熙）《邹平县志·艺文志·革牙行牙帖详》。

③ （嘉庆）《长山县志·舆地志·市集》。

④ （清）金钺：《周村义集记》，（嘉庆）《长山县志·艺文志》。

⑤ （清）叶观海：《天后阁记》，（嘉庆）《长山县志·艺文志》。

停泊。明中期,铁门关成为繁华的水旱码头,每天有数百艘船来往于此。其时,铁门关已有两条大街:一条通向码头,一条通往龙王庙。街道两旁有数十家大商号,饭馆、酒店、商店均有。外地的买卖家也争相来铁门关购买地盘做生意。同治十三年(1874),第三次大修铁门关。此次大修的组织者是久住铁门关的商人陈红军和从事海上运输的张乐民,他们聘请知名画家李燕及其徒弟王挺萃勾画戏楼的木柱,雕刻了戏台前檐的花格木棂,重画了庙内的壁画。在维修中,一些外地商人也慷慨解囊,捐资修筑,捐款者的名字被刻在一尊高2米多的石碑上。清末,铁门关屡遭黄河水患,地上建筑物逐渐被淤没,海上交通断绝。丰国、永阜盐场衰落后,兴旺很久的铁门关也从此衰落。原有的1000多户居民迁走了2/3,留下来的居民易商为农。[①]

2. 埕口

埕口镇位于渤海海滨,最初是一个渔村。这里不仅靠海,还是多条河流汇集入海之地。从明朝开始,枣桑渔盐之业逐渐恢复。明永乐十年(1412)、万历六年(1578),清光绪十四年(1888),先后三次浚治漳卫新河通大口河海口漕运要道,在无棣县贾家庄北建闸以挡潮汐,畅通海上运输。在盗匪横行、交通工具尚不发达的时代,水运较之陆运更加安全、快速、廉价。畅通不衰的漕输和海运,使埕口日渐繁华。至清末,埕口已成为仅次于烟台的山东第二大港。其运输路线,“东南至蓬莱,北抵天津,横渡山海关等处,可一帆而至。旧为运粮径道,商舶辐辏,轮船往来,沿海渔铺,舟以千计。鱼盐之利,泛衍饶益,民以溯殖焉”[②]。埕口还“设海关分局,稽察商货出入,征商税、抽厘捐,居海关税十分之三。出口货以红枣、海物为大宗,入口货以木料、铁器、药材、南纸为大宗,粮、石时出时入”[③]。可见,埕口当时已成为无棣沿海的关隘要地,作为商埠已初具规模。有的商船在埕口经巡检验准后,满载红枣、海物等货品扬帆出海,北抵天津,东至烟台、大连,南达上海、宁波等地;有的商船则逆河而上,或到埕口沿河码头装卸货物,运抵周村、济南等地,或直达德州,转输运河,通于京师。民国初年后,津浦铁路开通,海上往来的船只逐渐减少。此后,随着商号的歇业,埕口码头渐趋冷落。

① 参见崔树梓等口述,李军整理:《铁门关》,中国人民政治协商会议东营市委员会学习宣传文史委员会编:《东营文史》第9辑,2000年,第397～400页。

② (民国)《无棣县志·疆域志·山川》。

③ (民国)《无棣县志·疆域志·商埠》。

3. 下(夏)洼

下洼原是沾化县濒临秦口河上游西岸的荒凉小村。清光绪十八年(1892),黄河在惠民白龙湾决口,滚滚洪水沿秦口河道入海,将秦口河道冲刷得既宽又深,使大小帆船畅通无阻,给下洼创造了建港设埠的优越条件。同时,下洼地处沾化、无棣两县边界,东与利津接壤,南和滨县为邻,西与阳信接近,陆路交通便利,而且腹地广阔,具备了比沾化其他近河地区更为优越的陆运条件。光绪三十三年(1907),利津薄家庄黄河决口,徒骇河下游自孔家庄到海口一带淤积,商船及客船不得不沿秦口河另行探索卸货码头,曾先后利用大流、西塾两地,维持了10年左右,但因陆路交通不便,货物集散有限,生意难以兴隆。随后,选定下洼作为理想的码头,各种商船陆续来此装卸,当地居民纷纷兼营商业,下洼日趋繁荣。①

4. 周村

周村今属山东淄博,是明清时期山东屈指可数的商业重镇,发展势头一直持续至晚清。这里由于地处由鲁南经博山、淄川去鲁北和由济南经青州去山东半岛的交通要冲,渐渐发展成为全国有名的商业城镇。山东各地的名特产品,如章丘的铁货,齐东的土布,沂蒙的茧丝,博山的陶瓷、琉璃,邹平、齐东、高苑的棉花等,皆汇集此处。康熙初年,周村名列长山县之首,号称"周村集"②,每"三、八日小集,四、九日大集"③。到康熙末年,周村更是发展成为"商贾云集","天下之货聚焉,熙熙然贸易有经如游化日"④的"周村大镇"。嘉庆初年,周村"烟火鳞次,泉贝充轫,居人名为旱马头。马头者,商贾往来停泊之所,若汉口、佛山、景德、朱仙镇之属"。镇西的兴隆街,"琳宫宝刹,阛阓肆厂,咸依绕崖岸,而服贾牵牛负贩而过者,日不啻千百计"。⑤ 清末,周村甚至被称为"山东惟一市场"⑥。

---

① 参见政协沾化县委员会文史资料研究委员会编:《沾化文史资料》第1辑,1987年,第87～88页。

② (嘉庆)《长山县志·舆地志》。

③ (嘉庆)《长山县志·艺文志》。

④ (清)金鈂:《周村义集记》,(嘉庆)《长山县志·艺文志》。

⑤ (清)王衍霖:《周村重修兴隆桥碑记》,(嘉庆)《长山县志·艺文志》。

⑥ 景甦:《"金周村"、"旱码头"的兴起》,山东省政协文史资料委员会编:《山东文史集粹》(修订本),第191页。

5. 齐东

齐东原称“赵岩口”，地濒黄河，交通便利。该地棉纺织业发达。嘉庆时，知县周以勋在《布市记》中写道：

> 齐东袤延百里，俗俭民厚，勤于纺织。民皆抱布，以期准集市场，月凡五六至焉，交易而退，谓之布市。通于关东，终岁且以数十万计。民生衣食之原，商贾辐辏之势在是。①

便利的交通条件与大宗的棉布交易促进了齐东市场的发展，使“四方贸易货物毕至焉”，“五门六街通商者，俨如归市，财物繁兴，凭大清河之顺利，人物潇洒，有小济南之名称”②。(民国)《齐东县志·艺文志·吊旧城文》详尽地描写了齐东县城的状况：

> 于是时来河下，偶立滩头，听款乃之声，看秋波之涨。赵岩口素号名津。东皋门早升浩月，往来如织，踏破红尘，水陆相通，财连银汉。人语啾哳之中，南商北客；市情繁华之处，车载斗量。盐艘联帆而东来，路通海运；粮船逆流而西上，货输汴京。白云十里，雨后悬蓬，翠袖两行，埠头招客，此北关下河，亦东省小商埠也。

后来，因黄河水患，齐东旧城坍塌，新城迁至九户，但“居民商贾多未迁移，良由此地水陆码头，人烟凑集，商民藉以谋生”③。

6. 清河

清河镇原为惠民著名古镇之一，因地处大清河北岸而得名。由于地处要隘，明朝时曾是武定兵备道所设五大巡检司之首。自黄河夺大清河古道之后，这里又成为黄河下游的重要渡口和码头，遂成商贾重地。沿河设有渡口、站房、货场、煤场。上起济南泺口，下至利津入海口，来自黄河上下游的货船、客船靠岸停泊者络绎不绝。镇中大街10条，小巷无数；大小客栈35家；酒店、茶庄、当铺、车行应有尽有。十日四集，每逢集日，南商北贾，摩肩接踵，纷至沓来。清河镇又是有名的木版年画之乡，年画市场尤为壮观。鼎盛时期，画店多达65家。此外，镇上有大小庙宇8座，每年3次庙会，唱3台大戏。这样的繁华景象主要得益于码头渡口航运之便。

---

① (清)周以勋:《布市记》,(民国)《齐东县志·艺文志》。

② (民国)《齐东县志·艺文志·吊旧城文》。

③ (清)宫耀月:《新立长福镇碑记》,(民国)《齐东县志·艺文志》。

7. 蒲北

蒲北位于今山东滨州市区。滨州盐业自古就是关系国计民生的重要产业。自宋元以来迄于明清，大清河一直是专门的运盐航道，被称为“盐河”。山东沿海所产的食盐均靠大清河、小清河从沿海各盐场运往内陆各省。明朝在蒲台县设立山东盐运司滨乐分司，管理渤海沿岸各盐场的生产与运销；在蒲台城北大清河南岸设立蒲关码头和批验所，为运往内陆的食盐办理验证手续，严防私运。此处又是华东各省进京之要道，北可通京津，南可至江浙。因此，南来北往的商贾云集此地，使清河北岸的蒲北镇成为一个商业兴盛的大镇。

美国著名汉学家施坚雅在其代表作之一——《中国农村的市场和社会结构》中，深入研究了中国农村市场的形态、功能、结构及变迁等问题，指出中国农村市场存在三级结构：基层市场、中间市场和中心市场。其中，基层市场“满足了农民家庭所有正常的贸易需求：家庭自产不自用的物品通常在那里出售；家庭需用不自产的物品通常在那里购买。基层市场为这个市场下属区域内生产的商品提供了交易场所，但更重要的是，它是农产品和手工业品向上流动进入市场体系中较高范围的起点，也是供农民消费的输入品向下流动的终点”。“中心市场通常在流通网络中处于战略性地位，有重要的批发职能。它的设施，一方面，是为了接受输入商品并将其分散到它的下属区域去；另一方面，为了收集地方产品并将其输往其他中心市场或更高一级的都市中心。至于中间市场，只要说一句话就够了，它在商品和劳务向上下两方的垂直流动中都处于中间地位。”[①]不同层级的市场反映出周围民众商业贸易的范围，体现了商品经济发展的程度。晚清时期黄河三角洲的商业贸易与之前相比有了很大发展，但大多数市场属于施坚雅所说的最低层级的基层市场，缺乏中间市场和中心市场。

第四节　交通运输

交通运输与经济发展关系密切。一个区域的交通运输是否发达，与区域的经济实力有着不可分割的联系。

---

① [美]施坚雅著，史建云、徐秀丽译：《中国农村的市场和社会结构》，中国社会科学出版社1998年版，第6～7页。

一、水路

水路是黄河三角洲交通的重要组成部分。水路之中,以黄河为主要通道。如利津县"唯一交通,厥为河道。在昔济水由利津入海,名曰大清河。河门通畅,南北商船由渤海驶入河口,在铁门关卸,再由河内帆船转运而上。彼时物品云集,商人辐辏,此为商业最盛时期。迨咸丰五年,黄水北徙,夺道入海,当时尚不为大害。至光绪十二年铁门关被黄水淹没,将码头迁至县城东关,大船即不能驶入,仅河内较小帆船往来拨运,商业即见衰落。光绪末年,海陆土匪相继而起,商船停止,河门荒废,商业益受影响。加之近十余年,河道屡次变迁,河尾淤填,非极小之帆船不能行使,遂致运输困难,运费增高,以致重量之货物无利可图,此商业不振之原因一也"①。

惠民县亦曾以黄河为航道。《续修惠民县志》引"旧志云:邑境河虽不少,而利运者无多,只有大清河,朝由济南之泺口登风船,顺水顺流,不到日夕即抵清河镇,即卞郡兖曹之商船,顺风顺流,速度逾人马力数倍。若顺流逆风等,日行尚能百余里。唯风与流俱逆,只凭拉索速度,与人步行相等,且较迟。邑境之码头渡口,林立栉比,商务亦较内部为活跃,故沿河一带较为方便。河运除黄河外,俱系泄水排涝之河,不能航船。黄河虽为害河,但也有利民之处。上河粮食,放至铁门关与沿河各岸口,凶荒之岁,载以救济受灾之民。若到利津易海货以去,亦获数倍之利,故沿河虽易淹没之患,而富庶尤胜于内地"②。

黄河之外,徒骇河和小清河也曾承担商运功能。沾化县"海岸线一百四十余里,因无通商口岸,故海运不便,惟由套儿河口入下洼一路,帆船往来不绝,并可驶汽船"。徒骇河"由流钟口入境,经黄升、泊头、富国各镇。自富国镇迤东,旧道淤塞。新开河道,自富国镇向北,经杨家庄、久山等处,下游会套儿河入海。原委百数十里,俱通帆船,惟因河身浅狭,航运不利"。③

对博兴和广饶两县而言,小清河是商业通道之一。博兴"邑中交通,水路有小清河,上达历城之黄台桥,下至寿光之羊角沟,盐艘往来,风帆利涉。

① (民国)《利津县续志·法制·实业》。
② (民国)《续修惠民县志·舆地志·道里》。
③ (民国)《沾化县志·建设志·交通》。

迩来商业日盛，土产之销售，亦赖此河路以为输运”[①]。广饶“渤海环其右侧，自故小清河口至大清河口迤北三里，蜿蜒八十里，所谓面山负海，天府之国也。加以济水横贯其中北，阳水绕其东南，淄、绳、女、凤交注其间。言舟楫，则羊角沟可通海舶，小清河直达省垣，阳水利灌溉东南，村民业圃者，利恒数倍。淄水利较小，然每居秋霖涨溢，变斥卤为膏腴。邑东北境广漠无垠，居民稀少，极目荆蒿，可资开垦”[②]。

二、陆路

由于资料所限，晚清时期黄河三角洲的陆路情况不甚明了，仅搜集到惠民县的陆路交通状况：

> 邑自宋、金、元、明为两州治，终清一代为府治，民国裁府，犹俨然一邑，为黄河北岸、津浦路东各县之中心。凡胶东各郡邑之出口，奔赴京津者，并棣、沾、阳三县之往来济南，莫不以邑境为通衢。旧道路路二轨三轨之途，备四达九达之制，唯治无专员，政无专土，一任农之拓路侵地，节节蓄潦，积雨则泥泞没轱，晴干则扬尘飞沙。人歌蜀道难行，不谓神州平原，意乃似之。外人笑我为无知之民，无在不表现之政治腐败。慨乎！其言之也。近虽修筑公路，犹未普及。[③]

从这段资料中可见，在宋至清初的漫长时间里，惠民是黄河以北、津浦路以东各县的交通枢纽，连接京津和胶东半岛，以及棣、沾、阳三县和济南，然而，由于自然环境的破坏和人为的因素，道路质量欠佳。

进入晚清之后，随着国外铁路技术的输入，政府亦开始修筑铁路。在黄河三角洲，也有铁路经过，如长山县铁路“由新城县入境，自东南乡马尚庄起，至西南乡山涧庄出境，入淄川界，经过芽庄、周村，计长三十五里”[④]。

---

① （民国）《重修博兴县志·新政》。
② （民国）《续修广饶县志·舆地志》。
③ （民国）《续修惠民县志·舆地志·道里》。
④ （清）佚名：《长山县乡土志·道路》，清末抄本。

第五节　县域经济特色

经济区域划分是在结合社会劳动地域分工特点和区域经济发展特征的基础上,对要素空间分布状况进行的战略性划分,即在经济区域分工基础上形成的不同层次和各具特色的地域经济单元。[①] 无论是从全国还是从山东经济区域来看,晚清黄河三角洲可称得上特色经济部门的为制盐业和纺织业。但在黄河三角洲区域内部,由于各县的区位条件不尽相同,县域经济也有所差异。下面以农副产品和手工业品为例,说明县域经济的不同。

一、博兴的水稻、手工制品与水产品

水稻种植在南方非常普遍,也是主要的粮食作物。在华北,受降水等因素的影响,水稻种植相对稀少。黄河三角洲虽河流众多,具备种植水稻的前提条件,但唯有博兴的水稻种植呈现较大规模。博兴的农作物中,“稻为最,土人非燕宾不以炊,一郡食稻者赖以贩给”[②]。“乾河迤东,乌龙下流,自湾头至柳桥,稻田广阔,河岸最为紧要。”[③]

水稻之外,博兴的手工制品也较多。如柳编:“县境二四五等区多有用柳条编制器具者,如水斗、簸箩、簸箕、衣箱等类,鬻于市,获利甚厚。”如蒲编:“苗蒲尤蕃盛,苗可覆屋、筑墙垣,铺之若壁带,可隔鹻气。其余以共爨,乃多于陆产。蒲既刈,曝其根,析以为履,暖敌皮舄。末绿者中织席,或以为扇,尤致细,邑民常贩之京师。”如粗布:“县境产棉,妇女类能纺织,所织之布,虽光洁不足而坚韧有余,故名粗布。”[④]

博兴不临海,但“水产颇蕃”。从来源看,主要得益于小清河和湖泊,前者适于发展捕鱼业,“沿河之村,并业鱼蒲,故鲜游。手工无专巧,惟以给畚臿、斧斤之事。贾惟业白酒,商以贩布棉,而近界乐安者,兼业胡麻油。妇女

① 参见任治俊:《区域分工与经济发展——未完的读书笔记(1996～2000)》,西南交通大学出版社2013版,第161～163页。

② (道光)《博兴县志·风土志·物产》。

③ (清)张汝夔:《小清河说》,(道光)《博兴县志·杂志》。

④ (民国)《重修博兴县志·风土志》。

无长幼贫富，皆勤纺织，无待人而衣者”；后者则提供了藕等食材，“藕为最，秋冬后熟而鬻之市，可代馔粮；或以为粉，货诸远方，味胜江南。其伪者杂以薯蓣、秫米，价惟半焉”。[①]

二、沾化的海产品、红枣和豆类

沾化濒临渤海，“县境海岸沿线一百四十余里，旧有沙河、大洋、抢网、黑坨、泡洋河、五铺，为渔家寄居之所。现虽海势迁移，而沿海渔家倍增于昔，渔场则随地足用，水产物多至不可胜食。此乃沾境无穷利源。农产而外，为唯一大宗出产”[②]。

沾化“土壤，半系沙碱等质，植树多不相宜。然而少数墓田，松柏成林，郁葱可观。其他榆、柳、槐、樗之属，亦有长成材木者。故择地造林，非必不可能之事。果品中枣树最多，味亦特佳，与乐陵不相上下，为地方出产大宗”[③]。

海产与红枣之外，豆类也属大宗农产品：“二区地面，若黄升镇、帑枣园等处，土质肥美，物产最为丰富，产棉尤多。东洼新开之地，土质虽尚未定，而试种各植物皆宜，产豆尤多。其余各区，土质虽肥瘠不均，而普通农作物皆产之。统计产品，以豆类为大宗，棉花、小麦、玉蜀薯等次之。如果水旱无伤，土产不但敷用，并可装运出口。”[④]

三、利津的豆类、花生和木棉

在利津各种粮食和经济作物中，豆类和花生为出口之大宗。其中，豆类有黑豆和黄豆。“黑豆之种类多，适于新垦之荒田，故产量极多，为本邑出口之大宗。”“黄豆收成恒较黑豆为多，作食品又无苦味，故种者最多，为出口大宗。”花生则“有大花生、小花生二种，现为出口货物，故种植以大者为最多。大花生又分丛生、散生二种，丛生易施工，故种植最多，俗呼曰一窝猴”。[⑤]

---

① （民国）《重修博兴县志·风土志》。

② （民国）《沾化县志·建设志·实业》。

③ （民国）《沾化县志·建设志·实业》。

④ （民国）《沾化县志·建设志·实业》。

⑤ （民国）《利津县续志·舆地图》。

木棉亦为利津的主要经济作物，其数量可与作为粮食作物的五谷相等。“邑之土产，木棉最多，与五谷等。妇女无老少贫富，皆事纺织。用纺车擘棉为缕，继用机杼织以为布。女红之勤，兹邑称最。间有植桑养蚕之家，然不多购焉。”①

四、青城的桑制品

明朝初年，朱元璋下令广植桑、棉、麻。青城与惠民、阳信等地处黄河流域，土地多沙质，盐碱颇多，种植粮食作物欠宜，故居民多种植桑树。自清朝中叶至民国期间，桑条发展成为青城的重要特产。最初，栽植的桑条大都在农户的田界上，相邻地界每家栽植一行，称为“地界桑”，尔后，逐渐向大田发展。习惯条带栽植，每带2～4行，称之为“桑行”。桑树“皮可造纸，条可编器，叶可饲蚕，并饲牛”，用途广泛。②

桑皮纸俗称“毛头纸”，透明度好，韧性强，复折不断，为青城的大宗产品。清朝宣统年间，青城造纸业颇盛，年造纸6832件，其中，40%销往周村、青槲、即墨、胶州、青岛、大连等地；30%销往济南、长清、曲阜以及江淮各地；30%销往平原、禹城、北平、天津等地，产品在用户中享誉颇高，名扬遐迩。③至民国时，“此项为本县大宗出产，每年统计可得纸价洋八万九千余元。全县造户凡一百七十余户，以东纸坊、西纸坊所产最多，亦有名。本县既有此天产之原料，若再从而改良制造之方法，扩大其出产，则本县地方经济之前途，未可量也”④。

桑条还用于编织筐、笊篱等。“桑条筐：闫家、王天佑家、段家庄均多编户，出产甚夥。浅筐：新庄、梨园、宫家、徐家、朱家均有编户，出产甚多。囤圈：张庄、小李庄均多编户。苇筛：颜家有编者。笊篱：王庄、潘庄多有编者，有桑条、柳条二种。”⑤

---

① （光绪）《利津县志·舆地图·风俗》。

② 董士升、蔡玉浩：《青城桑蚕》，山东省政协文史资料委员会编：《山东文史集粹（风物卷）》，山东人民出版社1993年版，第863页。

③ 参见惠民地区地方史志编纂委员会编：《惠民地区风物综览》，山东友谊书社1989年版，第300页。

④ （民国）《青城县志·物产》。

⑤ （民国）《青城县志·物产》。

五、惠民的柳杈

柳杈为“三名杈”（桑杈、腊杈、柳杈）之一，具有光滑、洁白、韧性大、木质松软、轻便好用等特点，是农村重要的场园收获工具。柳杈林（见图 2-3）属速生林，一般可两年成杆、三年成杈，具有生产周期短、投资少、效益高等优点，为沙区农村的优良经济林。惠民县地靠黄河，历年黄河决口，淤成大片沙地。当地种植柳杈林始于清光绪二十七年（1901）。是年，联伍乡新唐村的唐圣真自东明县（当时属河南省）将适宜在沙地生长的柳杈树种引进家乡，后逐渐由零星种植发展为大面积种植。[①] “自第十区西郊刘旺庄黄河决口，当溜各村庄变成沙壤之区，寸草不生，始则发明种杞柳，进一步藉柳养杈，岁为出产大宗。”[②]

图 2-3　柳杈林[③]

① 参见惠民地区地方史志编纂委员会编：《惠民地区风物综览》，第 155～157 页。

② （民国）《续修惠民县志・产业志・农业状况》。

③ 采自惠民地区地方史志编纂委员会编：《惠民地区风物综览》。

其他县域中,齐东盛产棉花和大豆:“本县除稻田绝无外,普通农作物均产之。因各区土质不同,各物产量亦异。大概一区土多沙壤,棉地最多,麦、谷子次之,玉蜀黍最少。二区土多飞沙,豆地最多,花生次之,麦最少。三区土多白壤,麦地最多,豆、高粱次之,棉最少。四区北淤南沙,豆地最多,麦、高粱次之,花生又次之,棉最少。五区土多飞沙,花生最多,豆次之,麦、棉最少。六区土多淤埴,麦、棉最多,豆、高粱较少。”①阳信县谷物繁多:“本县产谷素丰,用粱烧酒者极多。”②

第六节　晚清黄河三角洲经济发展分析

近代开埠以前,黄河三角洲的经济发展并不落后。以商业而言,唐宋明清时期,黄河三角洲的商品经济明显领先于山东的鲁西和半岛等区域。鸦片战争以后,黄河三角洲经济发展逐渐放缓,与其他区域的差距慢慢拉大。

一、经济发展的特点

晚清时期,黄河三角洲经济呈现出以下特点:

1. 经济活动受环境影响较大

环境能提供经济发展所需的资源,同时又影响着人们经济活动的方式。黄河三角洲自古以来制盐业发达,这与其特殊的自然环境——土壤碱卤和濒海密不可分。同时,土壤碱卤和濒海又对其经济发展形成一定阻碍。晚清时期黄河由此地入海,而黄河善淤、善决,容易给黄河三角洲带来巨大灾难。利津县“因退海之地,土性碱薄,农产收获较之他邑为少。加以近河之故,时常决口,无区不受淹溺之害,地质时有变迁”③。在改造环境力量较弱、手段较为单一的时代,人们必须因势利导,最大限度地利用环境提供的便利,有效地发展经济。

---

① (民国)《齐东县志·政治志·实业》。
② (民国)《阳信县志·物产志》。
③ (民国)《利津县续志·法制·实业》。

2. 部分手工业部门较为脆弱

晚清时期，受限于技术的落后和生产效率的低下，黄河三角洲的一些特色生产部门易于受到国际市场的冲击。

纺织业一直是黄河三角洲的优势部门，但其基本上保持着传统的手工业生产方式，生产效率无法与机器相比。黄宗智提道：

> 一个纺纱的小农，不可能与新的技术竞争。根据严中平的估计，一个工人用机锭生产的纱，相当于用简单手纺车的80倍。结果，机纺纱的售价，有时便宜到和原棉价格相近。在这种情况之下，手工纺纱所能得到的收入十分有限。①

在国门打开之后，外国纺织品不断涌入黄河三角洲，给当地带来极大冲击，使纺织业急剧衰退。惠民县“当洋布洋纱未来倾销时，全县妇女各勤纺织，产布供给家用外，余者尽以出售，为数当然不少，各大街镇均有外商设庄收买，运销河北、京东一带。今受洋布抵制，一落千丈，贸易萧条”②。高苑县用土纱织成的大布也因洋布的大量输入而“销路日形减色”③。青城县“自洋布入口，手工织布者日减”④。

草缏业是晚清时期的新兴部门，在吸纳剩余劳动力和活跃农村市场方面曾起到积极作用。但是，由于黄河三角洲的草缏业从原料取用到生产流通的各个环节均仰息于国际市场，其发展亦随着国际市场行情的风云变幻而涨落起伏。第一次世界大战爆发后，国外市场的草缏需求量锐减，黄河三角洲的草缏业从此一蹶不振。可以说，草缏业自身极强的附庸性，铸就了其宿命式的勃兴与速衰的命运。

3. 经济发展方式缺乏质的提升

晚清黄河三角洲经济在艰难中曲折发展，农业经济总量有了提升，手工业的传统优势部门——制盐业和纺织业继续保持发展势头，商品贸易更加活跃，并逐步融入国际市场。但这种进步很大程度上是经济自然发展的结果，也就是说，晚清黄河三角洲经济发展的方式主要依靠量的积累，而缺乏质的提升。农业生产的工具、耕作技术基本沿用古代，极少更新；手工业生

---

① [美]黄宗智:《华北的小农经济与社会变迁》，第136页。

② (民国)《续修惠民县志·产业志·商业经济状况》。

③ (光绪)《高苑县乡土志·物产》，1906年抄本。

④ (民国)《青城续修县志·物产志》。

产以劳动力密集型为主，机器生产尚待推广；商业贸易中以小本生意为主，古老的集市和庙会仍然是主要的交易场所。直至20世纪初期，沾化县农业中，“农具纯系旧式，籽种肥料，亦未知交换变化，且如园艺、牲畜、养蚕等各副业，俱不发达，故用力多而收获少”，手工业中“家庭工艺，以此最普通，惜未能以机器代手工”，商业贸易中“全县商店，俱系小本营业……其交易仍在内地，土旷人稀，营业甚不发达”。① 同时期的登州府，自烟台开埠以后，在口岸贸易的带动下，经济得到快速发展。不论在生产领域还是在流通领域，抑或是在消费领域，其都出现了一些新的因素，促使经济结构发生具有近代意义的变革。② 这与黄河三角洲经济发展方式形成鲜明对比。

二、经济发展的推动力量

晚清时期，黄河三角洲经济发展的推动力量主要源自以下几个方面：

1. 国际市场的需求

鸦片战争后，西方列强用坚船利炮打开清朝的国门，中西之间的经济交流随之增多，黄河三角洲地区也不例外。比如：从无棣埕口海关出口的货物以红枣、海物为大宗，入口的物品以木料、铁器、药材、南纸为大宗；从沾化下洼海关出口的货物以红枣为大宗，入口的货物以木料、粮食为大宗；利津的黄豆、黑豆和花生均为出口的大宗产品。与国际市场接轨，意味着国际市场的阴晴变化影响着国内市场，这进一步加强了后者对前者的依附，但也刺激了后者的发展。黄河三角洲草缏业的兴起和发展就直接源自国际市场的需求。惠民县“北邻阳信县各村，当二十年前，挨门沿户之妇女，无论老幼，罔费口草帽缏者，非外客在阳信县安庄收买，合阳信、无棣、庆云及邑之北境，全年贸易总额计有四十万两之收入，邑之农民约占数万计”。然而“自发网盛行一时，草缏业渐衰”。发网业也是在国际市场的刺激下趋于兴盛，“当民国十年前风行一时，幼年妇女编织，每月有数仟钱收入，民户亦较富裕”。后来，发网业的命运与草缏业相似，随着国际市场的变动而衰落，“自欧战停后，美国视为奢侈品入境，课以重税，发网事业重受打击，其不竞气者与草缏同”。③

① （民国）《沾化县志·建设志·实业》。

② 参见汪涛：《晚清登州府的经济发展与结构变迁》，天津师范大学硕士学位论文，2004年。

③ （民国）《续修惠民县志·产业志·农业状况》。

2. 自然环境的变化

黄河决溢无疑给黄河三角洲带来灾难，但同时，黄河水富含矿物元素和有机质，随着水流和泥沙落淤，不同程度地改良了黄河三角洲的盐碱地，为当地居民开展相应的经济活动带来生机。利用黄河水和新生淤地是黄河三角洲经济发展史上一个突出的特点，几乎每个州县都接受着黄河带来的恩赐。利津“县境濒临渤海，大部分为退海滩荒，不堪耕种。自黄河改道，由利津入海，连年淤澱，多可种植，各县人民争先垦殖”①。博兴县“城北数里外有洼，广阔南北十五里，东西约三十余里。黄河决口，浊流灌入，率淤成平陆，性黏，色赤，颇宜稼穑”②。黄河泛滥有时可以冲刷旧河道，为航行提供便利。无棣“秦口河，在县东北境山后石桥之间。清光绪中叶，黄水泛溢无棣，河浸而上，至县东南境，接引黄水入海，潮汐涨落，利通舟楫”③。利津的牡蛎嘴也有船只来往：“旧志：牡蛎嘴即河入海处，闻诸土人：此地出牡蛎，自黄河入境，河淤增长，牡蛎痕迹俱湮，而海门以上、萧圣庙以下数十里，葭苇繁茂，名曰苇荡，小民资以为利。往者海艘停泊，直抵萧圣庙。今则不能进口，悉泊太平湾矣。”④

3. 垦荒面积的扩大

晚清黄河三角洲农业的发展，与垦荒面积的扩大直接相关。在农业生产技术进步缓慢的传统时代，人口和土地开垦面积的增加意味着农业生产总量的提高。黄河三角洲不同于长江三角洲和珠江三角洲的一大特点，即为因黄河持续造陆而带来的土地面积的与日俱增。黄河携带的大量泥沙在入海口不断向外填海造陆，使黄河三角洲的陆地边缘持续外延，为民众提供了更多的垦殖之地。“清咸丰五年(1855)黄河在铜瓦厢决口夺大清河由利津入海。初时沿河堤防断断续续，东明、菏泽一带时常泛滥成灾，滞洪留沙，近海地区水害尚不严重。至清光绪九年(1883)，利津以上堤防完整，河口地区水患加重，至光绪十二年(1886)先后造成大清河航道淤塞，铁门关码头废弃，各大盐场被毁。繁华数百年的近海地区经济逐渐萧条。但在不景气之

① (民国)《利津县续志·舆地图·垦务》。
② (民国)《重修博兴县志·风土志》。
③ (民国)《无棣县志·疆域志》。
④ (光绪)《利津县志·舆地图》。

中,黄河却以独特的水沙在新老套迭的河道上轮回变迁,淤海造陆,再度使三角洲面积大幅度扩展。清光绪末年,宁海以上堤防亦具相当御水能力,决溢较少,农业已见复兴。宁海以下新淤陆地上,灶户盐民开始改营农作。”[①]这成为晚清黄河三角洲农业发展的推动因素之一。

4. 盐业技术的改良

制盐业是黄河三角洲传统的优势行业,在山东和全国均占有重要地位。晚清时期,从生产技术上看,黄河三角洲的食盐生产不仅采用先进的滩晒方法,而且有了进一步的改进。清王守基写道:“近海预掘土沟以待潮入,沟旁筑晒池九层或七层,自高第下。潮退,两人绳系柳斗,戽沟中水入第一层池,注满晒之。然后放入第二池,则又灌卤池使满。次第放至末池。投石莲试之,莲直立,卤成矣。于是趁晴曝一日即成盐。以木扒推起,堆储池旁隙地如高墉然,泥封覆其上,待商运而行销于各引地焉。”[②]可见,这时的制卤池已由“三段”改为“九层或七层”,基本等同于现代晒盐法,促进了单位时间内原盐产量的大幅度提高。以有确切统计数字的永利、王家冈、富国三处盐场为例:

> 宣统二年、三年,永利盐场与富国盐场分别产盐35290包、17239包、6537包和13000包。王家冈盐场宣统元年(1909)至宣统三年(1911)分别产盐612457包、104504包和47371包,民国元年(1912)上半年产盐261630包。按山东引斤包索的平均卤耗,以每包200公斤计,产量最高的盐场年产达122491400公斤,最少的也在1307400公斤。[③]

三、经济发展的制约因素

晚清时期,制约黄河三角洲经济发展的主要因素有以下几点:

1. 劳动力素质不高

与明初移民带来黄河三角洲人口的大量增加不同,晚清时期黄河三角

---

① 黄河水利委员会黄河河口管理局编:《东营市黄河志》,齐鲁书社1995年版,第250页。

② (清)王守基:《盐法议略·山东》,光绪丙戌(1886)刊本。

③ 赵惠民、李靖莉:《清末民初黄河三角洲工商业的历史考察》,《山东社会科学》2008年第10期。

洲的人口迁移主要以区域内部州县间的迁移为主，如“光绪年间至三角洲垦荒的沿河灾民主要来自附近的利津、沾化及乐安一带，另外也有一部分来自惠民、海丰等地”[①]。数量虽然可观，但对黄河三角洲人口的总量而言几乎没有影响，黄河三角洲地广人稀的现状没有得到有效改善。因此，缺乏劳动力是制约黄河三角洲经济发展的重要因素。

2. 水灾频繁发生

黄河三角洲河流众多，有些河流，如黄河、徒骇河、小清河等时常决溢，破坏地方经济，打断经济的持续发展。如齐东县“旧城地滨黄河，帆樯云集，商务颇为兴盛。自清光绪十九年河决城陷，市廛付之东流。迁城而后，钱业凋敝，元气未复，民国十年之后，始见起色”[②]。黄河三角洲又毗邻渤海，海水时常倒灌，毁坏庄稼田舍。如无棣县在“道光二十五年冬，海潮漫溢淹稼”[③]。

3. 淡水资源短缺

黄河三角洲水资源丰富，但可用来灌溉和饮用的淡水资源十分缺乏。这里年均降水量为600毫米左右，为山东省降水较少的区域，且季节分布不均，70%左右的降水集中于夏季，与客水的汛期重叠；降水形式常以大雨、暴雨为主，雨水往往来不及下渗，或发生涝灾，或形成地表径流流走，使宝贵、有限的降水得不到有效利用。[④] 同时，黄河三角洲地下水“基本上为松散岩类空隙水。以水质分，有淡水、咸水和卤水。全淡水区占研究区总面积的4%，全咸水区占研究区总面积的73%。全淡水区和全咸水区之间为咸、淡水重叠分布区”[⑤]。

4. 主观能动性发挥不够

主观能动性有两方面含义：一是人们能动地认识客观世界；二是在认识的指导下能动地改造客观世界。黄河三角洲自然环境中突出的不利因素是水灾，这一点能够被时人认识到。正如(民国)《重修博兴县志》所言：“水之于地也，利与害相因。患将至，固应防；利所在，亦宜兴。博地低洼，恒遭水

---

① 董龙凯：《清光绪年间黄河变迁与山东人口迁移》，《中国历史地理论丛》1998年第1期。

② (民国)《齐东县志·政治志·实业》。

③ (民国)《无棣县志·祥异·物征》。

④ 参见董合忠编著：《盐碱地棉花栽培学》，第33页。

⑤ 田家怡、吕学军、闫永利等：《黄河三角洲生态环境灾害与减灾对策》，第4页。按：引文中提到的“研究区”与本研究的范围相比，未含今高青县。

患。岂尽灾眚由天,亦缘人事未尽。诚使相度地势,疏濬得宜,则旱得灌溉之用,涝获宣泄之功,利莫不焉。”[①]认识到水灾的危害后,是任由恶劣自然环境钳制,还是积极采取应对措施,对经济发展至关重要。前述利津县由于水患无常,百姓不敢种植树木。但是,在同属黄河三角洲的博兴县,尽管境内的小清河时常泛滥,当地居民却因势利导,从江南引种水稻,变害为利,使水稻成为博兴农业的一大特色。明天启年间(1621～1627),浙江绍兴人郑安国出任博兴县丞,见博兴地势洼下,不宜种植黍谷菽麦,通过观察水势,相度土宜,认为博兴濒临麻大湖、小清河的区域,与江南荆扬下湿之地相同,特别适宜植稻。于是,自江南招来十余人,“开闸引水,灌田种稻如江南”。从此,博兴水利大开,沿河荒弃土地得以垦种,“变斥卤为膏腴,沿河之民颇以殷饶”。[②] 可见,主观能动性的发挥不同,导致两县经济发展状况不同。

5. 管理体制僵化

中国传统社会较早便有专营制度,对某些产品实行垄断买卖,这对保障民生具有重要意义。然而在黄河三角洲地区,专营制度却暴露出不利于资源利用的弊端。硝多伴生于盐土,是制作火柴、火药和焰火等的重要原料,也是制造皮革和造纸必不可少的原料。黄河三角洲土壤碱卤,具有制造硝的天然优势,然而,这一优势却并未有效发挥。察其原因,主要在于政府的控制,即禁止百姓私自熬制。

惠民出产的火硝“为用极宏,产数亦颇可观,昔时倾销于天津、潍县。自被查禁后,虽难免私熬,而为数甚微,弃材于地,亦属可惜。至朴硝为熟皮所必需,邑境碱地所在皆产,以禁令所关,一任取给于舶来品,弃宝于地,资金外流,惜哉,痛哉”[③]。博兴“大抵斥卤之地,分黑白二种,黑者味咸,出盐;白者味苦,出硝。碱皆不利种植,附近贫民有淋碱熬硝煮盐以自给者,然私锅有禁,一经查出,即行究办,坐失天然之利,岂不惜哉!”[④]一味地严禁私熬,而不是想方设法充分利用资源,不但浪费了资源,阻碍了经济的发展,而且增加了地方开支。正如《沾化县志》所云:“斥卤之地,虽亦产硝,而但有原料,

---

① (民国)《重修博兴县志·河渠·水防》。

② (道光)《博兴县志·宦迹传》。

③ (民国)《续修惠民县志·产业志·工业状况》。

④ (民国)《重修博兴县志·风土志·土壤》。

曾无制品，所用官硝，仍自外方输入。”[①]博兴“县地自附城十余里多斥卤，不利稼穑，而出硝。相传明时官采硝以给军，今以盐引停滞，禁民熬硝。然硝盐实无几，而禁硝民，失其利，得不偿失之一也”[②]。盐亦如此。惠民“邑境滨泽之滨与市斥卤之地颇多，白碱突起极多，如小孤堆者，扫之均滤盐，其白如霜，其细如沙，不能结晶成粒，名为小盐，以别官盐而言之也。弃之甚为可惜，且碱地穷民，舍此即无以为生”[③]。

① （民国）《沾化县志・疆域志・风俗》。
② （道光）《博兴县志・杂志》。
③ （民国）《续修惠民县志・产业志・无机物》。

第三章　民国时期的黄河三角洲经济

民国时期，自然经济仍然是黄河三角洲社会的主要经济形态，但是近代化的浪潮已波及昔日封闭的黄河尾闾，农业、手工业的商品化程度较之晚清有了很大发展，大机器生产也开始零星出现。民国中晚期，受抗日战争的影响，黄河三角洲经济一度凋敝。中国共产党领导渤海区军民积极发展农业、手工业、商业，并广泛开展大生产运动，实行减租减息、互助合作，开展货币斗争、土地改革等，使黄河三角洲经济逐渐恢复并有较快的发展。

第一节　民国时期黄河三角洲的政区和人口

民国时期，除个别县有更名或废置外，黄河三角洲各县名称及辖区基本稳定。但民国时期山东局势纷杂，先有北京政府和南京政府的政权更迭，后有抗战时期的国民政府、日伪、抗日民主政权的博弈，再有解放战争时期国共两党政权之争，导致黄河三角洲地区各县隶属关系多变。

一、行政区划变迁

1. 国民政府时期的行政区划

清宣统三年(1911)，辛亥革命推翻清王朝。1913 年 1 月，国民政府划全国行政区为省、道、县三级。1914 年，山东全省分为济南、东临、济宁、胶东 4 个道。时黄河三角洲 14 县除广饶属胶东道外，其他 13 县均属济南道。

国民政府北伐以后，道制废除，行政区划存省、县两级。1932年，南京国民政府行政院颁发《行政督察专员公署暂行条例》，规定省以下设行政督察专员公署，为省政府之派出机构。至七七事变前，山东共设立7个行政督察专员公署。此时，惠民、阳信、滨县、青城、高苑、长山、邹平7县隶属于第五区行政督察专员公署，其余各县仍直接隶属于省。

七七事变后，国民党山东省政府成立鲁西、鲁北、胶东3个行署，并划分为17个行政督察区。此时，黄河三角洲各县隶属关系为：无棣、利津、沾化3县属第五行政督察区；滨县、阳信、惠民、青城、高苑、长山、邹平7县属第十行政督察区；齐东县属第十二行政督察区；蒲台、博兴、广饶3县属第十四行政督察区。1945年，鲁西、鲁北、胶东3个行署被撤销，设立鲁北、鲁西北、鲁西、鲁南、鲁中、鲁东6个政府办事处，并设立利广沾棣垦区（隶属于第五行政督察专员公署）。此后，各行政督察区辖区时有变动。1947年时，黄河三角洲各县隶属关系为：沾化、阳信、无棣、利津、惠民、滨县6县属第五行政督察区；齐东、长山、青城、邹平、高苑5县属第十行政督察区；广饶、博兴、蒲台3县属第十四行政督察区。

2. 日伪统治时期的行政区划

1938年3月5日，日伪山东省公署成立。5月，伪山东省公署将全省划分为鲁西、鲁东、鲁北、鲁南4道和济南、烟台2市。此时，滨县、阳信、惠民、利津、蒲台、沾化、无棣、青城、齐东、邹平10县属鲁北道，广饶、长山、高苑、博兴4县属鲁南道。

1940年7月，伪省长唐仰杜将全省改为10道。时齐东、邹平2县属济南道；长山、广饶、博兴、高苑4县属青州道；惠民、阳信、滨县、无棣、沾化、利津、蒲台、青城8县属武定道。

3. 抗日根据地、解放区的行政区划

卢沟桥事变后，共产党领导军民建立抗日根据地和抗日民主政府。至1940年3月，山东县级民主政权已达40多个。1941年，山东省战时工作推行委员会作出“关于全省行政区划的决定”，将全省划分为胶东、冀鲁边、清河、鲁中、鲁南、鲁西6个行政区。无棣、阳信、惠民3县及沾化部分区域属冀鲁边区，其他县属清河区。1944年初，冀鲁边区与清河区合并，成立渤海区行政公署，下辖6个行政专员公署；1945年10月，行政专员公署合并为4

个。黄河三角洲地区分属三、四专署(后分别改为清河、垦利专署)。隶属关系为:惠民、利津、海滨(1948年设,1950年并入沾化县)、无棣、滨县、垦利(1943年设)、沾化、阳信、蒲台9县属垦利专署;长山、博兴、高青(1948年4月由高苑、青城2县合并而成)、广饶、齐东、邹平6县属清河专署。

二、移民与人口变动

清末,黄河三角洲地区人口波动较大,各县人口锐减。自民国成立至中华人民共和国成立,人口呈现出缓慢增长态势。出现这种现象的原因有两个:一是自然原因造成的人口增减,二是天灾人祸引起的人口迁移。两种原因交织在一起,使得清末及民国时期黄河三角洲人口变化比较剧烈。

1. 民国时期的移民活动

清末民初,黄河三角洲各县人口有较大下降,主要原因在于大量人口向东北迁移。这一时期,黄河三角洲自然灾害严重。如《博兴县志》记载:

> 清光绪十五年(1889年)、二十三年(1897年)、三十四年(1908年),分别为春、夏、秋大旱。民国2年(1913年)、6年(1917年)、8年(1919年)、9年(1920年)、15年(1926年)旱灾,并同涝灾交替发生。[①]
>
> 清光绪二十一年(1895年),黄河在陈家庄(今乔庄乡内)决口,东北部田禾尽淹。清光绪二十四年(1898年)7月,黄河在韩家口(今属高青县)决口,水下东南,淹至博兴县内,南北60余华里,农作物全部绝产。清光绪三十四年(1908年),秋雨成涝。民国3年(1914年)、6年(1917年)、10年(1921年),夏、秋阴雨连绵,小清河漫溢成灾。[②]
>
> 清光绪二十七年(1901年)6月11日,大降雨雹,农作物破坏严重。[③]

1915年,“夏,全境性蝗虫、蝗严重,秋禾全被吃光,五谷不收,民众饥荒”[④]。博兴县几乎年年罹灾,其他各县也大抵如此。自然灾害加上政局动荡,迫使

① 山东省博兴县地方史志编纂委员会编:《博兴县志》,第96页。
② 山东省博兴县地方史志编纂委员会编:《博兴县志》,第97页。
③ 山东省博兴县地方史志编纂委员会编:《博兴县志》,第98页。
④ 山东省博兴县地方史志编纂委员会编:《博兴县志》,第12页。

大量人口背井离乡，远下关东谋生，黄河三角洲地区人口锐减。

民国之后，虽然山东人“闯关东”的现象仍然存在，但进入黄河三角洲的外地移民不断增加，相较而言，迁入人口多于外迁人口，因此，黄河三角洲人口总量相对增长。1923 年，黄河三角洲人口较 1918 年增长 2.18%。1930 年以后，沾化、利津、无棣一带人口有较大增长，就与政府的移民垦荒安置政策息息相关。但总体而言，抗日战争时期，由于天灾人祸，黄河三角洲的人口增长比较缓慢，部分县还有下降趋势。抗日战争结束后，随着时局的相对安定，人口出现较快增长。根据《滨州地区志》记载，到 1949 年，滨州境内（当时包括桓台、高青 2 县）人口达 236.84 万。[①] 今东营市辖区在 1949 年人口也达到 67.52 万。[②] 黄河三角洲核心区域滨州、东营 2 市合计人口超过 300 万。

民国初年，黄河三角洲即有移民迁入。1912 年，因水旱灾害，鲁西南之曹州（今菏泽）、嘉祥、巨野、汶上等县大批难民迁至今垦利、利津、沾化沿海垦荒种地或捕鱼谋生。但大规模的移民主要集中于 20 世纪 30 年代。1930 年，驻山东国民党军韩复榘治下第二十师五十九旅赵德新部开到利津县（包括今垦利区）执行剿除当地土匪“四大团”的任务。在剿匪的同时，实行军事屯垦。1933 年，完成剿匪任务的五十九旅撤走，留下了一批所谓“功劳兵”，按连、排长每人 1 顷，士兵每人 50 亩的土地占有比例，继续屯垦。军屯期间，黄河连年在鲁西决口，大批灾民涌入。部队强行圈占原垦户之熟地，招募无地老垦户和外地灾民进行佃垦。其他新移民不得不在屯田周围新开生荒，于是在屯垦集中地带发展成若干移民新村。如今垦利区垦利街道办事处的南羊村，是当时的屯垦功劳兵局子处；永安镇的人字局村，是当时屯垦部队的治安局子所在地；永安镇的二十师村和惠鲁村，是原屯垦部队某团的军管地和惠鲁学田地；黄河口镇的生产村，是军屯时佃农的集中垦殖地。另外还有王营屋子、刘家屋子等，都是这段时间形成的。[③]

1935 年，黄河在鄄城县林埠一带决口，河水平漫菏泽、郓城、嘉祥、巨野、

---

① 参见山东省滨州地区地方史志编纂委员会编：《滨州地区志》，第 118 页。

② 参见山东省东营市地方史志编纂委员会编：《东营市志》，第 116 页。

③ 参见山东省垦利县地方史志编纂委员会编：《垦利县志》，山东人民出版社 1997 年版，第 174 页。

济宁、金乡、鱼台等10余县，造成数十万计的灾民无家可归。国民党山东政府遂从上述地区迁移灾民4200余人至利津洼垦荒自救。这批移民每200人被编为一个大组，每组划分荒地一段，为一个村，诸如八大组(今永安镇)、一村、二村……二十五村等，以序数排列，在这一带先后建立起29个村庄。[①]同年，国民党山东省政府主席韩复榘还将1000余名退役"功劳兵"和6000余名鲁西灾民安置在沾化县东部(俗称"沾化洼")五区、六区、七区定居。[②] 功劳兵分得土地后，招募灾民佃垦，在这一带建村立庄。马营诸村即是这一时期建立的。

抗战时期，特别是共产党建立垦区根据地，实行积极的移民安垦政策后，出现了一次向垦区移民的小高潮。1938年6月，国民党军在河南郑州花园口炸开黄河大堤，黄河又一次改道南下，由江苏入黄海(直至1947年3月归故)。黄河故道，特别是入海口处的大片淤荒，吸引了不少人前来垦殖。1941年秋，八路军清河区部队解放垦区。为坚持持久抗战，抗日民主政府号召临近各县贫困农民到垦区开荒种地，发展生产。为奖励耕种，政府专门成立了垦区工委、垦区建设委员会、垦区土地局等，推行奖励垦荒政策，如按人口授田，每人30亩，贷粮贷款，3年不缴税等。附近广饶、滨县、无棣、博兴、寿光各县及莱芜、昌潍及鲁西南各地的贫困农民纷纷前来垦殖。1943年冬，国民党沈鸿烈、吴化文部在临朐、益都一带制造了骇人听闻的"无人区"，致使大批难民涌入垦区，民主政府给予妥善安置。次年春，中共清河区党委、行署、军区积极贯彻中央"精兵简政"政策，将精简下来的部分人员安排到垦区垦荒生产，每人30亩地，并提供3000元贷款购置种子和生产工具。

抗战时期，尤其是垦区解放后是黄河三角洲安置移民较多的时期之一。抗日民主政府十分重视移民的安置和管理，制定了安垦政策和措施(仅1942年就制定了《垦区土地整理暂行方案》《垦区公田垦殖暂行办法》《关于地权的第三次布告》等，调解、处理了多起土地纠纷)，使移民得到妥善安置，极大地调动了移民的生产和革命积极性。移民在垦荒生产和支援抗战方面做出了很大贡献。

---

① 参见山东省垦利县地方史志编纂委员会编:《垦利县志》，第175页。

② 参见山东省沾化县地方史志编纂委员会编:《沾化县志》，第221页。

1945～1948年，当地人民政府继续执行奖励垦荒政策，每年都有逃荒者来“利津洼”“沾化洼”垦荒定居。1948年，由于海潮涨漫，沾化县马营区还在流口村、官灶村、大部村等地安置了利津县的一批灾民，划出土地3700亩供其耕种。[①]

2. 人口数量变化

民国时期，政府先后组织了几次大规模的移民活动，黄河三角洲人口大量增加。20世纪30年代，在今垦利区东部逐渐出现了八大组(现永安镇政府所在地)、一村、二村等移民新村。全面抗日战争爆发以后，中国共产党分别领导创立了清河抗日根据地和冀鲁边抗日根据地，今黄河三角洲地区以黄河为界，南、北部分属清河、冀鲁边根据地管辖。为发展生产，支援抗日战场，1941年9月，清河区建立县级垦区建设委员会，垦区抗日民主政权诞生。1942年1月，随着抗日根据地人口的不断增加，出于根据地建设的需要，垦区建设委员会改称“垦区行政委员会”。由于此地有“垦区”和“利津洼”两个名称，并而称之“垦利”。1943年4月22日，垦区行政委员会奉清河区主任公署命令，改称“垦利县抗日民主政府”，这是垦利建县之始。

在根据地建设过程中，大批党政军机关及垦荒移民的涌入，使垦区人口大量增加。据统计，仅1942、1943两年，垦区就“迁入17000户，84695人，安垦土地344505亩。1942～1945年，共安垦33600多户难民，近11万人，移民开垦土地443000多亩，先后形成40多个自然村庄”[②]。1945～1948年，当地人民政府继续执行奖励垦荒政策，每年都有逃荒者来“利津洼”“沾化洼”垦荒定居。

移民活动使黄河三角洲地区人口变动幅度较大。今据《山东人口史》及各县县志资料，将清末及民国时期(部分年度)黄河三角洲各县人口变动情况列表(见表3-1)如下：

---

① 参见山东省沾化县地方史志编纂委员会编：《沾化县志》，第221页。

② 孙远方、李靖莉、宋平：《民国以来黄河三角洲移民概览》，《滨州师专学报》2002年第1期。

表3-1　　清末、民国时期黄河三角洲各县人口统计表[①]　　单位:人

<table>
<tr><th>县别＼时间</th><th>1906年</th><th>1918年</th><th>1930年</th><th>1931年</th><th>1932年</th><th>1933年</th><th>1949年</th></tr>
<tr><td>滨县</td><td>278094</td><td>225025</td><td>251949</td><td>223048</td><td>/</td><td>251949</td><td rowspan="12">2368400</td></tr>
<tr><td>蒲台</td><td>174639</td><td>96716</td><td>121731</td><td>125463</td><td>/</td><td>125463</td></tr>
<tr><td>邹平</td><td>539665</td><td>142900</td><td>148065</td><td>155768</td><td>155768</td><td>155768</td></tr>
<tr><td>长山</td><td>397023</td><td>233305</td><td>232261</td><td>250351</td><td>250351</td><td>256750</td></tr>
<tr><td>齐东</td><td>293958</td><td>119578</td><td>132227</td><td>132227</td><td>/</td><td>131266</td></tr>
<tr><td>博兴</td><td>185713</td><td>218449</td><td>234091</td><td>254238</td><td>253238</td><td>254238</td></tr>
<tr><td>惠民</td><td>517629</td><td>322099</td><td>330609</td><td>343188</td><td>/</td><td>297260</td></tr>
<tr><td>阳信</td><td>277506</td><td>228847</td><td>243946</td><td>247873</td><td>/</td><td>247352</td></tr>
<tr><td>无棣</td><td>209439</td><td>180634</td><td>277320</td><td>277411</td><td>/</td><td>262536</td></tr>
<tr><td>沾化</td><td>249297</td><td>154900</td><td>168346</td><td>154814</td><td>/</td><td>164358</td></tr>
<tr><td>高苑</td><td>171894</td><td>71746</td><td>107115</td><td>71263</td><td>71313</td><td>71313</td></tr>
<tr><td>青城</td><td>106681</td><td>52538</td><td>58837</td><td>59717</td><td>/</td><td>52512</td></tr>
<tr><td>广饶</td><td>403465</td><td>320000</td><td>305049</td><td>310715</td><td>310715</td><td>310723</td><td rowspan="2">675200</td></tr>
<tr><td>利津</td><td>301035</td><td>136400</td><td>168634</td><td>183280</td><td>/</td><td>184279</td></tr>
<tr><td>合计</td><td>4106038</td><td>2503137</td><td>2780180</td><td>2789356</td><td>/</td><td>2765767</td><td>3043600</td></tr>
</table>

综合上表,清末至民初,黄河三角洲各县人口降幅较大。究其原因,一是清朝人口统计比较混乱,数据不够准确;二是清末民初,大量人口向东北迁移,造成了黄河三角洲地区人口的减少。清末民初,黄河三角洲自然灾害严重,几乎年年有灾,加之政局动荡,匪害盛行,大量农民被迫背井离乡,逃荒要饭,人民生活异常困苦。而此时日本侵略者觊觎中国东北已久,但东北地广人稀,防御能力较差。出于解决人地矛盾和保卫东北的需要,政府鼓励移民东北,由此出现了山东人“下关东”的现象,大批移民迁居东北,其中也包括大量的黄河三角洲移民。民国以后,虽然山东人“闯关东”的现象仍然存在,但进入黄河三角洲地区的外地移民不断增加,造成了人口的相对增长。

① 参见滕泽之:《山东人口史》,山东省新闻出版局1991年内刊本,第164～169、195～216页。

三、人口等级构成

此处所说人口等级，系指根据农户土地占有情况及耕作性质而进行的等级划分。民国时期，黄河三角洲绝大多数人口居于乡村，可分为自耕农、半自耕农、佃农、雇农四个等级。完全耕种己有之田的农户为自耕农。既耕种自己所有的土地，也租种别人土地的，为半自耕农。完全佃种别人土地的为佃农。雇农则指被别人雇佣帮忙种田的农户。1934 年，黄河三角洲各县农户构成如表 3-2 所示。

表 3-2　　黄河三角洲各县农户构成表(1934 年)[①]

县别	农户总数	自耕农		半自耕农		佃农		雇农	
		户数	百分比(%)	户数	百分比(%)	户数	百分比(%)	户数	百分比(%)
邹平	31012	23569	76.0	4962	16.0	930	3.0	1551	5.0
长山	33750	27000	80.0	5000	15.0	1582	4.5	168	0.5
齐东	27783	18000	65.0	5000	18.0	2000	7.0	2783	10.0
博兴	37116	35000	94.9	466	1.2	450	1.2	1200	3.6
高苑	17000	15500	91.6	400	2.0	100	0.6	1000	5.8
惠民	63166	41926	66.3	9099	14.4	913	1.4	11228	17.9
阳信	47797	7000	14.6	40000	83.6	0	0	797	1.8
无棣	51718	51298	99.0	150	0.3	0	0	270	0.7
滨县	45256	40277	89.0	3124	7.0	1150	2.5	705	1.5
利津	35504	17437	49.1	12563	35.3	2121	6.0	3383	9.6
沾化	24500	18000	73.4	5000	20.4	1000	4.1	500	2.1
蒲台	24276	23776	98.0	100	0.4	200	0.8	200	0.8
青城	50000	32500	65.0	10000	20.0	5000	10.0	2500	5.0
广饶	59594	50000	83.9	5000	8.3	4000	6.7	594	1.1
全省	6469587	4038037	62.41	1200124	18.55	718840	11.12	512586	7.92

① 参见《中国实业志・山东省》(乙)，实业部国际贸易局 1934 年印行，第 53～60 页。

根据表 3-2 的统计，1934 年，山东省农户中自耕农占比为 62.41％，黄河三角洲除阳信、利津外，其他县自耕农比例都超过全省平均数，博兴、高苑、无棣、蒲台更是高达 90％以上。而雇农所占人口比例，除齐东、惠民、利津 3 县外，其他 11 县均低于全省平均数(7.92％)。再从佃农比例来看，全区 14 县全部低于全省平均数。这种状况表明，在民国时期，黄河三角洲地区的农户以自耕农、半自耕农为主，佃农、雇农只占很小的比例，说明本区域内封建剥削较全省为轻。究其原因，首先，本区域土地较为广袤，人地矛盾不突出；其次，本区域在民国以前相对封闭，传统的农业经济占据主导地位，商品经济不够发达，且人们安土重迁，宗族观念较重，在一定程度上限制了土地兼并；再次，本区域教育相对落后，仕宦家族较少，人们重农轻商，商业资本不足，缺少大规模土地兼并的社会、经济基础。这些因素使黄河三角洲土地兼并低于全省水平，更远逊于商品经济发达的江南地区。

第二节　国民政府时期的农业开发

清末民初，由于时局动荡，盗匪横行，加之资本主义国家的经济渗透和掠夺，黄河三角洲的小农经济逐渐破产，农村经济凋敝。国民政府北伐占领山东以后，为挽救时局，进行了一系列除弊救国的尝试。黄河三角洲南部的邹平县开展了轰轰烈烈的乡村建设实践，其他县也纷纷兴建乡校。在各方努力下，黄河三角洲农村经济有了较快增长。

一、乡村建设运动中的“经济重建”

梁漱溟的乡村建设思想形成后，依靠国民党山东省政府主席韩复榘的支持，选定邹平为实验县区，从 1931 年起，进行了长达 7 年的建设实践。梁漱溟及其追随者在邹平成立了山东乡村建设研究院，设立机构，培养人才，从文化教育入手，开展了一系列乡村重建活动，如兴办乡农学校，推广农牧林业和金融改良，发展乡村自卫，改良社会风俗等。七七事变爆发后，乡村建设运动因国土沦陷而被迫中断。

图 3-1　乡村建设运动同仁合影(1935 年摄于邹平,前排左一为梁漱溟)

梁漱溟乡村建设的重点之一是经济重建。为给农业改良作好舆论准备,研究院建立之初就在县城东南的黄山脚下设立农场一处,下设畜牧组、测候组、水利组、农具组、农艺化学组、养蜂组等,进行农作物育种、畜牧改良试验,并宣传推广。研究院农场每年进行粮食与棉花的种植栽培和品种对比试验,特别是为推广美棉种植,进行了棉花单本试验、株行试验、二行试验、五行试验、高级试验等,以作表证研究和推广。同时又在东范、孟家坊、蔡家庄设立棉种繁殖场,施行普通选种,从而推广全县。研究院农场还引进了世界优良品种波支猪和莱克亨鸡,使之与本地猪、鸡进行杂交试验,繁育出新的优良品种波邹十代杂种猪和杂种鸡,并推广于附近村庄。当时的第五乡就被划为杂种鸡试验区。试验农场的展示,引起了农民的极大兴趣,民众纷纷到农场求教并购买良种猪、鸡饲养。此外,农场还引进了荷兰乳牛、瑞士乳羊、意大利蜜蜂、俄罗斯昂格郎长绒兔、英国栗子兔等进行研究、繁殖。农场及抱印庄等处还设立桑蚕催青表证室,推广养蚕。

通过一段时间的社会调查和乡农学校的宣传发动,从 1932 年春起,乡村建设的经济重建工作进一步转向引进科学技术,进行农业改良和倡办合作组织。根据县内自然经济状况,划南部山区各乡为林业改进区,北部平原各乡为棉业改进区,开始农业改良。为了让农民目睹科学给农业带来的显著效益,启迪人们认识科学技术,研究院先后于 1931 年 11 月上旬、1932 年 10 月下旬和 1933 年秋后举办了三次大型农产品展览会,每次展览 3～4 天,展品分田艺、园艺、家庭工艺、农具、畜产等,品种最多达 6000 种,每天参观者逾万人。尤其是第二次展览,三天内参观者达 57284 人。举办展览,宣传了农业科技,达到了引导农民采用新良种、新技术,促进生产的目的。

邹平北部地区是山东省传统的产棉区,棉花种植历史悠久,但因棉花品种退化,产量不高,棉农收入大受影响。研究院首先抓住棉业改良作为农业改良的突破口。1932年春,研究院划定北部六、七、八、九、十、十一、十二、十三等乡为棉业改进区,推广改良脱力斯美棉,以替代本地棉种及一部分退化的钦氏棉种。研究院先在孙镇附近村庄选择种植较好的农户作为表证农家,贷给纯棉种子,单独种植,秋后单独收种。当年种植了874亩,秋季收获较本地棉种增产显著,刺激了农民种棉的积极性,次年便推广至附近各乡。由于种植美棉能获得较高收益,农户改良棉种植面积不断扩大。1933年,邹平全县种植改良棉2326亩,1934年发展到41283亩,1935年则发展到18万亩,迅速成为山东省棉花主要产地。

邹平县南部第一、二、三区的农民向以养蚕为家庭副业。1932年,邹平县将县境南部第一、二、三、四、五各乡划为蚕业改良区,会同研究院农场,在蚕业改良区各乡学宣传养蚕,邀请国立青岛大学教师分赴各乡学讲演,担任蚕业导师,在各乡分别建立蚕业合作社10处。在研究院的启发与引导下,农民养蚕的积极性越来越高,当年蚕业合作社社员达到271户,育蚕593张。研究院派技术员下乡巡回进行技术指导。同年又成立了蚕业合作社联合会,指导各社共同烘茧缫丝,直接运销。翌年发展到12社,社员241户。1934年,蚕业合作社达到27处,入社社员339户。养蚕规模亦大大提高。1933年育蚕740张,1935年又扩张到1685张。1935年,农场还由镇江购进杂交蚕种1000张,经合作催青,分发各户饲养。以上举措大大提高了农民养蚕的收入和积极性,促进了当地养蚕业的发展。

为发展农业生产,邹平县政府大搞农田水利建设,开挖沟渠,凿井灌溉。政府还引导群众进行了畜牧业改良,通过引进和改良当地猪种、鸡种,提高了产值和效益,农民的养殖积极性大大提高。与此同时,研究院还进行了养蜂业、仓储、商业流通方面的改革,建立了蜂蜜合作社、产销合作社、庄仓合作社、购买合作社等。如表3-3所示,在各种类型的合作社中,棉花运销合作社占比最大,对棉花生产起了巨大的推动作用。其次为信用庄仓和信用合作社,不但比例较大,股金也较多。信用庄仓和信用合作社可以为农民提供小额贷款,主要解决农民生产过程中的资金问题。为启发引导农村兴办工业,邹平县政府还办过机织合作社。除此之外,还进行了林业改良、金融改良等。

表 3-3　　1936 年邹平合作社种类构成状况表[1]

项目 种类	社数		社员人数			股金数(元)			
	数量	比重	数量	比重	社均	数量	比重	社均	人均
棉花运销	156	0.508	3826	0.4187	24.53	4149	0.2831	26.60	1.08
蚕业产销	21	0.068	167	0.0182	7.95	174	0.0119	8.29	1.04
林业生产	23	0.075	1115	0.1218	48.48	1279	0.0873	55.61	1.16
信用庄仓	58	0.189	2914	0.3182	50.24	5161	0.3522	88.98	1.77
信用	48	0.156	1059	0.1157	22.06	3807	0.2598	79.31	3.59
购买	1	0.004	76	0.0083	76.00	84	0.0057	84.00	1.11
合计	307	1.000	9157	1.000	29.83	14654	1.000	47.73	1.60

在邹平乡村建设运动的影响下，高青、惠民、阳信、广饶、利津等县也纷纷开设乡校，进行农民教育，帮助农民提高文化水平，发展农副业生产，经济得到了较快的发展。

二、土地垦殖

民国时期，伴随着移民的自发迁入和政府有计划的移民活动，黄河三角洲人口迅速增加，大量土地得以垦殖。1928、1929 年，黄河分别自利津县王家院、棘子刘和纪家庄决口，在黄河尾闾淤积出大片新生土地。黄河三角洲各县分别成立垦荒机构，鼓励并指导居民开荒垦殖。

广饶县垦荒始于光绪三十年(1904)，但垦荒面积有限。1929 年，黄河自利津纪家庄决口，河水涌入广饶县境，生成大量新淤土地，使荒碱土地变为壤土，因此有垦务之提议。1929 年，广饶建设局拟定《移民垦淤建设新村办法》，后山东省农矿厅另行拟定《淤荒垦丈章程》，专门派员来县办理垦务。1930 年，广饶县成立淤荒垦丈局。据统计，“自利津纪家庄决口，浊流汇灌三千七百余方里，统计淤出良田约二万顷，均坐落现区第七区。内中除西部有粮民田，北部有照垦地而外，约有二千五百方里，地约有一万余顷”。“(民国)十九年放起，本年放出下地三十四亩五分。二十年放出中地二千六百九

① 虞和平:《民国时期乡村建设运动的农村改造模式》,《近代史研究》2006 年第 4 期。

十五亩八分七厘，下地一万三千九百二十五亩六分三厘。二十一年放出中地六千三百二十七亩四分，下地一万八千四百五十一亩五分。二十二年放出上地二亩七分，中地三千九百五十六亩二分，下地六千二百九十八亩九分。二十三年放出中地八百七十七亩二分，下地二千五百零一亩三分。”①

1905 年，沾化曾设立垦务分局，后无棣垦局与沾化垦局合并，合称“沾棣垦务局”。1923 年黄河决口，沾化、无棣、滨县、蒲台、利津被淹，淤积出大量土地，农民争相垦殖。为便于管理，山东省统一在 5 县设立滨蒲利沾棣垦务局，鼓励垦荒。1928 年，又令沾化、无棣两县境内原属滨蒲利沾棣垦务局的地产分出，设立沾棣垦丈总局，并设立沾化、利津、马场等分局。后机构名称虽屡有更改，但政府支持垦荒的政策并未改变。政府鼓励垦荒农民在新垦土地上建筑房屋，并供给木料，规划新村。同时，鼓励农民进行耕具合作，疏浚河道，修筑道路，促进畜牧业发展。② 截至 1934 年 12 月，沾棣垦丈总局共开垦土地 357549.476 亩。③ 利津县共开垦土地(二四亩)74310 余亩。④

表 3-4　　1933 年黄河三角洲各县及山东省户均土地统计表⑤

县别	全县土地数(亩)	农户总数(户)	户均占有土地(亩)
滨县	657197	45256	14.5
蒲台	567734	24276	23.4
邹平	552476	31012	17.8
长山	572000	33750	16.9
齐东	453805	27783	16.3
博兴	1225000	37116	33.0
惠民	788700	63166	12.5
阳信	1021816	47797	21.3
无棣	728383	51718	14.1
沾化	386712	24500	15.9

① (民国)《续修广饶县志·垦务》。
② 参见(民国)《沾化县志·垦务》。
③ 参见(民国)《沾化县志·田赋》。
④ (民国)《利津县续志·垦务》。
⑤ 参见《中国实业志·山东省》(乙)，第 10～17 页。

续表

县别	全县土地数(亩)	农户总数(户)	户均占有土地(亩)
高苑	281249	17000	16.5
青城	292443	50000	5.8
广饶	803831	59594	13.5
利津	315481	35504	8.5
合计	8646827	548472	15.8
山东省	104494335	6477804	16.1

表3-4统计了1933年黄河三角洲各县农户户均占有土地亩数。可以看出，黄河三角洲地区农户户均占有土地15.8亩，与全省16.1亩的占地情况基本持平。但是，各县之间差别很大，多寡相差4倍之多。另外，表中统计的户均土地亩数仅指耕地，不包括未开垦的土地。比如，沿海各县即有不少土地未包括在内。这些后备土地资源在抗战及解放战争时期起到了很大作用。

清咸丰五年(1855)黄河改道之后，大量泥沙在河口淤造出大批良田，政府将其分租于农户垦种。光绪三十年(1904)，政府规定，每亩(三六亩)只收押租1吊，岁租200～400文。租户对土地只有使用收益权，而无所有权，不能对土地随意处置。农民不得无故拖欠地租，拖欠岁租者收回土地。至民国初年，农民租种地主的土地需有政府颁发的证照，其中，由省民政长官发出的证照称“省照”，由县级政府机关颁发的叫“县照”。1920年，政府发有承垦证书，注明三年为限，三年后，更换所有权。另有一种试垦证书为一年期限。总之，这一阶段政府与农民的土地关系是租佃关系，农民对所耕土地仅有耕种收益权。

1925年秋，政府允许租种土地的农民凭原证照换取所有权证书，每亩缴费3角5分。1927年增至7角。1929年增至1.3元。当年，执照换权者较多，但大多数农户因土地价格昂贵未更换所有权证书。后来，这些未更换证书的土地被韩复榘的五十九旅屯垦，农民不仅未得到土地所有权，还被剥夺了使用权。

政府正式宣布原有证照作废始自1933年。其规定，自当年起，人民承租官方荒地可以发给所有权证书。由于部分农民老照未交，但同样可以得到承租的所有权证书，于是便出现了一地两契的现象。所有权证书由利广沾棣治荒筹备处发放。1939年下半年，地权确认愈益混乱。土匪投军治下的四任处长——樊世潢、李子恒、周自钦、朱景文，将土地发权工作视为股票买卖或人情礼单，使之成为个人营私舞弊、中饱私囊的工具。政府开始私自倾销土地所有权证，造成地权大乱。[①]

三、河道治理与水利工程

黄河三角洲区域内河流在带来航运、水源等便利的同时，也时常发生洪灾，威胁到当地百姓的生命财产安全。而由于灌溉系统不发达，干旱年份，离河流较远处又苦于缺少灌溉水源，使农业生产蒙受损失。鉴于上述原因，民国时期，政府非常重视水利工作。这项工作主要包括两个方面：一是对河流的疏通和治理，二是水利工程的兴建。

1. 河道治理

黄河治理。黄河三角洲水患主要来自黄河。咸丰五年(1855)，黄河在河南铜瓦厢决口，改由利津县入海，河南、山东大片土地被淹。1921年，黄河在利津县宫家坝决口，利津县200余村、沾化县80余村、滨县50余村被淹，受灾面积共计约1350平方千米。政府组织人员于1923年5月堵合决口。1928年，在惠民县清河镇置山东河务局下游分局，辖6营30汛，有员工400余人，常年驻工修防。

徒骇河治理。徒骇河源自河南省濮阳市清丰县，流经河南、山东两省。该河在黄河三角洲流经惠民、滨县、沾化、无棣，汇入渤海。徒骇河地势低洼，河道窄浅，支流淤塞，堤防不断决溢，在历史上是一条害河。清朝同治、光绪年间，曾对其进行多次修补、疏浚，但因财政困难，未达预期效果。民国时期，也有几次较大规模的整治。

民国初年，沾化县县长褚德芬召集乡绅丁倬卿等人议商，对邵家村至巴沟子一段河道进行了清淤。1921年，黄河在利津县宫家口决口，沾化大片土地被洪水淹没，徒骇河自孔家庄以上至坝上村一段长10余公里的河道再次

① 参见李人凤：《渤海垦区土地问题——垦区土地工作会议记录摘要》，中共山东省委党史研究室、山东省中共党史学会编：《山东党史资料文库》第9卷，山东人民出版社2015年版，第234～240页。

淤塞，入海河道又一次改道。1931年3月，山东省建设厅组织沿河14县共13万民工，由沾化县县长庄守忠、建设局局长陈以清分任工程处处长、副处长，对徒骇河进行疏浚治理，这是历史上首次大规模的徒骇河尾闾段治理工程。工程分两部分实施：一是挑挖坝上村以南河道，二是由坝上村东循岔河旧道自富国村西向北挑一新河，与秦口河相汇，由套尔河入海，此即徒骇河现行河道。沾化县居民因深受河患之害，治河热情较高，出工踊跃，精心施工。5月26日，徒骇河尾闾段治理工程竣工，共完成土方7万立方米。1936年，沾化县县长梁建章主持疏浚富国至久山段河道，并将挖出之土尽培堤岸，自此，富国以下始有河堤。

马颊河治理。马颊河为唐代疏浚的一条泄洪河道，发源于河南省濮阳市，流经河南、山东两省，在无棣县注入渤海。民国初，马颊河河床已大部分淤积成洼地，曲折、狭窄、浅平，旱时细流涓涓，涝时洪水泛滥。1931年春，山东省建设厅编制《查勘马颊河报告书》《疏浚马颊河工程计划》，呈请省政府批准，拟将无棣段加深开宽，以增大潮汐冲刷和泄水效能，共设计挖土360万立方米。但是，因工程艰巨，用工极多，耗资巨大，后废未成。1933年春，无棣县正式开工对马颊河进行疏浚，至7月完成。这次马颊河疏浚治理，规模较大，疏浚长度351公里，将枣园至胡道口以东河段拓宽达36.5米，挖深1.5～2米，堤高筑至2.8～3.3米，共计完成土方1905万立方米。经过这次疏浚治理后，马颊河排水较为通畅。[①]

小清河治理。小清河发源于济南诸泉，是一条防洪、排涝、航运和灌溉综合利用的河道。1927年，沿河各县利用小清河河堤修筑公路之机，对河道进行修治，博兴县加固了本县北岸堤防。次年，齐东、长山二县又分别出资7900元和1200元，疏浚了本县河道。1936年春，博兴县修筑了本县南、北二堤，起到了一定的防洪作用。

杏花河治理。邹平县在乡村建设期间也提倡兴建水利工程。县内杏花沟一线，地势低洼，河道淤塞，时常泛滥成患。县政府于1935年春报经省政府批准，组织邹平、长山两县同时对杏花河进行疏浚。由于占用沿河农民棉田，疏浚工程遭到了邹平县第二、七、八、十一乡民众的反对，3000余人到县政府请愿。后经呈请山东省政府，派驻周村的工兵一旅帮助开挖，每日出民

① 参见中国人民政治协商会议山东省无棣县委员会编：《无棣文史资料》第3辑，1991年，第114～119页。

工万余人，历经1935、1936年两个春季，始告竣工，使浒山泺之水患大大减轻。

除此之外，民国期间，还对秦口河支流付家河等进行了治理，取得了一定成效。

2. 农田水利建设

民国时期，随着农业生产的发展，农田水利工程的建设较之以前有了很大发展。这一时期黄河三角洲水利工程主要包括灌溉用井的开凿、灌区的建设以及虹吸工程的兴建等。

凿井灌溉。民国时期，惠民县开凿灌溉用井较多。1922年，惠民县知事张璋组织开凿水井1016眼①。1931年以前，齐东农村水井多为饮水井，灌溉井只有100眼左右，水车井非常罕见。1928年，齐东县建设局成立，同时山东省建设厅也把开凿灌井列为要务推广。1931年，山东省建设厅命令齐东县在建设特捐款项中划拨4500元作为凿井贷款，按照水车钻井每眼160元，钻井每眼120元，水车砖井每眼100元，砖井每眼80元，土井每眼40元的标准核拨贷款，农民凿井积极性提高，井的数量不断增加。1935年，为加强对凿井的统一组织和技术指导，各县均在建设局内设凿井专员1人，专司开凿水井。后来，山东省建设厅为防止水灾，加强农业生产，还通令各县按土质情形开凿砖井或自流井，限每60亩地凿井1口，并指示各县建设局从建设费中拨出部分经费作为凿井贷款，不收利息。同年，齐东县向银行贷款12万元，采取合作的办法开凿水车井。后凿井贷款拨为虹吸工程费，对农民凿井产生了不利影响，但农民已经了解了灌溉的益处，自动凿井的仍然很多，井数不断增加。表3-5反映了民国时期齐东县灌溉水井开凿情况。

表3-5　民国时期齐东县灌溉水井统计表②　单位：口

类别＼年份	1931年前	1931年	1932年	1933年	1934年	1935年	合计
水车钻井	0	0	0	0	1	3	4
钻井	0	0	0	0	0	0	0

① 参见山东省惠民地区水利志办公室编：《惠民地区水利志》，青岛出版社1991年版，第203页。

② (民国)《齐东县志·凿井》。

续表

年份 类别	1931 年前	1931 年	1932 年	1933 年	1934 年	1935 年	合计
水车砖井	3	16	21	25	38	53	156
砖井	100	41	57	161	190	229	778
土井	12	/	21	37	7	152	229
合计	115	57	99	223	236	437	1167

乡村建设研究院建立后，鉴于邹平农田基本不灌溉的现实，大力提倡凿井。其聘请河北定县有 20 年凿井经验，并能制造抽水机的李子棠来研究院指导学生实习凿井。1931 年 9 月，研究院院内利用竹弓锥凿井一眼，获得成功。消息传出后，参观者、要求打井者甚多。学生实习熟练后，即由教师带领到农村分头凿井，邹平县政府专设凿井工程处负责技术指导。为鼓励农民打井，1934 年 8 月，县政府颁布《凿井贷款暂行办法》，对要求凿井而资金不足者，予以无息贷款。1935 年，邹平全县共凿井 1035 眼。政府还帮助农民贷款购买水车等提水工具。

同期，其他各县也开始了轰轰烈烈的凿井抗旱运动。据统计，1930～1931 年，博兴县从建设特捐中支出 2500 元用作凿井贷款，自 1931～1935 年共开凿水车砖井 300 眼。① 1940 年，青城县凿井 1172 眼，邹平县凿井 5940 眼，高苑县凿井 100 眼，惠民县凿井 117 眼。② 水井的开凿，对抗旱灌溉发挥了积极作用。

灌区建设。1925 年冬，博兴县城附近农民在小清河修筑土坝，在北岸引水灌田 800 余顷；高苑县于县城南的小清河北岸安装了 7.5 马力柴油机一台，用离心泵抽水灌田，取得了良好效果。但限于财力，未能得到推广。

兴建虹吸工程。虹吸井是利用真空作用将低处之水提至高处的一种新兴水利工程。1934 年 1 月，齐东县与高青县合作开展虹吸工程建设，由省建设厅派员指导。5 月，工程在马闸子正式开工，10 月建成，安装 21 英寸虹吸管 1 条，耗资 9200 元。齐东、青城 2 县各自开挖引水渠 1 条，利用黄河水引

① 参见(民国)《重修博兴县志·新政》。

② 参见山东省惠民地区水利志办公室编:《惠民地区水利志》，第 204 页。

水灌溉。经过10余天放水,淤出良田1000亩,淤厚约23厘米。1935年,齐东县淤出田地亩产粮食45公斤,比淤前增收30公斤。1937年七七事变后,该工程疏于管理,引水渠不够坚固,多处漫决,淤田工程废止。

四、粮食生产[①]

民国前期,随着土地的垦辟以及农业生产技术的进步,黄河三角洲地区的种植业有了一定发展,这在民国时期黄河三角洲各县志中均有提及,但大多语焉不详,缺少数字统计。今据《滨州地区志》及《惠民地区对外贸易志(1894～1985)》,将黄河三角洲主要粮食作物生产情况介绍如下:

小麦是黄河三角洲的主要粮食作物之一,品种以冬小麦为主,种植面积居各种粮食作物之首。如桓台县"(小麦)在农产中最为重视,水浇地年种二季,即每年必种麦。农家一年之计全在小麦"[②]。长山县小麦"无处不产……除本地食用外,尚可余剩十分之五输出"[③]。1919年,仅今滨州市范围内小麦种植面积即达262.1万亩,总产26195万公斤。1933年种植260.3万亩,平均亩产59.1公斤。据统计,在1924～1929年,阳信、惠民、利津、广饶、邹平5县的小麦年产量均在50万担(2500万公斤)以上。[④] 1949年,黄河三角洲小麦种植面积达296.7万亩,总产12255.7万公斤。小麦品种以农家品种为主,主要有小白芒、大白芒、一撮毛、红秃头、白秃头、蚂蚱头、蝼蛄脑、串芒子、小银白等20余种,其中优良品种有小白芒、白秃头等。小麦在黄河三角洲种植量虽大,但并非农民主要食粮,多用于周边城市面粉厂制粉,成为重要的外贸商品。

玉米是黄河三角洲的传统作物,博兴、无棣、阳信等县种植较多。黄河三角洲玉米品种繁杂,因生长期不同,种植季节分春夏两季播种、麦收前套种和麦收后播种等。1919年,黄河三角洲玉米种植面积37.2万亩,总产6512.3万公斤。1936年,种植面积103.8万亩,总产5809.8万公斤。1949年,种植面积140万亩左右,总产6550.9万公斤。玉米是民国时期黄河三角

---

① 本部分数据除注明出处者外,其他均引自《滨州地区志》第311～312页,不再一一注明。

② 殷梦霞、李强选编:《民国铁路沿线经济调查报告汇编》第6册,国家图书馆出版社2009年版,第177页。

③ 殷梦霞、李强选编:《民国铁路沿线经济调查报告汇编》第6册,第384页。

④ 参见从翰香主编:《近代冀鲁豫乡村》,中国社会科学出版社1995年版,第274页。

洲农民的主要食粮,但总产量不能满足当地百姓的生活需求,需要从外地购入。

黄河三角洲种植的谷子有数十个品种,惠民、阳信、无棣、利津、博兴等县为主要产区。1919年,本区谷子种植面积121.77万亩,总产15941.5万公斤。1936年,种植面积168.9万亩,总产15848.5万公斤。另据统计,1929~1934年,广饶县年均谷子产量为67万担(3350万公斤)。[①] 黄河三角洲种植的谷子以农民自家食用为主,一小部分销往外地。

高粱也是黄河三角洲的主要粮食作物之一,博兴、利津、滨县、广饶等县都是高粱的重要产区。如博兴,"(高粱)为主要产物,种植亩数最多,本县食之不尽,年有一部输于桓台"[②]。1919年,黄河三角洲高粱种植面积168.4万亩,总产19806.8万公斤。1936年,种植面积213.7万亩,总产15464.8万公斤。其中在1929~1934年,滨县和广饶两县的年产量分别达到52万担(2600万公斤)和84万担(42万公斤)[③],以农民自家食用为主。

黄河三角洲为山东省大豆主要产区之一,长山、高苑、博兴、利津种植面积大,产量高,阳信、惠民、滨县、齐东的大豆种植也较多。1936年,全区大豆种植面积达261.6万亩,总产14132.2万公斤,部分可以出口。

此外,长山、桓台、阳信、滨县有大麦种植,其中长山无论在种植面积还是在产量上都在山东占有较重要的地位。齐东、惠民的红薯种植颇多,阳信、滨县也有少量种植。齐东为山东省绿豆重要产区之一,惠民、沾化、利津种植也较多,其他各县也都有分布。

五、经济作物生产

民国前期,黄河三角洲的主要经济作物有棉花、烟叶、桑蚕、果蔬等。其中,棉花是最重要的经济作物,在黄河三角洲近代化过程中扮演着重要角色,因此,本研究将其单独列出(见本章第三节)。此处仅介绍其他经济作物。

---

① 参见从翰香主编:《近代冀鲁豫乡村》,第283页。

② 殷梦霞、李强选编:《民国铁路沿线经济调查报告汇编》第6册,第133页。

③ 参见从翰香主编:《近代冀鲁豫乡村》,第288页。

1. 烟叶

1913 年,英美烟草公司派员来华调查华北烟草种植状况,认为山东、河南的土壤及气候条件适合烟叶种植。之后,惠民、阳信、滨县由美国输入(维奇尼亚)烟种。洋种新名“大叶子”,产量大,颜色黄而纯正。20 世纪 30 年代,齐东、惠民、沾化都成为山东重要的烟叶产区,蒲台、无棣、阳信、博兴等也有种植。1933 年,惠民种植 2100 亩,产量 5670 担;阳信种植 2500 亩,产量 3750 担;滨县种植 450 亩,产量 900 担。下种前,由南洋兄弟烟草公司、英美烟草公司派员向种烟区域分发种子,同时发给入门证,作为将来入门交易的凭证。烟叶收烤后,烟农用手推车或骡马车载着烟叶到胶济铁路沿线各站以及黄旗堡、二十里堡、益都等地出售,各大烟草公司设庄征收。烟叶收集起来后,大多数由青岛转运出口。[①] 惠民、阳信、滨县的烟叶收烤后多交于潍坊的二十里堡烟厂,之后转运青岛、天津等地,年出口 516000 公斤。[②]

2. 桑蚕

黄河三角洲植桑养蚕历史悠久,元代起即有蚕桑记载。民国时期,植桑养蚕在广饶、桓台、长山、邹平等地得到较快推广。《山东各县乡土调查录》载:“阳信境内多桑条,专用采取桑条为编器具材料,并无树桑养蚕者,自乙种蚕校成立,竭力提倡,乡民始渐知蚕叶之利,现在颇见起色,前途发达,正未可量也。”“(滨县)乙种农校设有桑园,藉资提倡,故近来乡民饲蚕养桑者颇伙。”“(齐东)乙种农校栽桑四、五千株。”“(广饶)蚕桑事业素不发达,近经蚕校提倡,居民倾向者日多。”[③]1922 年版《山东农业概况》载:邹平县桑园有湖桑 10000 亩,养蚕者 3600 户、8000 人,以城关厢及城南郭庄一带为最盛。每年产茧 43.5 万公斤,总值 34 万余元,所产茧 2/3 销往邻县、周村。长山县有桑园 5000 余亩,城关厢及槐行、周村、马尚一带最多,养蚕者有 5428 户,年产黄茧 10 万公斤、白茧 1300 余公斤。蚕茧主要行销周村,蚕丝多销往上海。阳信县植桑 21500 亩,有湖桑、鲁桑、条桑三种,以条桑为最多,养蚕者有 5516 户,年产茧 5500 余公斤。博兴、无棣、沾化、惠民、高青也均设场植桑养蚕。当时养蚕获利颇丰,不少蚕农赖养蚕以糊口。

---

① 参见惠民地区对外贸易局:《惠民地区对外贸易志(1894～1985)》,1989 年内刊本,第 9 页。

② 参见惠民地区对外贸易局:《惠民地区对外贸易志(1894～1985)》,第 139 页。

③ 林修竹:《山东各县乡土调查录》,1920 年,第 1～4 卷。

由于养蚕业兴起，丝织工业应运而生。据《中国实业志·山东省》统计，1931 年，邹平有缫丝户 50 户（灶），年产丝绸 490 关担（1 关担等于 1.2 市担）。长山有缫丝户 30 户（灶），年产丝绸 80 关担。1934 年，长山有丝绸生产户 960 户，资本 602260 元，工人 8830 人，年产丝绸 415600 匹，产值 429000 元。阳信有丝绸生产者 400 家，从业人员 500 人，年产丝绸 3000 匹。阳信绵绸誉满齐鲁，以“信绸”驰名。各地客商主要通过周村、济南的丝绸商店获得丝绸，出口南洋各国。

但是，植桑养蚕兴盛时期，外国人造丝大量输入，导致蚕农破产，丝厂倒闭，养蚕业倍受摧残。① 日军占领黄河三角洲后，养蚕业更加凋敝。

3. 花生

黄河三角洲花生种植历史悠久，但近代以前，花生种植面积小，产量不高。19 世纪中叶，美种花生自胶东传入本区。民国以后，国际市场对花生的需求增大，美种花生由于粒大味美、易栽培、产量高、效益大而得到广泛栽培，广饶县成为黄河三角洲主要的花生产区。据统计，20 世纪 30 年代，广饶花生产量常年在 30 万担左右。齐东、惠民年产量也在 10 万担以上。全区常年外销达 34 万担以上。但总体而言，由于黄河三角洲植棉业发达，花生种植被压缩，无论种植面积还是产量，与胶东、鲁西南地区相比都有一定的差距。②

4. 水果

本区土壤及气候适宜枣树生长，是我国主要的枣产区，全区各县均有枣树分布。据 1934 年统计，黄河三角洲种植枣树在 10 万株以上的有滨县、桓台、齐东、阳信、沾化 5 县。其中滨县有枣树 44 万株，仅次于乐陵、曹县，居全省第三位；年产枣 14 万担，居全省第四位。全区年产枣达 294050 担，外销 194000 担。枣是黄河三角洲最重要的经济果品。③

鸭梨又名“雅梨”，其果肉细腻、味甜多汁，为山东省优良梨树品种。黄河三角洲的邹平、惠民、阳信等县都是鸭梨主要产区。邹平等地还有青梨分布。据调查，1933 年，邹平梨产量达 10800 担。邹平是黄河三角洲最主要的

---

① 参见惠民地区对外贸易局：《惠民地区对外贸易志（1894～1985）》，第 175 页。

② 参见《中国实业志·山东省》（戊），实业部国际贸易局 1934 年印行，第 192～203 页。

③ 《中国实业志·山东省》（戊），第 302～306 页。

梨产区，惠民、阳信次之，滨县、利津也有少量分布。[①]

苹果除长山县种植较多外，邹平也偶有分布。邹平、长山还有柿树分布，其中邹平分布较多。长山县的杏树种植也在全省占据重要地位。惠民、阳信有葡萄分布，滨县、邹平有桃树种植，但数量极少。

第三节　国民政府时期的棉花生产与运销

黄河三角洲地区为温带季风气候，雨量相对适中，光照充足，且该地区拥有广阔的平原，土质多为沙壤，非常适合棉花的种植与生长。棉花传入华北地区后，到明朝中叶，黄河三角洲地区已经成为山东地区的三大棉花产地之一。清朝以及近代美棉的引进，使黄河三角洲地区棉花产量剧增，成为对外输出的重要产地。

清末民初，由于华北、华东等地区棉纺织工业的发展，以及日本及国外其他地区对棉花需求的增长，国内棉花需求量进一步增加。民国初年，国民政府采取奖励措施，鼓励国民种植棉花，为棉花的生产与改良提供了政策支持。同时，民众深感种植棉花获利远高于其他农作物，植棉热情提高，故而黄河三角洲地区棉花种植增加。随后，1929年世界经济危机的发生，使国内经济得到了短暂的喘息机会，棉花种植、棉纺织等行业在相对安定的环境下进行生产，黄河三角洲棉花生产进一步发展。

美棉的引进为黄河三角洲地区的棉花生产提供了发展契机。1928年国民政府在山东地区确立统治之后，开始在山东推广美棉种植，并于1929年颁布了《山东种植美棉奖励章程》，规定：凡领种美棉达一定面积者，政府将给予不同程度的奖励。这些政策对黄河三角洲地区的棉花生产起了很大的推动作用，成为黄河三角洲地区棉花生产的重要条件，也是山东棉花产量于1931年跃居国内首位的重要因素之一。

---

① 参见《中国实业志·山东省》(戊)，第262～263页。

一、棉业改良

黄河三角洲最重要的经济作物是棉花，境内植棉历史悠久，在清朝中期已较普遍。但是，近代以后，黄河三角洲原产亚洲棉却因不适应近代棉纺织业对原料的要求而面临窘境。亚洲棉是中国普遍种植的棉种，具有整齐、色白、柔韧等优良特性，但纤维较短，所能纺出的纱最细不过 24 支。近代棉纺织业要求以长绒棉为原料，黄河三角洲原产短绒棉花因此而失去了原有的消费市场，连素以土布生产著称的高苑县，都“半用洋棉，其土棉亦甚属寥寥耳”[①]。

为摆脱困境，黄河三角洲植棉业顺应中国棉花品种更新的时势，废弃原产短绒棉种，引进美国长绒棉种，并成功地进行了一系列美棉与中棉品种的育种改良与栽培试验。

1. 棉花育种试验

(1)美棉良种的选育。美棉良种选育是黄河三角洲近代棉业改良的主要内容。山东省引入美棉良种始于 19 世纪 90 年代末期。引种初期，与全国其他省区一样，由于没有经验可资借鉴，引种方法比较简单，不经过驯化筛选，便将引入的美国棉种直接分发种植。而棉花是一种本土性很强的作物，如果移植异地，必须先行驯化与改良，否则极易发生品质退化与劣变等变异现象。因此，早期引入的美棉品种由于缺乏必需的选育驯化程序，种植不久便逐渐混杂与退化，自身优势日益减退，以致“老农非议，时有所闻”[②]。为解决美棉品质退化的问题，1906 年，山东省成立了山东农事试验场，专门从事引进棉种的驯化选育工作。1926 年，山东省实业厅又派杨熙光在齐东县开办省立棉种场(后改为省立第二棉业试验场)，专门从事美国脱字棉与中棉良种的育种改良工作，黄河三角洲棉花良种选育工作由此开始。

---

① 王传钵主编：(光绪)《高苑县乡土志》，1906 年抄本。

② 乔政安：《本院农场改良脱字美棉推广报告(民国二十二年)》，《乡村建设》1934 年第 10～11 期。

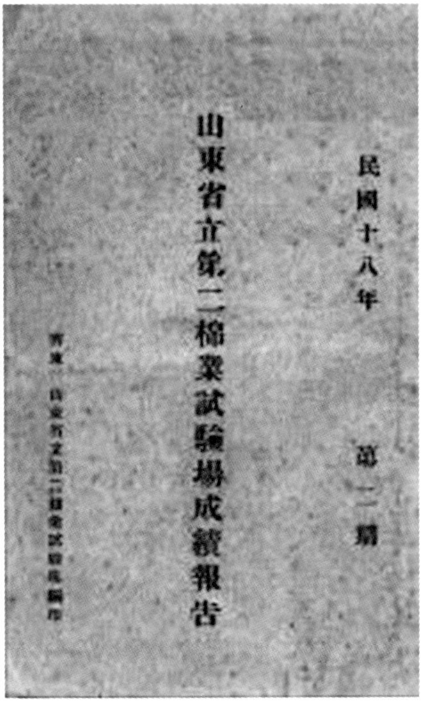

图 3-2　1929 年《山东省立第二棉业试验场成绩报告》书影

第一,脱字 47 号棉。齐东棉场成立当年,即在原临清棉场初步选育的基础上,通过严格的去劣存优程序,从普通脱字棉中决选出脱字 47 号棉。该棉种枝梗强壮,每公斤籽棉约 180 铃,棉蒴成熟早,产量高,纤维长度达 1 英寸(2.54 厘米),平均出穰率为 28%～30%。成功育种后,棉场首先将该棉种在场内大量繁育,1930 年,又将其移植于山东大学农学院,在济南周边地区推广种植。1932 年,该棉种又被移植于邹平乡村建设研究院,然后逐步在黄河三角洲各产棉县区推广种植。在七七事变爆发前的短短十年中,脱字 47 号棉推广面积已达 100 万亩,种植区域遍及邹平、齐东,远至菏泽、历城、临清等地。

第二,脱字 36 号棉。继脱字 47 号棉成功选育后,齐东棉场又采用从国外引进的新式遗传选育方法,按照更为严格的标准与程序,进行了历时 5 年、科学严谨的脱字 36 号棉种的选育试验。

1927 年,主要进行单本选种。选种标准为绒长 1 英寸,丰产早熟。选种工作分三步进行:第一步,按株式塔形、株高中等、结果紧凑、果枝多而长、蒴多圆大、开蒴早、无病害、生命力适中等标准，从普通脱字棉田中选取 200 棵良株；第二步，在第一次拾花时，以开蒴多、开蒴好、籽棉质量高为标准进行复选，选取 155 棵棉株；第三步，重点考查棉株成熟蒴数与产量、棉蒴籽棉重量、霜前开蒴成熟与产量等指标，兼及衣分、绒长、拉力等因素，进行冬季室内考种决选，选取 62 号良种。

1928 年，主要进行遗传试验。将已经选定的单本种子分号种植，通过严密的田间生长观察，选留性状整齐，有早熟、丰产性遗传的 11 系，然后从每系中选取 5 株最优单本，分别拾花考种后选出 2、7、30、36、37、40 共 6 个系号，再从每系中选取 3 棵棉株留待来年种子行使用。

1929 年，主要进行产量比较试验。将遗传试验选出的 6 系种子在试验区内分区种植，每区按行长 30 尺（1 尺约合今 0.33 米），行距 2 尺，种植 5 行，重复 4 次，从中选取生长状况最佳的一行作为种子行，再从种子行中选取 5 棵棉株实行包花手续，分别拾花，考种后选留 3 株，留待来年种子行使用，其他种子供来年种子区使用。试验中严密考察棉株的生长发育情况，重点比较各系棉株的生长高度与结蕾、开花、结蒴、开蒴数量等指标，总结棉株生长与气候的关系，并按霜前收量与总收量比较各系籽棉产量，以便选出早熟丰产的纯系。

1930 年，继续进行产量品质比较试验。以上年种子行的种子作种子区，在种子区的中央栽植上年选留单株的种子作种子行，续选单本并行包花手续，以确保纯系。经过缜密考察，其中的 36 号一系具有绒长、早熟、丰产等优点，便将该棉种定为繁育推广品种。①

脱字 36 号棉为齐东棉场自行选育的第一代棉种。对比普通脱字棉，该棉种株式塔形，株棵紧凑，果枝壮多，纤维柔细，“早熟丰产，抗害力强，受霜害轻……出穰率约为百分之三十二，普通年亩产籽棉一百四十斤，净棉供纺四十二支细纱原料”，且“对山东之气候、土质，甚为适宜……诚山东最宜之纯良美棉也”，因而“农民纱厂均甚欢迎”。②

1932 年，在山东省农矿厅的支持下，齐东棉场划定齐东、邹平两县为脱字 36 号棉一代种的推广繁育试验区，设立特约示范棉田 280 亩，分发棉种

---

① 参见胡长准：《山东省各县选种脱字三十六号棉之经过》，《山东省建设半月刊》1936 年第 3 期。

② 吴知：《山东棉花之生产与运销》，《政治经济学报》1936 年第 5 期。

2350多公斤，选定部分农户专门种植由棉场免费提供的脱字36号棉种。为保证良种纯度，县政府于棉花收获季节为领种农户提供低息贷款，领种农户将收获的棉花交由场内的公共轧花厂代轧，种子由轧花厂选留收购，花衣由棉场以高于当地普通市价的售价直接卖给华新纱厂。由于方法得当，组织严谨，“农民目睹实况，怀疑之心遂雪消冰释，争相仿效”[①]，第二年种植面积激增至23266亩，育成棉种2500多公斤[②]。

1933年，齐东棉场开始由近及远地推广脱字36号棉一代种。当年在齐东县各宜棉产区组织美棉产销合作社，无偿向农户分发棉种。第二年开始向周边地区推广，高苑、博兴、蒲台、章丘、历城等地仿效齐东县的做法，推广新棉种10万公斤。1935年，推广范围继续北进至惠民、滨县、沾化等产棉大县以及济阳、商河、德平等地，推广棉种80万公斤。1936年，棉场还专门在惠民县设立15处特约示范棉田，种植脱字36号棉纯种，并选派植棉技术人员前往棉区，指导棉农择土、整地、施肥、浸种、播种、匀苗、补种、除草、中耕与防治病虫害。[③] 截至1936年，脱字36号棉种已在山东各地推广120万公斤，种植面积达70余万亩，累计增产籽棉1250万公斤。[④] 到1937年，脱字36号棉已生产皮棉250多万公斤，成为山东省种植范围最广、影响最大的自育改良棉种，创造了中国近代农业史上新品种快速、大面积推广的范例。

第三，脱字57号棉。在脱字36号棉种选育工作开始后，自1929年始，齐东棉场还进行了脱字57号棉种的选育试验。棉场从普通脱字棉田中选取300余株优良单本，分三步进行试验：第一步，进行株行试验，每隔9行设一标准区；第二步，进行二区试验，采用三行区，每隔4区设一标准区；第三步，按二区试验的方法进行五区试验，采用理论标准与D/P・E标准计算产量。根据前三个阶段的试验结果，最终选留出6系棉种。从1933年开始，又分别用洛夫育种法和费歇育种法进行6个纯系的高级试验。到1935年，从6个纯系中选出57号一系优良棉种。

脱字57号棉的突出特点是株棵矮，叶枝少，果枝长短适中，耐干旱，成熟

---

① 乔政安：《本院农场改良脱字美棉推广报告（民国二十二年）》，《乡村建设》1934年第10～11期。

② 参见《报告》，《中华棉产改进会月刊》1933年第4～5期。

③ 参见《棉作改良场二十五年春季棉农训导工作报告》，《山东省建设半月刊》1937年第3期。

④ 参见胡长淮：《山东之棉业》，《山东文献》1975年第1期。

期比脱字36号棉还提前一周，出穰率在30%以上，平均亩产籽棉达80公斤。[①] 其耐干旱的特性恰好适宜于以干旱沙土为主的黄河三角洲。因此，该棉种的成功选育，为鲁西、鲁北等干旱沙土地区提供了极为适宜的棉花品种，很快便在鲁西与鲁北地区推广种植。1936年，齐东棉场专门在邱县设立14处特约示范棉田，种植脱字57号棉纯种。到1937年，脱字57号棉产量已达50余万公斤。[②] 抗日战争期间齐东棉场比较试验的结果显示，脱字57号棉的产量大大高于普通美棉与中棉。

除齐东棉场外，邹平乡村建设研究院也于1932年开始从事棉种选育试验，到1934年，已从事了22系株行试验、9系五杆行试验与5系高级试验，最终决选出铃重6克、绒长1英寸的18号棉种与纤维长度超过1英寸、丰产早熟的53号棉种。[③]

(2)中棉良种的选育。在从事美棉良种选育的同时，1927年，齐东棉场还针对黄河三角洲原产细绒中棉品种驳杂不纯等问题，选取性状优良的200株中棉单本进行纯系育种试验。经过几年的遗传比较试验，于1930年决选出齐东4号细绒棉。该棉种结蒴多，成熟早，产量高，纤维粗细适中，柔韧性好，绒色洁白整齐，出穰率达33%。经当地各县农场繁育推广，齐细4号棉种培养效果显著，成为黄河三角洲种植范围最广的中棉品种。

此后，齐东棉场又进行了16个纯系的中棉高级试验。到1936年，已进行了齐东细绒棉6系、正大棉2系、百万棉2系的中棉高级试验，决选出的中棉纯系，产量与品质均优于正大64号棉与齐细4号棉。

2. 棉花栽培试验

齐东棉场不仅致力于棉种选育工作，还进行了植棵疏密试验、深耕试验、肥料三要素试验、肥料(豆饼、棉籽饼、肥田饼)同价施用试验、棉作生理与气候的关系试验、中美棉品种区域试验等一系列较为完善的棉花栽培试验[④]。其中，1930年进行的棉作生理与气候关系试验研究，就中美棉株各部分的生长发育情况，逐周实测记录，绘制同期气温、日照、温度、降雨量等相

---

① 参见山东省棉作改良场：《山东省棉作改良场工作报告》，《山东省建设半月刊》1936年第4期。

② 参见《棉作改良场1936年春季棉农训导工作报告》，《山东省建设半月刊》1937年第2期。

③ 参见山东乡村建设研究院农场、省立第二棉业试验场、山东大学农学院：《工作报告》，1936年。

④ 参见省立第二棉业试验场：《工作报告表》，《山东实业公报》1931年第6期。

关因素的变化曲线,结果显示:降雨是影响山东棉作丰歉的最重要的气候因素。5、6月雨量充足,棉株生长速度快,成熟早;7月中旬仍雨量充足,棉花可望丰收;7、8月份雨量充足,不仅棉花产量高,衣分高,纤维长度也会增加;9、10月雨水较少,有利于棉花结蒴与纤维长度的增加;开花期雨量过大或过小,会导致棉花落蒴。雨量过大,会拉长棉花结蒴至开蒴的时间;雨量较小,则会缩短棉蒴开结的时间。

从1933年开始,齐东棉场还与中央农事试验所合作,征集美棉66种、中棉20种,进行中美棉品种区域试验。试验分美棉、中棉及中美棉标准品种3组,采用单区排列法,每隔4行设一标准行。美棉以脱字36号为标准,每行长24尺,行距2.5尺。中棉以齐细4号为标准,每行长20尺,行距1.5尺,重复9次,以洛夫改良法计算产量。经过连续3年的比较试验,结果显示斯字4号棉丰产早熟,比脱字棉增产30%左右,因此选定斯字4号棉为最优品种。[①] 20世纪30年代末至50年代初,斯字4号棉在山东各产棉区被广泛推广种植。

棉花作为百姓日常生活中不可或缺的衣被原料,自古以来就是中国政府倡导并在各地广泛种植的重要经济作物,植棉业成为中国传统社会中举足轻重的行业。自清朝后期开始,随着国内外棉花市场走势的变化,中国植棉业面临品种更新换代的问题,能否成功实现棉花品种的改良,关系到民族棉纺织业的存废。以黄河三角洲为中心的鲁北平原,作为近代山东最大的棉花专业产地,担当起中国近代棉花科学改良试验的重任。棉花科学改良试验不仅对黄河三角洲经济的发展具有重要作用,而且对山东省乃至全国棉作都产生了重大影响。

第一,打造了近代黄河三角洲经济的特色与重要地位。受土壤、气候等多种因素的影响,近代以来,黄河三角洲经济并不发达,在全国乃至山东经济中无足轻重,但植棉业却一枝独秀,并因此而引起良性循环,带动黄河三角洲棉纺织业的发展,使棉花的生产与加工成为黄河三角洲经济的特色行业与拳头领域,对黄河三角洲经济起着重要的彰显与支撑作用。

第二,进一步巩固了山东植棉大省的地位。鲁北平原自古就是与鲁西南棉区齐名的山东棉花专业产区。进入近代,鲁西南棉区衰落后,以黄河三

① 参见山东省棉作改良场:《山东省棉作改良场工作报告》,《山东省建设半月刊》1936年第4期。

角洲为中心的鲁北平原更是发展成为山东最大的棉花专业产区，其棉花生产的兴衰对山东农业经济至关重要。如果面对困境不及时改革，实现棉花品种的更新换代，在清末国内外棉花市场激烈的竞争中，不仅黄河三角洲植棉基地的地位会失去，山东植棉大省的地位也会受到影响和动摇，甚至会导致山东省整体经济实力的下降。齐东棉场率先进行棉花品种的科学改良试验，成功探索总结出一系列适用于山东棉花种植的技术与方法，并选育出系列有影响的美棉与中棉良种，为山东产棉县区提供了优良的棉花品种与先进的栽培技术，使山东走在全国棉种更新运动的前列，成为全国推广美棉的先进省份，为此后山东植棉业的发展奠定了良好的基础。可以说，近代以后山东之所以能与河北、山西一起成为"我国纺织界优良原棉之取给中心"，黄河三角洲起着举足轻重的作用。

第三，引领、带动了全国植棉业的发展。在清末民初中国政府倡导的棉花科学改良试验运动中，黄河三角洲成为全国有名的棉种科学改良试验基地。齐东棉场成功选育的脱字36号、47号棉种，代表了1927～1933年中国美棉品种改良的先进水平。[①] 据《冯泽芳先生棉业论文集》统计，1933～1936年，中国棉业统制委员会在全国征集中、美棉30余种，选取17个试验点，同时进行品种比较试验。其中，黄河流域选取7个地点进行脱字棉、德字棉与其他棉种的比较试验，齐东县即为其中之一。在长期的育种实践中，齐东棉场积累了丰富的经验。其采取的育种程序与方法，如试验前制订可操作性强的执行计划，试验中按照科学的步骤依次在不同年份进行单本选株、二杆行试验、五杆行试验、十杆行试验、高级试验、繁育去劣试验等，多被其他棉业改良机关效仿与引用。齐东棉场总结的棉作成熟早晚与雨量密切相关等带有规律性的结论，归纳提炼的脱字棉选种判断标准，如绒短色白的棉种，产出的棉花色泽较好；棉籽大小均匀的品系，纤维虽长，但衣分较低且晚熟；种大皮厚的棉种，出芽迟缓；株棵高大疏散，花蒴凋落率高且晚熟；果株节距不匀的棉株，容易退化，有变丛生倾向；果枝细而上斜，易早熟等，也为其他省份的棉业改良提供了蓝本，成为中国北方棉种选育的重要参照标准。可以说，在19世纪末20世纪初的中国棉花科学改良试验中，黄河三角洲处于领先地位，对全国棉作改良起着示范与带动作用。

---

① 参见崔景祺：《山东美棉育种及推广略史》，《华北棉产汇报》1939年第2期。

二、棉花生产

民国时期山东省有三大棉花产区，分别是鲁西、鲁北和鲁西南。就棉花品质而言，首推鲁北区，而在鲁北区中，黄河三角洲地区的棉花生产尤为突出。“鲁北棉产区主要包括滨县、邹平、博兴、沾化等地，全区的棉田面积约在百万亩以上，其中中棉棉田为七十余万亩；美棉棉田约在三十五万亩左右。”[①]自1904年胶济铁路建成通车后，山东内地的农村经济有了较大转变，到第一次世界大战之时，纺织业更是成为经济发展的重要产业，为山东植棉业的发展带来机遇，黄河三角洲地区及胶济铁路沿线棉田面积不断增加。现将1926～1933年黄河三角洲各县棉花产量列表(见表3-6)如下：

表3-6　1926～1933年黄河三角洲各县棉花(皮棉)产量表[②]　单位:担

年份 县名	1926年	1927年	1928年	1929年	1930年	1931年	1932年	1933年
滨县	14215	15440	58744	69343	67520	66240	54963	88680
邹平	14560	14720	15153	23435	17346	20641	29128	25987
齐东	/	/	/	10686	17974	18250	27369	18441
博兴	13600	3080	15895	19380	30930	31691	25841	24527
高苑	12784	2490	21458	27125	15012	21226	14202	31699
惠民	/	/	/	/	30855	3853	2299	3420
阳信	/	/	/	/	/	744	817	937
利津	30000	5372	3978	/	43560	37200	223	344
沾化	/	/	/	/	21760	18600	6312	15096
蒲台	12400	9015	29840	37880	39236	50494	50294	50229
青城	/	/	/	/	5130	1262	587	2002
广饶	14280	4760	19890	24225	29845	21325	15912	20728

说明:“/”处表示该年份数据缺乏;无棣、长山无数据。

① 金城银行总经理处天津调查分部编:《山东棉业调查报告》,金城银行总经理处天津调查分部,1936年,第53页。

② 《中国实业志·山东省》(戊),第152～156页。

1. 滨县

滨县地处山东北部，位于黄河下游。全县面积为1300平方千米，耕地面积为657197亩。土地以沙土为主，同时还有黏土、壤土，均有利于棉花生长。

滨县棉花种类繁多，有诸多同名异种者，也有诸多同种异名者，还有以棉种来源命名者，主要棉花种类有白棉、白毛、紫棉、紫花、滨花、山花、西花、细绒等。滨县棉田面积乃鲁北地区之最，为235000余亩，是当时鲁北地区的棉产中心。当地棉花生产久负盛名，素有“滨花”的美誉。滨县美棉的种植面积也逐年增加，所产美棉品质优于鲁北各县。在滨县，农民擅长种植棉花，诸如施肥、整枝诸事，棉农颇为用心；加之滨县棉田面积增加，棉花质量提升，故而滨县棉产量大体呈增长趋势。

通过表3-6可以发现，滨县在民国时期棉花产量远高于其他各县，反映出滨县棉花生产在黄河三角洲地区乃至山东境内的重要地位。在棉产量的增加为广大棉农带来经济收益的同时，棉花的商品化也带动了黄河三角洲地区近代化的进程。

2. 邹平县

“邹平县位于鲁中山区和鲁北平原交界地带，南部多山，土地多为粘质黄壤，其中壤土占百分之十五，粘土占百分之十五，砂土占百分之五十，碱土占百分之二十。”①民国时期，邹平农民多耕种农作物。在县城西有浒山泺，由于附近地势低洼，浒水会漫溢于低处，导致农作物减产。后来杏花沟的修掘减轻了浒水造成的灾害，同时为邹平棉花灌溉提供了便利。

邹平棉区主要分布于县境北部，境内重要的棉区有花沟、孙家镇、明家集等地。县境东部多产美棉，西部多产中棉。齐东棉作改良场成立后，开始在邹平推广脱字棉种，改善了邹平县的棉种品质，增加了棉花产量。邹平棉花品种以细绒棉为主，细绒棉又细又软，纤维呈白色。邹平所产中棉质量在山东省素负盛名。

通过表3-6可以看出，邹平的棉花产量相较惠民、齐东、阳信等地有较大优势。同时，邹平棉花产量整体上呈现增长趋势，为黄河三角洲地区棉花的对外销售提供了较为充足的货源。

---

① 金城银行总经理处天津调查分部编：《山东棉业调查报告》，第53页。

3. 博兴县

博兴县位居小清河中游、锦秋湖之北,四周为广饶、临淄、利津、蒲台、高苑、桓台所围绕,东西约20千米,南北约30千米,面积为600余平方千米,耕地面积为1225000余亩。小清河横穿县境中部,县境内无山地丘陵地带。

"(博兴)全县土壤性质,壤土占百分之十,粘土占百分之六十,砂土占百分之三十。"[①]县境南部地区地势较高,以壤土、黏土为主;中部地区地势低洼,主要为黏土;北部地区则有壤土、黏土、盐碱地;东北一带为略带碱性的沙质白壤土,土质疏松,极为适合棉花种植,也是博兴县重要棉产区,"其货物广为民赖者,尤以棉花、白酒为最"[②]。沙质土壤比较贫瘠,营养物质偏少,但由于棉农勤于施肥改良土壤,棉花亩产仍可达到百斤以上。博兴棉花种类主要为小花、细绒、滨花,棉种以本地中棉与粗绒西花为多,美棉较少。1931～1934年黄河决堤造成的水灾,使附近各县农业生产受到影响,博兴的棉花产量也因此有所减少,但由表3-6可以看出,博兴较之其他县区仍属于高产区。

4. 蒲台县

蒲台县[③]位于滨县东南,全县面积约670平方千米,耕地面积为567734亩,其中壤土占20%,黏土占15%,沙土占65%。[④]

该县通常划分为西南、中东和东北三大棉区。赵店、旧镇一带为西南棉区,这一地区土质较好,且地势较高,产棉量较多,美棉与中棉各半;乔家庄、朱全镇一带为中东棉区,这一地区地势较西南棉区为低,棉田相对分散;杨家集、龙居店一带为东北棉区,该地区与博兴棉区相接,地势较高,植棉数量较多,中棉产量高于美棉。蒲台县棉花产量在黄河三角洲地区仅次于滨县,位列第二位。尤其是自1928年以来,蒲台的棉花产量有了显著提高。

蒲台县棉花种类主要为中棉和西花。西花虽纤维短且粗,品质较低,但其出穰率高,产量较多,因而棉花商贩乐于收购,棉农也乐于种植。

---

① 金城银行总经理处天津调查分部编:《山东棉业调查报告》,第58页。

② 张其丙修,张元钧纂:(民国)《重修博兴县志·风土志·物产》。

③ 1956年3月,蒲台县建制被撤销,其黄河以北地区划归滨县,黄河以南地区划归博兴县和齐东县。

④ 参见金城银行总经理处天津调查分部编:《山东棉业调查报告》,第54页。

5. 高苑县

高苑县(今属淄博市高青县)位于小清河中游、锦秋湖西北,面积约 300 平方千米,耕地面积为 281249 亩,其中壤土占 10%,碱土占 50%,沙土占 40%。[①]

高苑县地势比较平坦,但由于当地多为碱性土壤,许多农作物难以获得良好的生长环境,而棉花具有一定的抗碱性,加之小清河穿过该县南部地区,为棉花的运输提供了便利,因而棉花种植较多。“棉花产于西北部,及县城附近约六万余亩,每亩产七十斤至八十斤之谱,总量约三万包,价值四十三万余元,具由张店运赴青岛。”[②]县境内的棉花品种主要有白棉、西花、滨花、细绒棉、粗绒棉等,田镇一带、孙家集附近以美棉为主。田镇生产的棉花品质较高,因此华新纱厂在该地设有办花处。高苑县棉种以本地中棉品种为主,而由齐东棉作改良场推广的脱力司棉深受当地棉农喜爱。

6. 广饶县

广饶县以平原为主,耕地面积为 803831 亩。南部地势狭长且高;北部广阔且地势较低;中部为河套地带;东北部靠近海岸的地带地势最低,因黄河泥沙淤积,土壤肥沃,颇为适合农作物生长。县境内小清河横贯东西,又有淄河过境,为棉花种植带来灌溉之便。(民国)《续修广饶县志·政教志·实业》载:“新清河地北多斥卤,五谷稀少,宜棉之田计占耕地十分之七,所产棉额约出一千四百九十二万二千余斤,价值约在一百七十九万元上下。”该县土质以黏土和沙土为主,另有较多壤土,土壤多样化使得广饶地区的棉花种植呈现多样性。县境内的棉花以白花、细绒、滨花为主,棉产区主要在小清河以北地区,辛集、牛家庄一带产棉尤多,棉种以本地中棉为主。

通过表 3-6 可以看出,广饶的棉花年产量通常在 15000～25000 担之间波动,相对稳定。稳定的棉花产量,为黄河三角洲棉花的对外运销提供了丰富货源,使广饶成为黄河三角洲地区对外供销棉花的重要基地。

7. 齐东县

齐东与邹平、章丘、青城、济阳、惠民相邻,县境内均为平原,属于典型的农业区。该县北部靠近黄河,又有小清河贯穿县境,可利用天然水源进行棉

---

① 参见金城银行总经理处天津调查分部编:《山东棉业调查报告》,第 54 页。

② 殷梦霞、李强选编:《民国铁路沿线经济调查报告汇编》第 6 册,第 155 页。

花灌溉,便于增产增收。在土壤方面,黏土、沙土、壤土尽皆有之,适合各类棉花生长。

齐东全县划分为6个区,其中一区和六区为主要产棉区。一区植棉面积为51744亩,二区为16396亩,三区为4740亩,四区为9456亩,五区为9864亩,六区为39340亩,共计131540亩。[①] 棉花产量也较为可观。县境内的棉花种类主要有白棉、细毛、细绒、粗绒、硬毛、齐细棉等。齐东已成为小清河流域各县棉花生产之重心,同时境内设立了省立棉作改良场。改良场的设立为棉花种植、脱字棉产品质量的改进带来新的技术。邻近的滨县、蒲台、博兴、惠民等地,均在改良棉种的推广范围之内,大大促进了周边地区的棉花生产。脱字棉在齐东县的亩产量几倍于中棉,棉农因此受益良多,逐渐变种植中棉为脱字棉。中棉的种植逐渐减少乃至绝迹,形成了脱字棉种植独大的局面。

8. 沾化县

沾化濒临渤海,与利津、无棣、滨县、阳信相接,耕地面积为386712亩。土壤之中沙土占绝大部分。沾化县无棉花集中产区,“二区地面,若黄升镇帑枣园等处,土质肥美……产棉尤多”[②]。由于美棉结花期较晚,棉农多种植本地中棉,美棉种植较少。境内各地盐碱含量较高,土地贫瘠,棉花产量较少,但与普通农作物相比较,获益仍然较多。沾化所产棉花主要用于当地棉纺织及絮料,较少外运销售。

9. 惠民县

惠民县为其附近各县的商业中心,县境内以壤土居多,适合棉花种植。但当地无棉花集中产区,仅在胡家集一带棉花种植量稍多。当地所产棉花品种较多,主要有小白棉、大白棉、小棉、长毛、紫花、河西花、短毛棉等。县境内种植的中棉主要是本地种棉和西花,仅能自给自足;美棉种植稀少,几乎无脱字棉种植。

10. 利津县

民国初期,利津县的棉产业一度发达。因毗邻黄河,棉田灌溉方便,土地以黏土居多,气候温和适宜,雨量适中,利津县的棉花生产发展较快。通

① 参见(民国)《齐东县志·政治志·实业》。
② (民国)《沾化县志·建设志·实业》。

过表 3-6 的统计可以看出，利津县的棉花产量在 1930～1931 年较为可观。后来黄河决堤，河水淹没两岸，淤泥开始淤积，不利于棉花种植，棉农便改种谷物，以致本县棉花难以自足，对黄河三角洲的棉花市场影响甚微。

11. **青城县**

青城的棉花种植情况与利津颇有相似之处。青城无主要棉产区，棉花种植分散于境内各处，产额较低。产棉量相对较多的地方主要在毗邻高苑、滨县的区域。1921 年，在县长黄云主持下，“租城北崔家庄西学田地十五亩创办美棉试验场，以资试种、观摩、采种、分配，因此棉业大兴”①。青城的棉种主要是本地中棉和本地洋花，脱字棉产量较少。

12. **阳信县**

阳信县土质为白沙壤土，适合棉花种植。随着棉纺织业的发展以及近代化的推进，阳信棉业发展较快，逐步成为黄河三角洲地区重要的棉产地。据(民国)《阳信县志》记载：“棉，当年生，草本。棉絮衣被可以御寒，纺纱织布为普通之衣料，并可制火药。近渐试种美棉，收数较佳。”②阳信县境内的棉花品种以本地中棉为主，另有少量美棉。

三、棉花运销

张店为黄河三角洲地区重要的棉花市场，也是蒲台、滨县等各个县区的主要棉产集合地，每年集中于该地的棉花多达 13 万包。据《山东棉业调查报告》记载：“自高苑、博兴、广饶来者，约占三成；自邹平、齐东、章丘来者，约占二成；自滨县、蒲台、利津来者，约占五成。”③而运往青岛者，也多是将棉花集中于张店，再由火车直接运抵青岛。由此可见张店之于黄河三角洲棉花外销的重要性。此外，通过小清河水运也是黄河三角洲棉花外销的重要方式。水运价格比较低廉，因此有农民选择取道小清河将棉产运往济南。

北镇为黄河三角洲另一棉业集散中心，全年约计出口棉花 15 万担。北镇有花行 14 家，每家每年收棉 20 余万公斤。来北镇收购棉花的主要有济南的崇实、慎昌、义兴、中棉历记等商家。青岛主要有华新纱厂 1 家，每年约购

---

① 《青城县志》编纂委员会编：《青城县志》，中国社会科学出版社 2007 年版，第 391～392 页。

② (民国)《阳信县志・物产志・植物》。

③ 金城银行总经理处天津调查分部编：《山东棉业调查报告》，第 157 页。

买 5 万包,每包约 40 元。[①]

除此之外,邹平县孙镇、博兴县博昌镇也是周边区域棉花集散中心。

棉花由北镇运往张店,走陆路运输路程约为 70 公里,每包运费为 1 元 2 角。而由北镇运往济南通常走水路,路程为运往张店的两倍,每包运费 1 元 5 角。[②]

蒲台所产棉花,大部分也运往张店,由旧镇至张店路程约为 60 公里,每包费用为 7 角。当地棉花也会运至周村,路程与到张店相当,多采用大车输送,费用计为每包 7 角。蒲台的棉花运至博兴、高苑,也采用大车运输。两县距离蒲台皆在 20 公里左右,每包花费运费 5 角。运往济南的棉花,或取道陆路到达博兴、高苑,再取道小清河运抵济南,或直接经由黄河运至泺口。由于水路运输所花费用低于陆路运输,因此,在棉花行情高的季节,多采用陆路运输,以火车直接运送;在棉花行情低的时段,则常常取道水路。[③]

齐东县之棉产运往济南者,多取道小清河;运往张店者,则多采用大车运输。孙家镇的棉花运输方式与齐东县相当,但其运输费用低于齐东县。自孙家镇运至小清河的费用,每包仅需 6 分钱;而由孙家镇运至济南,每包需资费 2 角。运棉码头建在坡庄,距离孙家镇仅有 1.5 公里路程。由陆路运至张店所需费用为每包 7～8 角,如果遇到雨雪等恶劣天气,运输费用会上涨至 1 元左右。[④] 各县棉花运输情况见表 3-7:

表 3-7　　黄河三角洲各县棉花运输情形表[⑤]

县别	运销地	运费	运输工具
邹平	周村、张店	/	骡马车
齐东	济南、周村、张店	运往济南每千斤 1 元 5 角;运往张店每千斤 3 元	小清河民船运往济南,畜力车运往周村、张店
博兴	张店	每包约 1 元	畜力车

① 参见金城银行总经理处天津调查分部编:《山东棉业调查报告》,第 75 页。
② 参见金城银行总经理处天津调查分部编:《山东棉业调查报告》,第 76 页。
③ 参见金城银行总经理处天津调查分部编:《山东棉业调查报告》,第 76 页。
④ 参见金城银行总经理处天津调查分部编:《山东棉业调查报告》,第 76 页。
⑤ 金城银行总经理处天津调查分部编:《山东棉业调查报告》,第 77 页。

续表

县别	运销地	运费	运输工具
高苑	张店、济南	运往张店 45 公里，每包 8 角；运往济南 120 公里，每包 3 角	运往张店用畜力车，运往济南由小清河民船装运
滨县	济南、张店、周村	运往济南每百斤 2 角；运往周村、张店每百斤 1 元 5 角	运往济南由黄河民船载运，运往张店用畜力车
沾化	济南、周村、潍县、天津	/	用畜力车装至周村转胶济铁路到济南，运往天津用大车及民船
蒲台	济南、张店、周村、潍县	每百斤百里 1 元至 1 元 2 角	畜力车及黄河民船

说明：“/”处表示数据缺乏；其他县资料阙如。

通过表 3-7 可见，张店、周村、济南等为黄河三角洲地区棉花主要集散地。通过它们，可以顺畅地将棉花运销各地。在棉花运销过程中，铁路、公路、水运均起到重要作用。棉花运销不仅为黄河三角洲的棉农带来可观的经济收益，也在一定程度上促进了沿线地区的经济发展。

第四节　国民政府时期的工商业发展

民国时期的黄河三角洲区位偏僻，交通比较落后，且缺少工矿资源，缺乏近代大工业的基础。除周村等个别位于交通要道的城镇有近代工业外，其他地区基本以自给自足的农业经济为主。但是，黄河三角洲人民充分利用当地的农产资源，发展具有地方特色的手工业生产和商业贸易，逐步汇入了世界市场。

一、手工业

1. 棉纺织业

晚清时期，中国棉织业受到西洋棉制品的冲击。为摆脱困境，黄河三角洲棉纺织业被迫进行了顺应时势的改组,纺纱环节率先被购用洋纱取代,棉纺织业因织布原料对市场的依赖而向商品化迈出了第一步。经过改组的黄河三角洲棉纺织业,最终步入了商品化生产的轨道。

民国时期,随着外国资本的输入,传统的棉纺织业出现了巨大变革,机器生产逐渐取代传统的手工纺纱。山东最早建成投产的机器纺纱厂为日本内外棉株式会社青岛纱厂。内外棉纱厂于1916年4月在青岛四方动工兴建,翌年12月建成投产。到1924年,青岛已有6家日资纱厂。纱厂采用机器动力,劳动效率较传统的手工纺纱明显提高,加之纺出的纱粗细均匀,质量较好,获利甚厚。在日资纱厂的影响下,不少中国商人也开始投资机器纱厂。1915年,山东第一家民营纱厂——鲁丰纱厂在济南开始筹建,并于1919年9月正式开工投产。20世纪二三十年代,青岛、济南、周村、潍县等地相继建成了大批机器纱厂,给传统的手工纺纱业带来了较大冲击。如广饶县"往时所出土布皆系自纺自织,近则洋布专用洋纱,土布土纱洋线合用,甚或尽用洋纱"[①]。

20世纪初期,山东织布机器开始改良。1912年,济南岱北模范染织公司率先拉开了山东机器织布的序幕。20年代以后,青岛一些日商和华商纱厂也相继开始使用动力织布机。这些新式织布厂在山东渐成燎原之势,传统手工织布业日渐衰落。阳信县"(粗布)为普通衣料,自受洋布抵制,虽仍往省东、京东运售,而销(原文为'消',笔者据文意改)售行市不如昔日远甚"[②]。(民国)《齐东县志》载:"本县为产棉区域,故家庭织业甚发达,所织土布质厚而坚,农人最适用,岁出数万匹,销售本境及邻县,现受洋布影响,已日渐堕落矣。"[③]

2. 制盐业

黄河三角洲境内无棣、沾化以及广饶沿海一带,自古为产盐区。广饶县"每年运出盐十余万包至三十五六万包不等"[④]。民国时期,位于无棣、沾化的永利场,东西广100公里,南北袤50公里,为山东主要盐场之一。1912年,永利盐场迁海丰县(今山东无棣)。1914年,食盐由官营改为民营,经营

① (民国)《续修广饶县志·政教志·实业》。
② (民国)《阳信县志·物产志》。
③ (民国)《齐东县志·政治志·实业》。
④ (民国)《续修广饶县志·盐业》。

永利盐场的为惠民、乐陵、商河等12县的18位商人。为防走私,同年,政府还在永利盐场成立稽核支所,组织盐警队,配有步警、马警。永利盐场盐产量不断增长,七七事变前,年产量达15万余担。七七事变后,国民党盐务机构全部撤出,永利盐场失管。受日伪等各派势力争战影响,无棣沿海滩场的盐业生产被迫停止。

3. 花边业

花边属刺绣的一种,亦称“抽纱”,是一种以棉线、麻线、丝线或各种织物为原料,经过绣制或编织而成的装饰性镂空制品。黄河三角洲花边生产主要集中于博兴县。1931年,博兴县兴福乡的李振帮在兴福村开设“瑞昌”花边庄,开始经营花边。此后,“瑞兴祥”“同德成”“义兴隆”三个花边庄相继开业,并渐成竞争之势,使花边生产很快扩展到曹王、东鲁、魏家、冯家、初桥、兴和等20余个村庄,从业人员达2000余人。七七事变后,因世界战乱,花边出口一度受阻。1938年,博兴县花边业遭日伪破坏,停止生产。

4. 地毯业

黄河三角洲地毯编制具有一定传统,其中惠民县地毯生产久负盛名。该县所产地毯图案美观,色泽鲜艳,品质优良,出口历史悠久。据《中国实业志·山东省》及《续修惠民县志》记载,1928年后,天津、济南各地毯厂的惠民籍工人,就有返乡从事小规模地毯制造和经营的。惠民县传统地毯全系手工制作,需工甚多,成本较高,在当地行销困难,多销往大中城市,少量运销国外。1930年前各厂营业发达,年需毛线150000公斤,棉线1500公斤,颜料9000元以上,生产的地毯多行销国外,尤以美国数量为多。后来,进口地毯的国家对进口地毯按奢侈品征税,遂致销路大减,毛毯织造出现不景气。[①]

二、商业

1. 商业发展

近代以来,随着西方资本主义的入侵,中国传统的自给自足的经济模式逐渐解体,中国市场被卷入资本主义世界市场的旋涡。表现在农业领域,即为农产品商品化的过程。尤其是甲午战争后,伴随着帝国主义对中国农产

---

① 参见惠民地区对外贸易局:《惠民地区对外贸易志(1894～1985)》,第133页。

品原料的掠夺,中国的农产品商品化进程进一步加快。山东地处日本经济侵略的前沿,这一趋势表现得尤为突出,黄河三角洲也难以幸免。今据《中国实业志·山东省》的记载,将民国时期黄河三角洲进出口贸易情况列表(见表 3-8)如下:

表 3-8 民国时期黄河三角洲进出口货物种类统计表(1934 年)[①]

县别	进口		出口	
	货品	来源	货品	销路
邹平	面粉、药材、盐、花生油、粗洋布、煤油、洋线	济南、周村	茧、丝、棉、土绸、土布	济南、周村
齐东	洋线、洋面、煤油、火柴、大米	济南、青岛	棉花、花生、大豆、小麦	张店、青岛、周村、济南
博兴	石油、石炭、石灰、榆木条、大木、火柴、纸张、糖、箸、铁器、铜器、瓷器、洋布、洋布绸缎成衣、食盐、竹扫帚、木器、苇席	济南、博山、淄川、安东、羊角沟、周村、江西、临淄	小麦、菽豆、绿豆、棉花、土布、蒲货、柳货、芦苇、藕、稻米	济南、益都、临淄、周村、博山及邻县
高苑	海产品、罐头、人造丝、煤油、烛、电气材料、染料	日本、英国、美国、俄国	/	/
惠民	洋布、纸张、茶、煤油、海菜、卷烟、糖、颜料、洋货、杂货、化妆品、食盐、面粉、瓷器	济南、周村、下洼、天津	豆、花生、棉花	济南、周村
阳信	煤油、洋火、洋烛、洋布、绸缎、广货、瓷器、洋线、铁器、陶器、竹器、苇草席、鞋、帽、纸张、颜料、面粉、糖、食物、大米、盐、鱼虾、草药、洋车	济南、天津、周村、无棣、沾化、北京	豆、米、麦、蔬菜、捻绸、草帽缏、桑皮纸、豆油	天津、无棣、沾化、济南、北平、周村及邻县

① 参见《中国实业志·山东省》(乙),第 139～202 页。

续表

县别	进口		出口	
	货品	来源	货品	销路
无棣	大木、煤炭、纸张、铁、竹、煤油、豆油	东三省、津沽、江南、上海、烟台、大连、天津、乐陵、河北泊头	枣、豆、鱼虾	浙江、宁波、龙口、天津
利津	面粉、纸烟、糖、棉织品、煤油、煤炭、木材、纸张、大米、海产品、染料	济南、周村、烟台、青岛、潍县、博山、龙口	黄豆、黑豆、绿豆	洛口、龙口、烟台
沾化	面粉、大米、红白糖、煤、煤油、日光皂、洗脸皂、布匹、化妆品、纸张、书籍、瓷器	天津、济南	黄豆、黑豆、麦子、棉花	天津
蒲台	洋布、茶叶、面粉、山果	周村、济南	棉花、花生、杂粮	周村
青城	煤油、布匹、颜料、纸烟、药品、棉纱	英国、美国、俄国、日本	/	/
广饶	洋线、红白糖、纸张、布匹、绸缎、药品、广货	青岛	花衣、花生、豆油、烟叶、大椒	/

黄河三角洲农产品的商品化主要表现为农产品的对外贸易(包括与国外及黄河三角洲之外的国内其他地区的贸易)。民国时期，黄河三角洲农产品的商品化特征比较明显。主要外销产品包括棉花、粮油、副食品、畜产品、土产等。下据《惠民地区对外贸易志(1894～1985)》记载，将黄河三角洲主要农产品外销情况列举如下：

1922 年：

邹平县所产茧 2/3 销往邻县周村。长山县茧销周村，丝销上海。[①]

1931 年：

① 参见惠民地区对外贸易局:《惠民地区对外贸易志(1894～1985)》，第 175 页。

阳信绵绸誉满齐鲁,主要通过周村、济南的丝绸商店,出口南洋各国。[①]

1933年:

博兴、长山、邹平等县鲜蛋出口日本、美国等国家。博兴每年出口鸡蛋400万枚,长山每年出口150万枚,价格每枚1.20元;邹平每年出口200万枚,价格每枚1.40元。[②]

惠民、阳信、滨县的烟叶收烤后多交于潍坊的二十里堡烟厂,之后转运青岛、天津等地,年出口516000公斤。[③]

博兴年输出活牛1500头,高苑2000头,每头大洋50元;长山500头,每头大洋60元。[④]

长山年产麻葛30万匹,全部由上海转出南洋各国。[⑤]

博兴、高苑、长山、邹平输出大豆139410担,高粱77570担。长山输出谷子67000担。[⑥]

惠民县所产豆油与饼借黄河船运出口。绿豆由沿河各码头与下洼出口,为出口大宗。[⑦]

长山县谷子输出总量为67000担,用火车运至博山、淄川等地。阳信县通过天津出口小米80000袋。[⑧]

博兴、高苑、邹平、长山4县年出口鲜蛋量达204200公斤,出口活牛4000头。[⑨]

1934年:

黄河三角洲各县出口棉花、花生、大豆、小麦、绿豆、豆油、黄烟、活牛、鲜蛋、蚕丝、草帽缏、抽纱、发网、皮毛、杂骨等达700多万元。阳信、惠民、滨县种植黄烟,由英美烟草公司在下种前分发洋烟“维奇尼亚”种子给农民,产烟后再进行回收。农民年出售黄烟达10320担。[⑩]

---

① 参见惠民地区对外贸易局:《惠民地区对外贸易志(1894～1985)》,第176页。
② 参见惠民地区对外贸易局:《惠民地区对外贸易志(1894～1985)》,第9页。
③ 参见惠民地区对外贸易局:《惠民地区对外贸易志(1894～1985)》,第139页。
④ 参见惠民地区对外贸易局:《惠民地区对外贸易志(1894～1985)》,第10～11页。
⑤ 参见惠民地区对外贸易局:《惠民地区对外贸易志(1894～1985)》,第10～11页。
⑥ 参见惠民地区对外贸易局:《惠民地区对外贸易志(1894～1985)》,第10～11页。
⑦ 参见惠民地区对外贸易局:《惠民地区对外贸易志(1894～1985)》,第10～11页。
⑧ 参见惠民地区对外贸易局:《惠民地区对外贸易志(1894～1985)》,第79页。
⑨ 参见惠民地区对外贸易局:《惠民地区对外贸易志(1894～1985)》,第102页。
⑩ 参见惠民地区对外贸易局:《惠民地区对外贸易志(1894～1985)》,第33页。

无棣县出产绿豆，年产 5473 担，销量 2426 担，主要销往烟台龙口。[①]

黄河三角洲各县共计出口大豆（黄豆）3366.39 万公斤，豆油 55 万公斤。[②]

邹平、长山、博兴、高苑、惠民、无棣、沾化、滨县出口鲜蛋 208 万公斤，主要由青岛华商“茂昌公司”、英商“培林公司”等组织下乡收购并转运青岛出口。[③]

1935 年：

滨州一带输出的棉花达 214000 担。[④]

限于资料，以上统计并非出口货物之全部，统计数字也不一定准确，但由此可窥见黄河三角洲农产品商品化之一斑。

综观民国时期黄河三角洲农产品外销情况，农产品的商品化已然成为一时潮流。除传统的经济作物外，粮食的商品化程度也进一步提高，如惠民县有 72%的小麦用于出售[⑤]。

民国时期黄河三角洲农产品的商品化，主要是由于近代以来国内市场与世界市场的接轨，西方在向中国大量倾销机制产品，占领中国市场的同时，也从中国收购能源、海盐和农副产品等资源，作为其近代工业的原料。此外，国外商品如“洋油”“洋布”等的大量输入，也使民众的生活方式产生较大变化，农民为了获取生活必需品，不得不出售农产品以获得资金。在世界市场的刺激下，黄河三角洲农村本来作为区域内流通的农产品，开始向国外和国内其他区域输出，且输出的品种和数量不断增加。

交通的不断完善为黄河三角洲农产品的商品化提供了便利。20 世纪以后，青岛、烟台等港口设施的不断完善和远洋运输的发展，为黄河三角洲农产品输出提供了便利条件。胶济铁路的修建，密切了黄河三角洲与青岛等沿海口岸以及济南、周村、潍县等工商业中心的联系，使黄河三角洲与世界市场的联系更加紧密，也加速了农产品商品化的步伐。

农产品的商品化促使专业生产区域形成。20 世纪 20 年代，山东已形成 4 个棉花产区，黄河三角洲的高苑、广饶、博兴、利津、蒲台、滨县、邹平、惠民、

---

① 参见惠民地区对外贸易局：《惠民地区对外贸易志(1894～1985)》，第 91 页。
② 参见惠民地区对外贸易局：《惠民地区对外贸易志(1894～1985)》，第 93 页。
③ 参见惠民地区对外贸易局：《惠民地区对外贸易志(1894～1985)》，第 102 页。
④ 参见惠民地区对外贸易局：《惠民地区对外贸易志(1894～1985)》，第 10～11 页。
⑤ 参见冯和法编：《中国农村经济资料》，黎明书局 1933 年版，第 634 页。

齐东等县成为主要的棉花产区。但是,总体而言,由于自然、历史因素的限制,黄河三角洲农产品商品化的程度不高,市场的专业性不强,缺少作为商品集散地的中心城镇,使农产品的生产和销售较多受制于外部条件。

黄河三角洲地区的进口贸易出现较晚。清末,黄河三角洲方有进口商品出现,绝大部分由外籍商行输入,再由中间商人销往各地。1915年,今滨州境内经营进口商品的洋货铺、杂货铺达250余家,以销售煤油、火柴、棉线、颜料、布匹为大宗,纸张、稻米、铁器、药材、土杂品次之。此后,"美孚""德士古""亚西亚"等洋行的煤油,法国、德国的颜料,英美的香烟(双刀牌、单刀牌、大鸡牌等),日本的布匹以及棉纱、火柴、白糖、药材等,充斥于黄河三角洲地方市场。

1931年日军侵占东北后,各地商界纷纷组织抵制日货,但英、日、意、法、美等国的人造丝却经大连偷运至黄河三角洲的下洼、埕口、羊角沟以至高苑县等地。当时,沾化县下洼先后出现了一批规模较大的经营洋货的店铺及货栈,如"庆聚成""鸿记""文昌""和纪洋行""天法成""亚西亚煤油公司""德士古煤油公司""恒丰"等商行。1934年,博兴、齐东、邹平等县商界经营的进口商品有:煤油1.64万桶,价值6.57万元;火柴1.93万箱,价值13.48万元;石油6万桶,价值16.8万元;棉线170件,价值7.05万元;石炭157.1万公斤,价值8.74万元;食糖1.8万吨,价值720万元;纸张16.02万刀,价值52.87万元;大米1500包,价值2.25万元。另有铁器、药材、洋布、电光丝等。[①]

民国时期,黄河三角洲地区的进出口贸易有了较大发展,但从表3-8中可以看出,这一时期的出口货物以农产品、水产品及初级工业品为主,而进口货物则主要为高附加值的工业品,反映了黄河三角洲虽然逐步融入世界市场经济,但自然经济仍占主导地位,这也是20世纪初中国广大农村的时代缩影。

2. 集市发展,市镇兴起

(1)集市的发展

近代商品经济的发展促进了集市贸易的发展,集市贸易又反过来促进了近代市场的发育,从而促使封建自然经济解体,加速了近代化的进程。

---

① 参见山东省滨州地区地方志编纂委员会编:《滨州地区志》,第537页。

民国时期黄河三角洲无较大城市，大部分人口居住于乡村，商品的集散以农村集市为主。民国前期，集市得到较快发育，突出表现为集市数量的增加。七七事变爆发后，受战事影响，黄河三角洲集市贸易呈现出衰落趋势。今据民国时期黄河三角洲部分县志的记载，将民国时期各县集市分布情况列表（见表 3-9）如下：

表 3-9　　民国时期黄河三角洲集市统计表

县别	定期集市	庙会	备注
邹平	韩家坊、小店镇、韩家店、萧家庄、大王驼庄、崖镇、颜家集、明家集、青阳店、花沟镇、田镇、辉李庄、孙家镇（共 13 处）	/	1914 年《邹平县志》
齐东	县城、刘家镇、柴家店、曹务、大圣寺、孟家寺、双堂镇、路家庄、长福镇、延安镇、草庙头、曹家码头、赵奉站、归苏、石店、吴庄、成家集、旧时家圈、西柳寨、大坡庄（共 20 处）	麻姑堂、归苏、龙桑树、台子、延安镇、吴庄、刘家镇、草庙头、路家、大圣寺、石店、玉皇阁、闫家、双堂镇（共 14 处）	1935 年《齐东县志》
博兴	东关、西关、南关、北关、伏李庄、辛安、焦家集、西河东、柳桥、丈八佛、相公庄、东鲁、西鲁刘、贾台张、义和庄、安家庄、陈户店、贤城、李家庄、相公堂、闫家庄、相呈庄、赤云窝、赵家楼、兴福镇、王海寨、曹王镇、赵家集、冯家官庄、雅和庄、店子镇、利城镇、崔家集、刘耿庄、张夏侯、龙注河、刘官庄、纯化镇、闫家坊、营李村、周家庄、康家坊、新集庄、窝头庄、高家渡、博昌镇、刘家集、西魏家集（共 48 处）	东关天齐庙、北关药王庙、西隅城隍庙、丈八佛、郝家庄、兴福、曹王镇、利城镇、张夏天齐庙、陈户店、史家口、闫家庄、崇德、相公堂、纯化镇、胡家台、闫家坊、曲家（共 18 处）	1936 年《重修博兴县志》
阳信	城里、何家坊、刘家庙、小桑落墅、钦风南街、刘家集、北极店、流坡务、李家桥、仁美庄、曹家集、翟王庄、洋湖口、古佛镇、温家店、河流店、商家店、水落坡、劳家店、崔家寨（共 20 处）	/	1926 年《阳信县志》

续表

县别	定期集市	庙会	备注
沾化	四关(东、西、南、北轮流)、流钟镇、黄升镇、泊头镇、富国镇、利国、邢家、新集庄、丰民、姜牙店、坝上庄、大王庄、大王家、张王庄、东张王庄、楼子庄、冯王庄、麻姑庵、打磨李家、房家、罗家、义和庄、李家、中和堂、大洋铺、太平镇、新迁户、郭家局子、刘家圈、薛家屋子、耿家局子(共34处)	城内、药王庙、城隍庙、三官庙、东关、流钟镇、黄升镇、落后寺、毕家庙、永丰镇、富国镇、张王庄、姜牙店、王升家、麻姑庵、泊头镇、大王家集、丰民、大王庄(共19处)	1936年《沾化县志》
广饶	西关、北关、小张庄、黄邱店、牛家庄、石村、码头、五大营、秦王、孟家、颜徐店、延家、莲花店、梧村、苏刘、太和、张淡、尧洼、张家店、碑寺口、稻庄、南十里铺、大王桥、草桥、散水口、大张集、尚道口、辛店、圪瘩子、缪道口、高家港、辛桥、北夏口、李鹊、李楼、西商、盐坨、滰二口、宋王庄、吴家庙、韩疃、赵南西、西北西、毛王庄、被卧石、花官庄、桑科、宋家店、段河、东寨、石家庄、杜疃、韩家庄、李大庄(共54处)	炉神庙、五大营、圪瘩子、秦王庄、碑寺口、马头、牛家庄、大王桥、高家港、韩家桥、辛店、大张淡、张家店、桓台、东寨、梧村、祥吉羊、石家庄、盐坨(共19处)	1935年《续修广饶县志》
青城	义和镇、杜家、田镇、郑家庙、大杨家、城关、码头镇、孟家口、清河镇、玉皇堂、靳家(共11处)	/	1935年《青城县志》
总计	200处	71处	

注:民国时期,滨县、蒲台县、长山县没有修志,《惠民县志》《高苑县志》没有正式发行,资料暂缺。

根据上表,有统计资料的7县共有定期集市200处,平均每县28.6处(庙会并非经常性集市,未统计在内)。因各县县志出版时间并不一致,加之部分县资料阙如,表中统计数据较实际情况可能有一定误差,但大致可以反映出民国时期黄河三角洲集市的分布情况。

1912～1937年，山东平均每县拥有集市39.8处。[①] 黄河三角洲集市数量比山东平均水平略低，这基本符合史实。因为近代以来，受帝国主义入侵和沿海开埠等因素的影响，相对封闭的黄河三角洲逐渐落后于全省的经济发展平均水平，农村集市数量略少属必然现象。

根据表3-9的统计，民国时期的黄河三角洲集市分布有明显规律。黄河以南各县集市数量普遍高于黄河以北各县。其中，齐东、邹平两县集市数量略少，是因为当时两县均为小县，人口较少。黄河以南各县集市数量多于黄河以北各县的主要原因，是黄河以南地区经济发展水平明显高于黄河以北地区。近代以来，随着胶济铁路的修建，铁路沿线的周村、张店、辛店、潍县均发展成为重要的工商业市镇。临近这些市镇的黄河三角洲南部各县，自当受其影响。较早受到外来资本主义市场经济的影响以及靠近经济重镇的地缘优势，使得这些地区具有发展工商业的优越条件。直到今天，黄河以南地区经济发展水平仍然超过黄河以北地区，证明这种优势仍然存在。

在黄河以北地区，沾化县和惠民县的集市数量较多。民国时期，惠民县是黄河三角洲政治、文化中心，经济相对发达，人口众多，集市得以较好发育。沾化县因清末民初以来移民的迁入，人口不断增加。另外，沾化县地域广阔，人口分布较为稀疏。而在交通相对落后的民国时期，人们的活动范围有限，主要服务于当地村民的农村集市，服务半径不可能太大，因而只能靠增加集市数量来满足村民需求，是为沾化县集市较多的原因。但总体来说，黄河以北地区的集市发育水平要低于黄河以南地区。

民国时期，尤其是七七事变爆发以前，黄河三角洲商品经济发展较快，突出表现为商品生产和商品流通的发展。伴随着传统农耕经济的逐步瓦解，粮食生产也逐步商品化。经济作物如棉花、花生、大豆、烟叶等种植面积扩大，商品化程度进一步提高，尤以棉花最为突出，形成了几个以棉花贸易为主的产地市场，其中，高苑县田镇、滨县北镇、邹平县孙家镇均初具规模。

伴随着经济的发展，集市规模不断扩大，功能也发生显著变化。《惠民县志》记载，该县"1912年全县有大小集市31处，较大的集市有惠城大寺集、胡家集、淄角镇集、李家庄集、王判镇集等。上市的商品种类繁多，包括农副产品、手工业品和多种土特产品。一般集市平时五六千人，旺季万人以上。

① 参见龚关：《近代华北集市的发展》，《近代史研究》2001年第1期。

每集粮食上市量达四五万斤,大牲畜几百头,乃至上千头”①。民国时期黄河三角洲各种农产品和手工业品产量的增长,农村经济结构的调整,促进了商品化程度的大幅提高,这正是黄河三角洲市镇勃兴的社会经济背景。

(2)市镇的兴起

市镇是介于集市和城市之间的一种经济场所,在人口和商业规模上要大于一般的集市。民国时期,随着商品经济的发展,黄河三角洲的一些较大的集市逐步发展为市镇。今据《中国实业志・山东省》的统计,将民国时期黄河三角洲各县市镇及商店数量列表(表3-10)如下:

表3-10　　民国时期黄河三角洲市镇、商店数量统计表②

县别	市镇数(处)	商店数(处)
邹平	15	337
长山	7	250
桓台	6	320
齐东	16	154
博兴	4	46
高苑	13	62
惠民	8	179
阳信	3	12
无棣	8	71
滨县	5	76
利津	4	121
沾化	11	54
蒲台	3	7
青城	9	148
广饶	7	106

① 山东省惠民县地方史志编纂委员会编:《惠民县志》,第292～293页。

② 参见《中国实业志・山东省》(乙),第125～128页。

市镇密度在一定程度上反映了当地的经济发展水平。民国时期，根据市镇密度的不同，山东的108个县可划为四类地区。市镇密度最大的第1类地区，为10～42个镇/1000平方千米，共有30个县，其中黄河三角洲有5个，分别为高苑、青城、邹平、齐东、长山；市镇密度为5.8～9.9个镇/1000平方千米的第2类地区，共有26个县，黄河三角洲的惠民、蒲台两县属于此类；市镇密度为3～5.7个镇/1000平方千米的第3类地区，共有36个县，广饶、博兴、滨县、沾化、阳信、无棣属于此类；市镇密度小于3个镇/1000平方千米的第4类地区，共有16个县，利津县归为此类。①

民国时期黄河三角洲市镇的发育，首先得益于商品经济的发展，如大量的棉花外销就在本地区形成一些规模较大的产地市场，其中高苑县田镇、滨县北镇、邹平县孙家镇均初具规模。田镇系高苑县境内大镇，地处高苑、青城、滨县、邹平交界，有居民1000户、5000人，大小商号20家，棉花交易最盛。高苑植棉6万亩，产值近47万元。县境内棉花交易半数集中于田镇。北镇位于滨县东南，临近蒲台县，全年出口棉约10万担，有花行十多家，轧花厂数家。孙家镇古名“梁邹”，地处小清河南岸，以棉区见称。该镇集市每五日一次，“逢期遐迩咸来，交易远达数十里”，与田镇并称“两大棉市”。济南花行、青岛纱厂、张店棉商，均派有常驻人员在这些集镇上设庄，负责收购棉花。在济南市场上，小清河流域各县出产的棉花质量最好，田镇细绒尤称上品。

交通也是促进民国时期黄河三角洲市镇发展的重要因素。临近胶济铁路的邹平、长山、高苑、青城等县，市镇密度明显高于其他地区。胶济铁路建成后，沿线各县市镇数量不断增加。如20世纪20年代，邹平县的重镇只有4个，而到30年代，重镇数已增加到了15个。② 得黄河航运之利，黄河沿岸的齐东、惠民、青城、滨县、蒲台等县市镇也比较发达，邹平台子，惠民清河镇，利津码头、十六户等处均发展成为较大的市镇。与黄河毗邻的小清河流域也是市镇密集分布区。小清河位于鲁北冲积平原上，发源于历城。小清河之疏浚贯通了黄河三角洲南部各县与省城济南和山东腹地的交通，为鲁北农村经济的振兴提供了不可缺少的条件，民国以后鲁北地区市镇的迅速发展也有赖于此。小清河流经的地区包括章丘、齐东、邹平、长山、桓台、高

---

① 参见从翰香主编:《近代冀鲁豫乡村》，第129～130页。

② 参见李小燕:《抗战前胶济铁路沿线市镇研究》，山东大学硕士学位论文，2011年。

苑、博兴、广饶、寿光9县,其中有5县属于山东集镇密度最高的第1类地区。[①] 如位于齐东县城以西的归苏镇,“居小清河岸,上通黄台桥,下通羊角沟,水运便利,为全县货物集散中心”[②]。

市镇是经济活动的产物。民国时期,黄河三角洲农产品生产逐渐出现专业化的趋势,尤其是棉花生产的商品化和专业化,使各县形成了一些专业市场和集散中心,这些集散中心逐渐发展成为大的市镇。农产品的商品化、农民收入的提高也使得农村集市日趋繁荣。同时,交通运输的便利程度、自然环境的差异、距离大城市的远近以及人们的思想观念都影响着市镇的发育。这些因素的共同作用,造成了黄河三角洲南、北部地区市镇发展的不平衡。

(3)市镇发展水平分析

民国时期,黄河三角洲的市镇虽然有了一定发展,但与发达地区相比,还有较大的差距。主要表现在:

第一,集市发展滞后。

从集市发展来看,与同时期山东其他地区相比,黄河三角洲地区相对滞后。1912～1937年,山东平均每县拥有集市39.8处[③],而黄河三角洲地区平均每县拥有集市28.6处,比山东平均水平要低,农村经济仍然处在比较落后的状态。

第二,市镇密度较低。

20世纪初期,“(江南)地区共有城市7座,农村乡镇约1383个,城市与乡镇的比例为1∶197。平均每千平方公里有乡镇27.8个,约36平方公里就有一座乡镇,乡镇间距约为6公里。江南乡镇市场的贸易区域,也就在36平方公里左右”[④]。而“华北冀鲁豫平原民国时期共349县,面积为434577平方公里,人口约6266万,重要集镇大约有2248个,平均每千平方公里有集镇5.2个,每193平方公里有一座集镇,集镇间距约14公里”[⑤]。黄河三角洲的市镇密度要高于华北地区的平均值,但除黄河以南部分县外,其他各县的市镇密度要远远低于同时期的江南地区。同时,黄河三角洲的市镇规模较小,专业化程度不高,与江南地区市镇高度专业化形成鲜明的对比。

---

① 参见从翰香主编:《近代冀鲁豫乡村》,第140页。

② 《民国山东通志》编辑委员会编:《民国山东通志》第1册,(台北)山东文献杂志社2002年版,第274页。

③ 参见龚关:《近代华北集市的发展》,《近代史研究》2001年第1期。

④ 单强:《近代江南乡镇市场研究》,《近代史研究》1998年第6期。

⑤ 单强:《近代江南乡镇市场研究》,《近代史研究》1998年第6期。

与省内经济发达的胶东地区相比，黄河三角洲地区的市镇发展也明显滞后。近代以前，鲁西运河沿岸一带一直是山东最富庶的地区，出现了济宁、聊城、临清、德州等发达的商业市镇。其中临清是山东最大的商业城市，是冀、鲁、豫三省主要的经济枢纽和粮食流通中心。但近代以后，随着沿海城镇的开埠及胶济铁路的修建，胶东地区得开放之先，经济发展速度成全省之冠，烟台、威海、龙口、青岛等迅速发展起来，一跃成为山东城镇最密集的地区。如 1882 年，烟台人口总数仅为 3500 人左右，而 10 年后其人口总数已经达到了 32500 人，其中商人为 9620 人，几乎占总人数的 30%。到 1919 年，烟台城市人口已达 15 万人，大小商号、店铺发展到 3000 余家。青岛也在 20 世纪初迅速成为山东进出口贸易中心。据统计，1903 年，青岛进口棉布 476088 匹，到 1914 年即增长到 1157900 匹；糖的进口量也从 1903 年的 10681 担上升到 1914 年的 186122 担；胶济铁路修建期间，进口的铁路材料达到了 2136964 海关两。其他如棉纱、火柴、煤油等洋货也通过青岛港大量输入山东内陆地区。从贸易总额来看，1902 年青岛的贸易额为 10344642 两关银，到 1913 年达到了 59168880 两，1931 年更是达到了 218275187 两。① 而同时期的黄河三角洲，无论在市镇总数还是在人口、经济规模上都无法与之相比。这些情况表明，黄河三角洲的市镇化水平与经济发达地区相比，还有较大差距。

第三，商店数量偏少。

据表 3-10 统计，20 世纪 30 年代，黄河三角洲 15 县共有市镇 119 处、商店 1943 家，平均每县有商店 129.5 家，每镇有商店 16.3 家。而当时有统计数据的山东省 107 县，共有市镇 856 处、商店 22594 家，平均每县有商店 211.2 家，每镇有商店 26.4 家。黄河三角洲地区在县、镇商店平均数量上都要低于全省平均值。邹平县是黄河三角洲商店最多的县，有商店 337 家，而位于胶东地区的胶县，却有商店 1218 家。鲁西北的德县有商店 1883 家，临清虽然相对衰落，仍有商店 674 家，高唐、鄄城分别有商店 444 家、398 家，都远超黄河三角洲地区各县。这种状况反映出，虽然民国时期黄河三角洲的商品经济有了较快的发展，但由于历史、观念、交通等因素的影响，经济发展水平与先进地区相比仍然有很大差距。

---

① 参见王静：《近代旅津山东商人研究》，天津社会科学院出版社 2012 年版，第 27～29 页。

三、工商税收

1. 税收机构

民国时期,黄河三角洲地区各县公署均设有总务、民事、财政、司法四科。田赋、国税征解归财政科负责。1919年,民国山东省政府通令将国家与地方岁入分开,各县设立地方财务管理处。凡赋税属国家者,征解坐支由财政科办理;凡地方款项,随税代征后,保管收支由地方财务管理处主管。1929年7月,各县地方财务管理处改称"财务局",统管国家税征解与地方财政事宜。1930年1月,又改称"财政局",设2个课,编制设课长2人,课员4人。1933年,各县奉令裁撤财政局。县政府仍分科治事,由二科和三科分别负责国税和地方财政。1936年,惠民区划为山东省第5督察专员区,专员公署设于惠民县城,设两室三科,由第二科掌管财税,设科长1人,科员3人。各县财政科设立田赋征收处或赋税征收处。

2. 税种

民国时期,黄河三角洲主要工商税种为资源税(主要为盐税)和营业税(牙税、烟酒税、当税、屠宰税等)。

盐税。黄河三角洲盐产丰富,盐税一直是本区重要税种。1913年12月,北洋军阀政府财政部颁发盐税条例,决定免除过去摊丁入地的盐税,实行就场卖盐征税办法,由税务机关负责征收。1914年1月起,黄河三角洲地区开始按上述办法征收盐税,每担征税1.25元,每包每票200公斤,征税5元。同年6月改征8元,1915年1月增至10元。1918年,政府修订盐税条例,每包改征12元。张宗昌督鲁期间,1925年,每包盐征15.2元,次年增为19.2元,1927年又增加到23.2元。1928年,南京国民政府规定盐税每票只收正税10元,免除其他一切苛捐杂税,但实际上,除正税外,每票仍需加征军事附捐6元。1931年,财政部通令每票加镑亏加价1.2元,连正税10元、军事附捐6元,每票共征17.2元。是年5月30日,国民政府修订盐税法,规定食盐每担征税5元,渔盐每担征税0.3元。1932年,加征建坨费0.4元。按上述规定,各县自是年始,盐每票征收正税20元,附税1.6元,共计21.6元。1934年1月,盐包重改用新制市秤每包500斤,税率为每百斤5.4元,每包课银27元,实际上每担减盐27斤,数量减少而税额未变,是变相加税。1936

年，加征省附捐6.88元。至此，每包盐征税达33.88元。民国初至七七事变前，黄河三角洲地区盐税基本按上述税率征收。据统计，1934年，惠民县实销盐4200包，课税113400元；博兴县实销盐2500包，课税67500元；齐东县实销盐2243包，课税60561元。[①]

牙税。牙税是向牙行或牙商征收的一种税。牙行或牙商是城镇街市中为买卖双方交易说合或代客买卖货物、量斗过秤抽取佣金的中间商人。1914年3月，北洋政府电令各省按本地情况议定章程报财政部，要求整顿牙税。1915年，北洋政府财政部拟定整顿大纲八条，对牙税进行整顿，牙税税额大大提高。牙税按规定要上缴中央政府，但由于政局动荡，实际上多被各省截留。1931年以后，各县牙税陆续改征牙行营业税。[②]

烟酒税。烟酒税是指向烟草、酒类生产者及销售者征收的一种税。民国初，黄河三角洲各县烟酒税多归设于惠民县城的第八区烟酒公卖分局管理，各县设公卖栈。酒税分制造税和营业牌照税。制造税由县署征收，公卖费由公卖栈承办。1929年，第八区烟酒公卖分局改为山东省第八区烟酒稽征分局，各县公卖栈改设烟酒稽征所，烟酒制造税、公卖费均由稽征所征管。1933年，取消稽征所，改由县政府兼办。次年，烟酒牌照税正式划归地方，由县政府接收办理。1935年，各县复设烟酒稽征所。同年1月，对烟酒暂许营业证费进行调整。1936年，山东印花烟酒税局又统一核定了烟酒税率。[③]

屠宰税。屠宰税是针对税法规定的几种牲畜，向屠宰者征收的一种税。1915年2月，北洋政府财政部公布《屠宰税简章》，征税范围为猪、羊、牛三种，规定宰杀牛每头征税银洋1元，羊2角，猪3角，由屠户完纳，县政府招商承包办税，税款按季度上缴省财政厅。黄河三角洲地区各县于1916年开征此税。[④]

营业税。营业税是指对商品经营活动所征的税收。1931年，国民政府改革税收政策，颁布营业税法，把原先流通领域的各项税收统一合并为营业税。营业税有营业总收入额和营业资本额两种征收标准[⑤]，根据经营范围和

---

① 参见徐来成编著:《惠民地区税务志(1840～1990)》，山东省滨州地区新闻出版局1994年版，第318～319页。

② 参见徐来成编著:《惠民地区税务志(1840～1990)》，第129～131页。

③ 参见徐来成编著:《惠民地区税务志(1840～1990)》，第132～134页。

④ 参见徐来成编著:《惠民地区税务志(1840～1990)》，第257～258页。

⑤ 参见徐来成编著:《惠民地区税务志(1840～1990)》，第207页。

商品类别分为商店营业税、烟酒营业税、牙行营业税、油类营业税等。七七事变前，黄河三角洲部分县营业税收入见表3-11：

表3-11　　七七事变前黄河三角洲各县营业税收入统计表①　　单位：元

县别	1934年7月1日至1935年6月30日						1936年7月1日至1937年6月30日					
	商店营业税	屠宰营业税	牲畜营业税	牙行营业税	油类营业税	烟酒牌照营业税	商店营业税	屠宰营业税	牲畜营业税	牙行营业税	油类营业税	烟酒(牌照)营业税
惠民	5060	4526	10340	5872	2895	/	8734	4132	6820	4646	2304	5612
阳信	659	1726	5011	3063	1107	/	1011	1941	2562	2543	1094	1677
无棣	4811	5085	8833	4991	1918	/	7064	4000	3306	4252	1653	2774
沾化	393	4527	1434	2678	486	3007	1274	3449	2290	2163	672	2947
滨县	445	1782	4403	4518	1883	/	3054	1750	2800	4690	2474	3578
蒲台	285	1123	1422	174	467	/	987	1406	1333	999	630	1286
博兴	216	6295	10440	3303	442	3924	962	6000	940	2481	463	2270
高苑	518	1832	2944	788	225	/	1169	1800	2300	670	236	952
青城	508	339	3899	1072	419	/	1683	520	3046	717	424	1028
邹平	339	4150	6630	2681	1180	/	959	2550	4100	2046	657	1641

备注：当业营业税，桓台400元，长山600元。部分县数据阙如。

第五节　根据地的经济政策

1937年7月7日，抗日战争全面爆发，今黄河三角洲地区逐步被日伪占领与蚕食。在此情况下，中共领导抗日军民，在黄河三角洲成立了冀鲁边、

① 参见徐来成编著：《惠民地区税务志(1840～1990)》，第210页。

清河两个抗日根据地[1]。1944 年 1 月 11 日，山东分局、山东军区将清河区与冀鲁边区合并为渤海区，下辖 41 个县市，全区面积达 5.2 万平方千米，人口达 1000 万。抗日战争、解放战争期间，渤海区军民在中共领导下，大力开垦荒地，并采取减租减息、土地改革、互助合作等措施，提高各阶层积极性，发展农业、手工业生产和商业贸易，加强经济管理，不但增加了财政税收，改善了军民生活，也为革命战争的胜利提供了有力的经济保障。

一、土地安垦[2]

全面抗日战争爆发后，中共山东省委陆续派共产党员赴黄河三角洲南部，恢复建立党组织，宣传发动群众，开展抗日活动，并先后成立了中共鲁东工委、清河特委、清河地委、清河区委，作为根据地党的最高领导机关。为了配合抗战的顺利进行，为部队建立稳定的后方物资供应基地，中共清河地委决定在小清河以北地区开辟抗日根据地。自 1940 年 2 月起，八路军山东纵队第三支队派出东路部队渡过小清河北上。随着清河区主力部队的北进和广北、博兴、蒲台、高苑、青城等根据地的开辟，为发展生产，建立抗日的强大后方，清河区党委于 1941 年初作出了向黄河入海口进军，创建垦区抗日根据地的决定。在击败国民党鲁北行辕主任何思源的部队，取得义和庄战斗胜利后，垦区抗日根据地终于建立起来。清河区党委、清河区行署、清河军区后勤机关及各生产单位、医院、学校、文化团体等陆续从广北、博兴纯化镇一带迁往以八大组为中心的垦区农村，昔日沉寂的垦区处处呈现出新的生机。

根据地土地安垦工作主要在垦区进行。民国时期，垦区是指今黄河下游的广饶、沾化、无棣、利津等县的滨海淤荒地区。民国前期，国民政府曾经组织过几次大规模的移民，并于 1936 年 4 月在八大组设立了“垦区筹备处”。1937 年 7 月卢沟桥事变后，垦区筹备处撤销，但此处仍被称为“垦区”。1941 年 1 月，八路军山东纵队三旅首度进军垦区，解放了以八大组为中心的大片

---

① 冀鲁边区位于山东省北部与河北省东南部的毗邻地带，西起津浦铁路和运河，东濒渤海，南隔黄河与清河区相望，北抵独流减河，大致包括今山东省德州市、滨州市的各一部分（10 余个县市）和河北省沧州市的一部分（约 7 个县市）。清河区位于胶东、鲁中、冀鲁边区 3 个战略区之间，东至昌（邑）潍（县），西接章（丘）历（城），南枕胶济铁路，东北濒临渤海，下辖 20 余个县，人口达 380 余万。

② 此部分主要参考垦利县党史史志办公室编：《渤海垦区革命史（1941.1～1949.9）》，中共党史出版社 2005 年版，第 43～66 页。

地区。8 月,三旅部队再次进军垦区,并渡过黄河,解放了利津县东北部和沾化县东部的广大地区。9 月,中共清河区党委决定成立中共垦区工作委员会,同时成立垦区建设委员会,垦区成为清河抗日根据地的可靠后方。

垦区建设委员会成立之后,面临的首要问题是土地产权混乱问题。为此,垦区政府成立了以李连升为队长的土地清丈队,目的是迅速搞好垦区土地的调查摸底、清丈测算工作。为更好地调解土地纠纷,搞好土地清丈及公田、公荒的合理分配,1942 年 2 月,垦区建设委员会土地局成立。为保证土地确权工作顺利进行,清河行署先后颁布了《垦区土地整理暂行方案》及《垦区公田垦殖暂行办法》等文件。

1942 年 6 月,清河行署在八大组召开了垦区土地工作会议,行署主任李人凤在会上作了《垦区土地问题》的重要报告。这次会议的主要内容有:

第一,深入分析了垦区面临的主要问题。

首先,阶级关系复杂。垦区虽然土地辽阔,但由于地处偏僻,洪荒初开,匪害盛行,百姓流动不定,政府无力统辖,长期处于无政府状态,使得阶级关系远较清河其他地区复杂。表现为地主经济比富农经济比重大;雇农少,佃农多;自耕农占比最大。地主拥有的土地数目十分巨大,与非垦区土地主要集中在自耕农手中的现象形成鲜明的对比。

其次,剥削层级多。垦区地多人少,因此,地主对农民的剥削与地狭人稠的地区相较而言略轻。地主将土地出租给农民,一般是净收一定成数的租价,租额一般为五五分,农民不负担公家钱粮;或农民向地主缴纳每亩 2～5 元的小租(春交)和 3～6 斗的份子(秋交),田赋由地主负担,5 角钱以内的公款及公粮由农民负担。其他剥削较少。但由于垦区较多地主远在他乡或寓居城市,其土地多由二东家代管,二东家从中剥削一份。此外,还有一些向公家大批包租土地,加租于农民的“二地主”。另有白占公私土地,向农民出租收利的“地棍”,也使人民深受其害。

再次,地权混乱不清,土地纠纷重重。虽然国民政府曾经在垦区进行过土地确权,但执行者营私舞弊,在土地确权中审查不严,致使土地四至不清,部分人少缴地租、占多报少的问题十分突出。甚至有官员私自买卖土地证书,还有些军阀或地主凭借势力侵吞白占,假造文契。种种弊端,导致垦区土地权人不明,土地纠纷官司不断。

除此之外,由于自然条件恶劣,加之地处偏僻,匪徒为患严重,垦区居民流动性较大。受土地质量的影响，人们必须随水而居，影响开荒。人少地多，生产力水平不高，形成耕作上的粗种粗收。这些现象也影响到土地开垦的效益。

第二，提出了垦区土地分配政策和组织安垦办法。

为了彻底解决垦区土地权属关系混乱的问题，清河区参议会对垦区土地作出以下新规定："一、有红契（完粮食料）者，即确认其所有权。二、凭有老照（包括司照、省照、县照）经邻至及年长人证明确为其经营者，承认其所有权。三、凭有所有权证书者，承认其所有权。四、凭有计口授田（民国廿四年鲁西移民）之根据，而无上述文类者，则按一户三十亩（官亩）承认其所有权。五、在清丈土地中，除按文契规定的数目外，所有丈余土地作如下的处理……"①

由于各级抗日民主政府制定了合理的土地政策并认真执行，垦区的公田、私田、生荒、熟荒很快就得到合理分配和妥善处理。为鼓励垦殖，政府将公田无代价分给农民（抗属、工属、难民、灾民有优先权），取消各项苛捐杂税，公粮田赋减半缴纳。另外，政府还对贫苦农民实行贷粮、贷种、贷款。这些措施极大地提高了人们前往垦区落户和从事生产的积极性。

垦区党委、政府正确地贯彻执行了中共中央保障各阶层地权的土地政策，得到各阶层民众的普遍拥护。贫农、难民均获得了土地，对党深怀感激之情。连逃亡地主以及曾反对过共产党、八路军的少数人，政府也保障他们的合法权益，保护其土地所有权。根据规定，这些人的土地有代管人的由代管人代管，无代管人的由政府代管。土地所有人返回后，政府将其土地归还，可以领取地租。1941 年秋收后，经政府代管前来领取地租者有 18 户，共收取地租 400 余石。

由于上述政策、措施的实施，前来垦区垦荒或定居者数量骤增。据不完全统计，在 1941 年 7 月至 1942 年 5 月不满一年的时间内，仅垦一区、垦二区就新增移民约 4000 户。与 1941 年相比，1943 年垦区耕地面积增加了 4 倍，其中开生荒 25 万亩，代管顽固派 44 户，土地 82 段，计 25611.9 亩，安置垦民 1405 户；代管逃亡地主 47 户，土地 69 段，计 14646.9 亩，安置垦民 953 户；清丈并出租公田 68 段，计 45639.8 亩，安置租户 2183 户；清丈并出租学田

① 垦利县党史史志办公室编：《渤海垦区革命史(1941.1～1949.9)》，第 64～65 页。

29段,计21063.24亩,安置租户1659户。以上共计土地248段,106961.84亩,安置垦户6200户。连同开荒者1665户在内,共安置垦户7865户。建立了39个新村,计1964户,25617人,共计开垦土地95894亩。救济灾民、难民达10万人以上。1945年,渤海区又开垦荒地73800余亩,其中,仅广饶七区就开荒13000余亩,每人平均超过1亩。1946年,解放区人民利用短暂和平的时机,大规模开荒种粮,仅垦利、广饶、寿光、乐陵四县即开荒111万亩,垦利、广饶、沾化根据地内的荒地全部得到垦殖。从1942年至1945年,全垦区共安置垦户23617户,109985人,安置土地448155亩,并全部废除了旧契,换发了新契。由于耕地面积大量增加,人民生产热情空前高涨。①

为进一步调动广大人民发展农业生产的积极性,根据地、解放区政府均制定了鼓励农民扩大生产的政策,特别是为鼓励农民开垦荒地颁布了一系列政策,如1942年颁布实施的《垦区公田垦殖办法》,即将公田无代价分给农民耕种,每人发给公田3亩,并拨出大量粮食和现款,安置众多难民。1948年1月,渤海区政府又颁布《渤海区三十六年度秋季公粮公草征收暂行办法》,明文规定:开垦荒地,自开垦之日起,生荒五年之内不负担,熟荒三年之内不负担。池塘、沟堐、场园、宅基不负担。上述政策措施,调动了农民开荒种粮的积极性,为农业发展奠定了良好基础。

二、“双减运动”

减租减息是抗日救国十大纲领的基本内容之一。冀鲁边区的双减运动开展较早。1939年1月,冀鲁边区各级抗日民主政府认真贯彻减租减息、雇工增资等各项经济政策,以政府法令的形式在全区推行。部分县区地租由对半分粮减为四六分粮(佃农分六成、地主分四成)。1941年2月以后,随着冀鲁边区各级政权的建立和完善,各项抗日经济政策逐步实施,其中减租减息政策规定:地租照原额减少五分之一,一律不准预缴;年息利率一律不得超过一分五厘。1942年,冀鲁边区灾荒严重,群众生活十分困难。12月12日,冀鲁边区战时行政委员会颁布施政纲领,继续实行减租减息,改善人民生活的政策。但由于这一地区斗争环境比较恶劣,“双减”工作未能形成全

---

① 参见垦利县党史史志办公室编:《渤海垦区革命史(1941.1～1949.9)》,第46页。

区性的群众运动。

清河区的“双减”运动卓有成效。早在1941年2月，清河区行署就根据党的政策和抗战的需要，通令全区实行“五一”减租和“分半减息”，增加雇工工资，并在博兴三区进行试点，推行合理负担。1942年，中共山东分局在刘少奇指导下进行了四年工作总结，指出山东根据地必须发动群众减租减息。当时清河区的地租和利息均较高。亩产的60%或70%归地主，种地农民只能得到30%或40%。农民整年辛勤耕作仍不得温饱，而地主凭借出租土地占有了农民的大部分劳动成果。如利津县前宋村地主魏太昌，每年出租土地195亩，每亩收租6斗至1石，仅地租就不劳而获150多石。借贷利息一般是年利三分以上，实物借贷更重，春借一斗，秋还二三斗，群众称作“驴打滚”。雇工一年艰辛耕作，除勉强糊口外，所剩无几。因此，中共党组织和民主政府推行减租减息政策，深受广大雇农、贫农欢迎。

1942年6月，清河区党委召开扩大会议，传达学习中共中央、山东分局和刘少奇关于减租减息、增加雇工工资、开展群众运动的一系列指示。在充分把握指示精神的基础上，清河区党委经过研究，确定了在全区大规模开展“双减”群众运动的方案。7月，清河区党委、行署在垦区二道岭召开全区“双减”工作会议。各县县委书记、农救会长参加会议，垦区及各分区党政领导和群众团体负责人列席会议。会议由行署主任李人凤主持，区青委会书记夏戎传达了中共中央和山东分局关于减租减息、增加雇工工资、开展群众运动的指示。

当时，减租减息的政策是“二五减租，分半减息”，即地租按原定租额减少25%，年息减为一分五厘。雇工增加工资没有限额，一般是在原工资基础上适当增加。清河区的减租减息政策首先在垦区的朱家屋子、宋家院、黄家油房等村以及博兴县六区的辛集、马家和十区的高阜、兴和等村试点。其他各县委也都组织工作队，展开了“双减”增资的试点工作。之后，在总结经验的基础上全区推广。

1942年冬和1943年春，清河区根据地内的各县区均开展了减租减息运动，大大减轻了地主、富农对贫农、雇农的剥削，提高了广大农民抗战与生产的积极性。“双减”运动发展起来后，群众进一步提出反对恶霸，反对封建势力当权的政治要求，党组织和抗日民主政府支持群众的要求，将减租减息反霸斗争作为1943年的中心工作。

清河区的“双减”运动取得了一定成效。但是，由于当时敌我斗争环境复杂，日伪军对根据地反复进行“扫荡”“蚕食”、封锁，各级领导大多将主要精力放在反“扫荡”、反“蚕食”上，此项工作开展得比较迟缓，不够深入，未形成普遍的群众性运动。

1944年初，清河区和冀鲁边区合并为渤海区。同年6月，渤海区党委根据中共山东分局关于“双减”的指示，发出了《关于彻底完成查减工作、组织群众大多数的指示》，要求各地深入开展减租减息运动。会后，各级党委认真学习中共中央和山东分局、区党委有关减租减息的方针、政策，加强对“双减”工作的检查，通过调查研究，摸清情况，做好思想动员，提高了群众搞好“双减”工作的自觉性。之后，组织工作队深入农村，向党员和群众宣传党的减租减息政策，进行思想教育，提高群众觉悟，打消群众顾虑，使之积极投入减租减息运动中。同时，向地主讲解党的减租减息政策，欢迎他们主动减租。在此基础上，发动群众清算地主以地租、高利贷等手段对农民的残酷剥削，批斗恶霸地主、汉奸。通过清算、斗争，广大农民得以申冤，提高了阶级觉悟和当家做主的意识。

1945年8月11日，中共中央发出《关于日本投降后我党任务的决定》，提出为巩固新解放区，要在新区实行减租运动。9月，中共山东分局召开全省群众工作会议。会议总结了山东解放区减租减息运动的经验与教训，研究部署了1945年冬和1946年春开展反奸清算和减租减息运动工作，决定在新解放区、未实行减租减息及减租减息不彻底的半老解放区迅速开展减租减息运动。为贯彻上级党委指示，10月5日，渤海区党委发出《关于目前群众工作的指示》，进行思想宣传，并派出工作队到惠民、滨县等新解放区指导开展减租减息斗争。华东局也于1946年初抽调干部组成工作队到渤海区进行减租减息指导。渤海区党委及各地委、部分部队共抽调1万余名干部，组成工作团、工作队，到新解放区放手发动群众，展开声势浩大的反奸诉苦和减租减息运动。

各地在减租减息斗争中，认真贯彻山东省战时行政委员会《关于具体执行“八十”训令的决定》，严格执行党的政策。一方面减租减息，减轻地主的剥削，保证农民的人权、政权、地权、财权，改善农民的生活，提高农民生产和抗日的积极性；一方面交租交息，保证地主拥有一定的经济地位，保障地主的人权、政权、地权、财权，以联合地主阶级一致抗日。对极少数不悔改的恶霸地主、汉奸，才采取消灭剥削的政策。减租标准为按照七七事变前的租额减少25%，游击区酌量少减；中农、贫苦抗属和孤寡户因无劳力而出租土地的，少减或不减。减租后主佃双方订立3～5年租约，租期未满地主不得无故撤租。减息的办法是规定年利率一般为1分（即1/10），最高不得超过1分半。取缔各种形式的高利贷。[①] 从1945年12月到1946年5月，经过半年左右的时间，全区2/3的村庄基本完成了减租减息任务。

"双减"运动卓有成效，极大地减轻了农民负担。如在1946年"双减"运动中，利津县全县5875户佃农被减去租粮3708石7斗、北海币89273万元。受高利贷剥削的2793户农民，讨回高利贷粮103918公斤、北海币793万余元。23061户农民（占总户数的61%）被减息粮22914石，减息款372563元。全县1078名雇工，共增工资粮975石。根据垦利县1944年6月的统计，在减租方面，已减租者150个村，计佃户2173户，地主出租户997户，减租土地为36785亩，减去租粮910.65石，钱114657.65元，退租粮290.1石，钱580元，退回佃权地4680亩；在减息方面，已减息者104个村，计债户802户，债主516户，减去息粮503.27石，钱580元，退息粮2015石。农民经济条件的改善，使农村阶级成分发生巨大变化。据1946年博兴县38个村的统计，在"双减"以前（1944年），38村中共有贫农2385户，占总户数的41.8%，"双减"后（1945年秋）降为1854户，占总户数的24.4%。中农，"双减"前为2766户，占总户数的48.6%，"双减"后上升为60.7%。富农，由546户减少为384户，由占总户数的9.6%降为6.7%。"双减"运动还极大地提高了农民垦荒生产的积极性。1942年"双减"以前，垦区耕地只有25万～30万亩，1943年即发展到百万亩以上，人口从8.9万增加到25万，并新建村119个，安置难民7686户、35187人。"双减"运动中，较多县区、村庄建立了农会，发展会员65万余人，培养积极分子20700人，建立党支部4041个，发展党员77282人，为实行土地改革创造了条件。[②]

---

① 参见李晓黎主编：《中共渤海区地方史》，中央文献出版社2000年版，第349～350页。

② 参见李文进、赵建国：《渤海区的减租减息运动》，2012年5月18日《渤海晨刊》。周燕明主编：《中共东营地方史》第1卷，中共党史出版社2003年版，第204页。

三、土地改革

随着根据地减租减息运动的蓬勃开展,广大农民对于土地的要求也愈益迫切,他们深切渴望能够拥有属于自己的土地。抗战胜利后,中国共产党顺应时代潮流,于1946年发布了《关于反奸清算与土地问题的指示》,即《五四指示》,决定将抗战时期减租减息的政策改为没收地主土地归农民所有。渤海区党政机关积极响应上级党委号召,及时动员干部深入村庄,发动群众,将《五四指示》付诸实施。

根据当时渤海区一、二、三地委和四地委的三个区的统计,共斗争地主、富农等55755户。其中,原惠民地区所辖的12县,斗争地主8593户,占地主总数的47%;斗争富农2174户,占富农总数的11.6%。[①] 土改运动对顽固的地主恶霸和汉奸匪特进行了坚决镇压,打击了地主的威风,使翻身农民得以扬眉吐气。此外,土地改革还彻底消灭了地主阶级生产资料所有制,提高了中农、贫雇农等社会下层人员的经济地位,极大地解放了农村生产力,促进了农业生产的发展。全区组织插伙组4.6万余个,参加劳动力达49.8万余人,充分反映了农民在土地改革后高涨的生产热情。到1947年4月,全区23000多个村庄中有16000多个进行了土地改革,900万农民中有200万人获得了约200万亩土地[②],基本上实现了"耕者有其田"的目标。

土改运动中党组织不断发展壮大,党的政策深入人心。土改以后的渤海区广大农民,积极响应党的号召,在解放战争中表现出了极高的政治觉悟,要人出人,要钱出钱,要物出物。除直接参军投入革命战争外,渤海区的广大农民还踊跃支前,一批又一批支前大军源源不断地奔向前线。尤其在1947年国民党重点进攻山东期间,翻身后的渤海区农民承担并顺利完成了转移到区内的40余万部队、机关等人员的安置和生活供应任务,使渤海区成为华东野战军的可靠后方和后勤供应基地,为夺取全国解放战争的胜利做出了巨大贡献。[③]

---

① 参见朱玉湘:《山东近代经济史述丛》,山东大学出版社1990年版,第291页。

② 参见中共山东省委党史研究室编:《解放战争时期山东的土地改革》,山东人民出版社1993年版,第809页。

③ 参见李文进、张文、赵建国:《渤海区土地改革运动》,2014年6月11日《滨州日报》。

四、大生产运动[①]

为克服渤海区根据地的经济困难，坚持长期抗战，渤海区党委借鉴延安大生产运动的经验，决定在全区开展大生产运动。大生产运动总的方针是：以农业生产为主，以家庭手工业和副业为辅，实行按家计划，劳动互助，个人与集体结合，干部与群众共同生产。渤海区党委要求，各级党组织和抗日民主政府都要将大生产运动作为中心工作来抓，领导干部要走出机关，到生产第一线领导和参加生产。各级政府要帮助群众制订生产计划，解决生产资金、种子等方面的实际困难。按照区党委的部署，各地适时召开了干部、群众大会，广泛宣传发动，并制订计划，落实措施，掀起了大生产运动的高潮。

在大生产运动中，各地认真抓好"组织起来"这个农村发展生产的中心环节，按照自愿互利的原则，组织互助组、变工队、合作社，把一切劳动力、半劳动力，特别是妇女都组织起来，充分利用耕畜、农具、变工互助，提高劳动效率，发展生产。广北县政府召开县、区干部会议，传达学习中共中央提出的"十大政策"，并成立生产委员会，指导开展大生产运动。后又成立广兴布店（纺织合作社），组织广大群众进行纺织生产。截至1944年底，渤海全区组织起来的劳动力占到劳动力总数的70%。仅合作社就建立了75个，入社人数2.4万，入社资金1301万元。到1945年，互助合作有了更大发展。群众性的互助合作组织对发展生产起了重大作用，弥补了小生产者劳力、技术、耕畜和生产工具的不足，培养了农民的集体精神，依靠集体力量克服困难，发展生产，而且腾出部分人力从事手工业和副业生产。有些县还组织代耕队，帮助抗属和无生产能力的贫困户耕种。不少机关工作人员组成生产队，帮助群众生产。如长山县委、各救会、邮局组成生产队，帮助3个村的抗属和18个贫困户及时将肥料运到农田。通过开展大生产运动，渤海区的粮食、棉花、油料产量大大提高，家庭副业增长幅度较大，广大群众开办了榨油、苇编、条编、卷烟、织布、扫硝等副业生产项目，生活水平明显提高，在满足日常需求的同时，尚可大量输出棉花、油料、纺织品等。

为了减轻群众负担，改善部队生活，渤海军区部队也开展了大生产运

① 本部分参见李晓黎主编：《中共渤海区地方史》，第351～354页。

动。1944年2月,军区召开生产节约动员大会,号召各部队努力生产,处处节约,还制订了生产节约计划,力争全年生产节约的价值达到总经费的1/6。全区部队开荒7000亩,扩建兵工厂、被服厂等,使部分日用品基本实现自给。同时,规定军区直属单位和四分区每人开荒3～4亩,后勤和教导营种地600亩,直属团和四分区各种地2000～2500亩,五分区种地2000亩。完成粮食产量17.5万公斤,蔬菜20万公斤,猪2000头,羊400只,贸易营利100万元。为鼓励生产,制定了“公私兼顾”“二八分红”的奖励政策。各级首长,如军区司令员杨国夫、政委景晓村、参谋长袁也烈、政治部主任周贯五等,除亲自动员、领导生产外,还带头开荒种地,直接参加生产。经过全体指战员的努力,大生产运动取得了很大成绩,圆满完成了生产计划。三分区和直属队生产获利400万元,直属队开荒垦地600亩,种熟地70亩,收获大豆7560公斤、南瓜675公斤、豆角500公斤,养鸡93只,养猪6头。同时,渤海军区的军需生产也得到迅速发展。渤海军区的后勤工厂、医院大多驻在垦区根据地。在大生产运动的推动下,兵工厂(驻杨家村)从改造子弹、修理军械发展到制造子弹、炮弹、步枪、机枪、迫击炮,被服厂(驻八里庄)、酒厂(驻二十一户)、造纸厂(驻朱家屋子)、印钞厂也都得到较快发展,设备和生产条件不断改善。军区后方医院(驻小口子一带)的医疗技术不断提高。到抗战胜利前夕,渤海军区及各军分区共建被服厂、鞋厂、毛巾厂等军需工厂15个,拥有职工1860名、缝纫机210台,主要生产被服、鞋袜、毛巾等产品。各厂以老工人和技术人员为骨干,持续开展劳动竞赛,努力提高产量和质量,保障了部队的供给。1944年7月下旬,王道部队反正后急需换装参加欢迎大会,军区被服厂突击生产,在大会前及时将2600多套军装送到该部,使该部官兵脱下破旧的伪军军衣,换上崭新的八路军军装,兴高采烈地参加欢迎大会。

渤海区的大生产运动是根据地军民自力更生、艰苦奋斗的一曲凯歌。它保证了全区军民的物资供应,打破了敌人的经济封锁,为夺取抗战胜利奠定了物质基础;同时,积累了一些经济建设的经验,培养了一批经济工作干部。

第六节 根据地的农业生产[①]

渤海革命根据地是抗日战争时期和解放战争时期山东革命根据地的重要组成部分,由冀鲁边抗日根据地和清河区抗日根据地在1944年1月合并而成。渤海革命根据地的发展壮大,为抗日战争和解放战争的胜利做出了巨大贡献。

一、自然、社会环境

1. 自然灾害

渤海革命根据地所处的华北平原是历史上的灾害频发区,抗战时期和解放战争时期自然灾害更是连绵不断。

1939年的大水灾使冀鲁边区汪洋一片,广大灾民缺衣少食,一些县区的百姓只能靠吃草根充饥。1946年,渤海区350万亩农田遭受水灾。1947年夏秋之交,三分区的寿光、广饶、博兴等县遭受水灾,秋粮收成大减,种麦很少,第二年春荒严重,一些百姓四处逃荒要饭,流落街头。

旱灾也时时侵袭渤海根据地。清河区在1943年夏、秋雨水稀少,导致秋稼歉收;1943年冬和1944年春又缺雪、雨,使得麦苗萎蔫,小麦大幅减产;加上新辟地区久受敌顽统治,生产元气未能恢复,敌区难民、灾民拥挤而来,面临严重的饥荒。

根据地的另一大自然灾害为蝗灾。1943年春末夏初,清河根据地垦区400多平方千米土地发生蝗灾。1945年夏初,在各种农作物丰收在望时,渤海区发生了空前严重的蝗灾,沾化、垦利、博兴、广饶、寿光等地受灾面积共计430万亩。其中,垦利、寿光尤为严重。1946年,渤海区一、二、四分区又有近1/3的土地遭到蝗灾侵袭。1949年,全区有27个县、125个区、291万亩土地发生蝗灾。蝗灾发生时,蝗群如狂风乌云,遮天蔽日,所到之处,庄稼荡然无存。

---

① 本节主要参考苑书耸:《渤海革命根据地的农业生产》,《山东农业大学学报》2012年第3期。

2. 社会环境

比水、旱、蝗灾为害更甚的是日军的疯狂破坏。日伪对抗日根据地实行灭绝人性的“三光”政策。在清河区，仅 1942 年，日军就发动 20000 以上兵力的扫荡 1 次，8000～10000 兵力的扫荡 3 次，5000～6000 兵力的扫荡 3 次，1000～5000 兵力的扫荡 5 次。在冀鲁边区，日军的据点碉堡林立，公路如网。由于战略位置重要，日军对该地区的扫荡更加频繁。1942 年，日军对冀鲁边区扫荡 20 余次，5 月份万人以上的大扫荡就有两次。据不完全统计，1937～1945 年，渤海区人民损失财产合 2756 亿元(北海币)，被日军屠杀的民众达 136800 余人。

抗战胜利后，蒋介石发动了内战，山东解放区成为国民党军队进攻的重点，胶济线以北、黄河以南地区无一幸免。

1938 年，蒋介石炸开郑州花园口黄河大堤，使得黄河下游河道废弃断流，形成黄河故道。之后的几年中，流经渤海区的故道被开垦利用，大部分变为村庄耕地，堤岸也变得支离破碎，残破不全。1947 年 3 月，为配合对山东解放区的重点进攻，在未及整修的情况下，蒋介石下令向黄河故道内放水，试图淹没下游的冀鲁豫和渤海解放区。因黄水漫流，全区 17 万亩土地被淹，财物损失不计其数，仅垦利一县，即被淹没村庄 106 个，耕地 4 万亩，25000 余人无家可归。

综上所述，持久而惨烈的天灾敌祸给渤海根据地造成了巨大损失，严重破坏了生产力，特别是给根据地的农业生产带来严重破坏，导致根据地大片土地荒芜，粮食匮乏，饥民众多。这不但威胁着广大人民的生命安全，而且对人民军队的供给、人民政权的巩固和发展产生了不良影响，不利于抗日战争和解放战争的胜利。因此，大力发展生产，尤其是农业生产，保障军需民用，具有极其重要的意义。

二、农业发展

1. 发展措施

(1)减轻税负

清河根据地建立不久，即废除了不合理的银两摊派制度，采取累进征收方法，即从每人平均 1 标准亩开始起征 1%(不足 1 标准亩者不负担)，每增多半亩，增征 2%，一般累进到 30%为止。这一政策具体体现了贫农少负担或不负担，中农适当负担，地主、富农多负担的精神，使贫苦农民得以免除或减轻公粮之累，休养生息。以 1943 年为例，清河区富农负担占其全年收入的 17.8%，中农负担占其全年收入的 10.3%，贫农负担占其全年收入的 6.6%，地主负担占其全年收入的 25%。从上述数据中可以看出，低收入阶层的负担相对较轻。不仅如此，随着各项事业步入正轨，根据地人均负担也在逐年降低。以 1941 年为例，以当年人均负担为 100 计，则 1942 年和 1943 年分别下降到 87.9 和 33.5。除此之外，根据地还及时纠正了乱募捐、借款和劳役支差等现象，使劳动人民有更多的时间从事生产。

与此同时，冀鲁边区也采取了一些相近做法。主要有：第一，实行合理负担，发展农业生产。为了支持抗战，边区各级政府鼓励农民种好田地，多产粮棉，保障抗日军民吃穿供应。第二，发动群众开展大生产运动。组织群众以拨工、插犋合伙为基础开展劳动互助。发放农业生产贷款和经济建设贷款帮助群众春耕，激发农民生产积极性，提高粮食产量。1943 年 2 月，冀鲁边区为发展生产与扩大再生产，充分保证抗战供应，支持边区抗战取得最后胜利，又颁布了《新合理负担暂行条例》，对合理负担作了新的规定，实行统一累进税，使负担统一、公平、合理，进一步提高了广大群众的抗日热情，壮大了各阶层人士团结抗战、共同对敌的力量。①

解放战争中，对于遭受自然灾害或敌顽破坏的地区，渤海行政公署发出指示："灾情严重、颗粒不获及三成年景以下者，豁免。凡收获在三成以上七成以下者，按收获成数征收。……遭蒋匪蹂躏，人民生活困难、两面负担者得酌情减征三分之一或二分之一。"1944 年 9 月 2 日，渤海区政府颁布《渤海区秋季征粮办法》，要求秋粮征收照顾各阶层的利益，既要减轻贫苦农民的负担，又要照顾到地主、富农的利益，务使粮多多出，粮少少出。同时，确定了各阶层的粮食征收比例：贫农不得超过 10%，中农不得超过 20%，富农不得超过 30%，地主不得超过 40%。② 1947 年，渤海区政府又颁布了《渤海区三十六年度秋季公粮公草征收暂行办法》，决定对新分得土地的农民，新得土地部分田赋减轻 1/3，同时，将田赋负担降低至不超过总产量的 25%（见

① 参见李晓黎主编：《中共渤海区地方史》，第 101～102 页。

② 参见山东省财政科学研究所、山东省档案馆合编：《山东革命根据地财政史料选编》第 4 辑，1985 年，第 154 页。

表 3-12)。除政府规定征收的公粮公草外,一律不得征收任何附加,也不得任意增加征收任务和提高负担率。同时,对鳏、寡、孤、独,根据具体情况减征1/3～1/2。对遭水、旱、虫、雹灾之土地,也视灾情之轻重,减其受灾部分之负担。[①] 1948 年 3 月 5 日颁布的《渤海区行政公署关于征收上忙田赋的指示》及 1948 年 6 月 19 日颁布的《渤海区行政公署关于具体执行省颁办法征收麦季公粮公草的指示》,又进一步对公粮等进行了减免。

表 3-12　　渤海区 1947 年秋季公粮征收标准[②]

地亩	征收百分比	全年每亩应征斤数
0.60 以下	免征	/
0.60～1.00	5%	7.5
1.01～1.25	6%	9.0
1.26～1.50	7%	10.5
1.51～1.75	8%	12.0
1.76～2.00	9%	13.5
2.01～2.25	10%	15.5
2.26～2.50	11%	16.5
2.51～2.75	12%	18.0
2.76～3.00	13%	19.5
3.01～3.50	15%	22.5
3.51～4.00	17%	25.5
4.01～4.50	20%	30.0
4.51～5.00	23%	34.5
5.00 以上	25%	37.5

① 参见山东省财政科学研究所、山东省档案馆合编:《山东革命根据地财政史料选编》第 4 辑,第 274～279 页。

② 参见《渤海区三十六年度秋季公粮公草征收暂行办法》,山东省财政科学研究所、山东省档案馆合编:《山东革命根据地财政史料选编》第 4 辑,第 274 页。

秋粮征收照顾到了各阶层的利益，因此，调动了广大人民的生产热情，提高了他们的生产积极性。此外，根据地党政军机关的精兵简政也节约了大量开支，减轻了人民负担。

(2)兴修水利

水利是农业的命脉，根据地的党政军民大力兴修水利。1938年，黄河自郑州花园口改道，山东段黄河连续多年干涸，堤防废弃，损毁严重，治黄机构撤销。1945年，黄河三角洲境内相继解放，人民政府对养护黄河堤防、植树造林高度重视。1946年5月，为粉碎国民党政府水淹解放区的阴谋，保护人民生命财产安全，渤海区成立修治黄河工程指挥部，下设东、西、中段分指挥部和沿黄各县指挥部。是年6月，渤海行署决定组建治黄常设机构，成立渤海行署河务局(不久改为山东省河务局)，沿黄各县成立河务局驻县治河办事处。垦利专署还设置黄河公安分局，各黄河渡口设公安派出所，保护堤防和人民生命财产的安全。沿黄各县"10万余人，投入黄河复堤工程……共修做土方289.68万立方米，修险用砖石18.622万立方米，楷料240万公斤，用工348.48万个"①。

尤其值得一提的是渤海人民开展的黄河归故斗争。1947年3月15日，黄河归故道后，堤防由解放区人民政府接管，渤海区在7个月内，每天投入20多万民工，不分昼夜，将原有堤防加高1米，修补残缺，广植树木以巩固堤防，提高了抗洪能力，战胜了8月洪峰，保证了数百万人民的生命财产安全，使两岸数百万亩的耕地免于冲淹，从而稳固了山东和华东解放区最大的物资供应基地，也为中华人民共和国成立后的治黄工作奠定了基础。②

1945年渤海区解放后，政府十分重视对徒骇河的治理。1948年春，渤海行署组织沿河六县3万余人，重点疏浚惠民县境内28.5公里的河段，完成土方28.8万立方米，使徒骇河得到有效治理。③

1940年前后，渤海区修建了孝妇河引水灌溉工程，使附近大量干旱土地得到灌溉。抗日战争时期，中共清河区委和清河专员公署会同博兴县组织5万人，对支脉沟进行了有效治理，原计划开挖淤积河道18公里，因受战争影响，未能全部完成。1946～1947年，再次开挖支脉河。1948～1949年，高

① 山东省惠民地区水利志办公室编:《惠民地区水利志》，第15页。

② 参见山东省惠民地区水利志办公室编:《惠民地区水利志》，第15页。

③ 参见山东省滨州地区地方志编纂委员会编:《滨州地区志》，第380页。

苑、蒲台、博兴、广饶四县动员民工1.5万人开挖、疏浚支脉河道、支流249.9公里，完成土方272.1万立方米。至此，支脉河排水网初步形成，对排涝改碱发挥了重要作用。[①]

1946年，解放区党委、政府发出号召，鼓励群众发展水利，打坝引水灌溉，挖河泄水，堵口筑堤防水，全区共掘井11万眼。1949年，全区新挖砖井5550眼、土井54295眼，修复砖井1240眼、土井9436眼，加上原有水井，共可灌溉农田537084亩。针对1949年秋季的大洪涝，全区发动群众近76万人，挖沟1786条，长2218公里，排涝443.1万亩，减轻了灾害，保证了小麦的及时播种。为方便常涝地区日后排水，又挖主沟46条、支沟817条，总长度达2070公里，使384万亩农田受益。

(3)冬耕积肥

“庄稼一枝花，全靠粪当家。”庄稼收成的好坏在很大程度上取决于土地的肥力。为提高农业产量，广大农民千方百计地加施肥料，提高地力。1948年，渤海区贷豆350余万公斤，豆饼50余万公斤，北海币10亿元，用于肥料贷款，推动群众积肥。群众养猪数目亦明显增加。据统计，匡五、商河、平北、齐河、禹城五县共有223028户，养猪84410头，平均每2.6户养猪一头。大量养猪不仅有利于改善生活，而且能生产大量肥料。1949年，全区共有耕畜1123000余头。此外，百姓还广泛收集青草、树叶，采用土法积肥，收到良好效果。

冬耕有利于地力的恢复和杀灭虫卵。1948年，全区应耕地1539万亩，冬耕1127万亩，占全部耕地的73％；1949年，全区应耕地1702万亩，冬耕1353万余亩，占全部耕地的79％。

(4)广种经济作物，改良品种，提高生产技术

除种植粮食作物外，根据地还种植了大量经济作物，如棉花、花生、黄烟等。1944年，渤海区产棉约1000万公斤，除自用300万公斤外，还输出700万公斤。1949年，渤海行署发布指示，根据“不荒一亩地”生产自救的原则，将农业贷款着重用于推广种植棉花、花生、烟叶等。该年全区共栽种棉花275万亩，占全部耕地的8.5％，不仅解决了解放区军民的穿衣问题，还支持了军火工业。是年，渤海区还种植花生806716亩、黄烟87672亩，既改善了

① 参见山东省滨州地区地方志编纂委员会编:《滨州地区志》，第386页。

军民生活，又为纺织、卷烟等手工业的发展提供了原料。

在种植各种农作物时，技术人员积极选用和推广优良品种，如 1949 年，解放区用洋棉“斯字棉”代替本地棉种，洋棉花比本地棉花产量高，纤维长，耐干旱，出苗率高，棉苗粗壮。又引进了马牙玉米、八一谷、胜利百号地瓜等新品种，大幅度提高了粮食产量。

解放区非常注重技术先进农场的示范作用，以其为标准对全区农业生产进行技术指导。1949 年，全区计有行署农场试验场 1 处，专署中心示范场 4 处，县示范场 24 处。各农场不仅有试验田，还在重点村、户设立良种田、示范田进行示范，开展技术指导，一向靠天吃饭的农民深深感受到了科学技术的力量。

(5)扶植农贷

如前所述，频繁的天灾敌祸使根据地财尽民穷，百姓缺少足够的财力投入农业生产。党和政府急人民之所急，在战争频繁、军政开支浩大的情况下，千方百计筹措款项，扶持农业生产。

在清河区，为了帮助垦区群众生产，1942、1943 两年贷粮 2000 石，贷款 300 万元。1946 年 5 月，北海银行在全区 36 县发放农业贷款 2557 万元，贷麦种 273 万公斤。1949 年春，为解决灾区口粮青黄不接的困难，支援春季生产，政府发放大麦、小麦和豌豆种，贷粮共 211327.5 公斤，全年共贷出粮食 17622036.5 公斤，帮助群众渡过了生活和生产难关。

(6)消灭蝗灾

蝗灾肆虐给根据地的农业生产造成了极大威胁，根据地党和政府高度重视，组织机关人员大力宣传，破除迷信思想，发动群众运用挖隔断沟、药杀、扑打、诱捕等方法，杀蝗灭卵，降低蝗灾损失。1943 年，根据地动用 436 万人，挖捕蝗沟 1500 余公里，捕杀蝗蝻 150 万公斤，使 8000 万亩高粱免遭蝗虫之灾。1944 年，渤海区又动员 40 余万民力，挖截沟 2250 公里，杀除蝗蝻 146.4 万公斤，不仅保证了全区大部分地区的丰产丰收，而且使冀、鲁、豫三省得以免除飞蝗之灾。面对 1945 年的蝗灾，渤海区发动十几万人，在垦利一带挖灭蝗沟 500 余公里，扑蝗面积达 20 余万亩，消灭蝗蝻 30 余万公斤。7 月，针对发生在沾化、垦利、博兴等七县的蝗灾，渤海行署成立了扑蝗总指挥部，发动党政军民 30 余万人，奋战 50 天，杀灭蝗蝻 56.5 万公斤。该年灭蝗面积达 847 万亩。1946 年，仅庆云县即扑打、消灭蝗虫 11 万公斤。1949 年，解放区组织49万余人扑杀蝗虫，经过10～30天的捕杀，消灭了蝗虫之祸，保证了农业生产的丰收。

(7)互助合作

由于日寇疯狂屠杀和劫掠壮丁，根据地和解放区的劳动力严重不足。根据地党和政府响应毛泽东主席“组织起来”的号召，发动群众在自愿互利的基础上，组织互助组、变工队，组织一切劳动力、半劳动力，充分利用耕畜、农具，变工互助，做到人尽其力，地尽其富，畜尽其力，物尽其用，从而提高了劳动效率。不少地方还组织代耕队，为军属、烈属无偿耕种农田。

随着互助合作运动的优越性愈益展现，互助合作运动在解放区得到了迅猛发展。1946年1月，渤海区建有互助组1.1万个，参加互助组的共6.8万户、34万人。广饶县七区92%的劳动力参加互助组。互助合作对农业生产发展起到了良好的推动作用。据统计，广饶县的1家合作社和5个互助组，1944年仅产粮22163公斤，1945年即增至52377.5公斤。

为弥补劳动力的不足，党和政府还动员广大妇女走出家门，投身田间劳动，如广饶七区70%以上的青年妇女投身田间劳动。据1949年对沧南专区7县16村的调查，能够参加农业劳动的妇女有2291人，其中经常下地劳动的有1041人，占45%。

2. 农业发展的意义

渤海抗日根据地和解放区的农业大生产运动行之有效，不少地区达到了耕三余一(耕种三年剩余一年的口粮)，有的地区甚至达到了耕二余一，不仅在很大程度上消除了天灾敌祸造成的荒情，使根据地人民的生活逐步改善，而且容纳了大批自日占区和国统区流浪而来的难民，使之在根据地获得了新生。

抗战时期，渤海区以其重要的战略地位成为敌我激烈争夺的焦点。为了民族解放，大批有志青年参加八路军，走上战场。根据地农业的巨大发展，使得渤海区人民军队的迅速壮大有了坚实的物质基础。

渤海区还以大量棉花等物资支援了鲁中和胶东等兄弟根据地的斗争。全面抗日战争时期，山东省棉田大幅减少，面积和年产量仅为七七事变前的1/2或1/3。胶东、沂蒙等根据地因受日伪的经济封锁，棉花都不能自给。唯渤海地区产棉，每年产量约有1000万公斤，除去自用的300万公斤，可以输出 700 万公斤。[①]

解放战争中，渤海根据地成为山东解放区和整个华东解放区的战略大后方，成为人民解放战争可靠的粮食物资供应基地。1947 年，华东局、鲁中南区、鲁南区党委机关、学校及华东野战军等 40 余万人转移至渤海区，粮食、被服、柴草等均靠渤海区供应，华东野战军西线兵团一部物资亦由渤海区支持。1946 年，全区征粮 1.45 亿公斤，占全省征粮总数的 30%；1947 年，全区征粮 3 亿公斤，占全省征粮总数近一半。孟良崮战役期间，渤海区组织民工将 2500 万公斤小麦送至前线；济南战役期间，渤海区发动 73000 名民工将 872 万公斤粮食、130 万公斤柴草运往前线；淮海战役期间，渤海区又将 7500 万公斤粮食送至千里外的战场。1949 年，渤海区上交公粮超过 4 亿公斤，有力地支援了革命战争的胜利。

第七节 根据地的工商业经济

七七事变前，除胶济铁路、津浦铁路沿线的几座市镇外，渤海区内地商业经济极不发达，商业活动以私营为主。七七事变爆发后，各业凋零，商家大都倒闭歇业。渤海区境内大部分地区收复后，迅速恢复和发展民族工商业，尽快提高人民群众的生活水平，便成为一项十分重要而紧迫的任务。

一、工业[②]

1. 工业概况

渤海区内除周村、德州、沧州、张店、惠民、羊角沟等市镇外，工业经济均不够发达，现代工业尚未成型。境内民间手工业以棉纺织业为主，手工纺纱、织布遍及乡村，每当农闲时节，“村村机杼声，家家纺纱忙”。但是，由于技术相对落后，渤海区民间纺织业仍以土纺土织为主。在其他工业领域，技术设施也较为落后，机械工业仅有翻砂、烘炉等个体手工业，生产铁锅、水车以及锄、镰、镐等简单的小型生产工具和生活用品，产品结构非常简单。

---

① 参见朱玉湘：《山东近代经济史述丛》，第 114 页。

② 此部分内容主要参考李晓黎主编：《中共渤海区地方史》，第 554～555 页。

抗战胜利后,根据地工业得到较快发展。1948 年,渤海区行署建立惠民劳教所铁厂,有化铁猪嘴炉 1 座,铣床和皮带车床各 1 台,生产解放式水车和犁、锄等农具,还仿制轧花机和玉米脱粒机。1940 年,日伪惠民县政府曾经开办惠城电灯房,装有 200 马力蒸汽发电机组 1 台,是为惠民境内第一家发电厂。1945 年日军投降后,该电灯房倒闭。1949 年春,渤海区行署公安处组织技术人员在日本工程师的协助下,修复了原惠城电灯房,建立了惠民县发电厂。

渤海区境内酿酒业历史悠久,分布广泛,但一直以来均为家庭作坊式生产,劳动强度大,生产效率低,产品种类单一,仅生产散白酒一种产品。1945 年后,渤海区人民政府将惠民县城的惠源和酒店收归公有,建立惠民国营酒店,随后建立惠民县第一家酿酒企业——渤海专酿公司试验厂,生产方式开始向工业化生产过渡。

2. **盐业生产**[①]

黄河三角洲渤海沿岸历来为食盐重要产区,盐业生产在全国占据重要地位。渤海湾沿岸地区东起寿光,北至新海,东南、西北走向长 250 余公里的沿海滩涂,均属海盐的主产区。尤其寿光、羊角沟、无棣等地食盐产量高、质量好,在国内久负盛名。羊角沟为华北地区著名产盐区之一,七七事变前每年盐产量可达 1 亿公斤,占山东全省每年盐产总量的 90%以上,远销江苏、安徽等地。但在国民党与日伪统治时期,苛捐杂税众多,盐民负担繁重,无法维持生活,纷纷抛弃祖业,背井离乡,致使大片盐田荒芜,盐业生产日益萧条。

抗日战争期间,黄河三角洲濒海根据地为了改善人民生活,增加财政收入,打破敌人封锁,大力发展盐业生产。1942 年,广饶县抗日民主政府在三岔村和三柳树村一带新辟盐田 2000 余副,寿光、沾化、无棣等县沿海百余村也相继开建了盐田。据统计,1942 年,清河区根据地生产食盐 1500 余万公斤,其中外销 60 万公斤,获利 83 万元,对增加收入、保证供给、减轻人民负担起了重要作用。

抗战胜利以后,对食盐专买专卖的重要性认识不足,缺乏具体的管理办法,造成了食盐管理工作的无力。有的盐区食盐商贩只需缴纳盐税或专卖费,即可到盐滩随便交易;有的产区盐店不愿外运,坐等利润;有的边区盐店

---

① 此部分内容主要参考李晓黎主编:《中共渤海区地方史》,第 463～465 页。

因利润微小，亦不愿积极组织运输，以致食盐走私严重，价格难以掌控。这些情况的存在，使得食盐失去了在对外经济斗争中的骨干作用。为改变这种局面，1946 年 10 月，渤海区行政公署下发《关于颁发渤海区盐业运销管理暂行办法的训令》，号召在产盐区域建立盐店，加强运输管理，促进食盐流通。同时，渤海区还发布《渤海区盐业运销管理暂行办法》，按不同分布地区，划分盐店性质和功能，确定盐运路线，以此加强海盐外销，并严格执行专卖政策，严禁食盐走私。[①] 具体措施如下：

第一，收购原盐，打通销路。渤海区解放伊始，大量原盐滞留于盐民手中，严重制约着盐业生产的发展。仅羊角沟盐区，盐民手中即有多年积存的食盐约 3750 万公斤。为帮助盐民尽快恢复和发展生产，当地政府首先按市价购买盐民手中的存盐，解决盐民生活和生产的实际困难。仅 1946 年上半年，即收购原盐 5279 万公斤，打消了盐民秋季销盐的顾虑，使盐民得以安心生产，有力促进了盐业生产的恢复与发展。广大盐民纷纷整理自己拥有的盐滩，之前迁走的大批盐民，也重新返回投入生产。如羊角沟盐民张雪村个人存盐 37.5 万公斤，却全家无粮无饭，经政府收购后，获得盐款 28800 余元，不仅解决了生活困难，而且赎回了原来被迫典出的 11 亩土地，晒盐积极性大大提高。

政府收购盐民存盐后，如何打通食盐销路，成为整个盐业生产能否迅速恢复和发展的关键。为此，渤海区行署发布了工字第五号训令，规定了盐业运销管理暂行办法。

首先，设置专门营销机构。在不同地区分别设立了食盐店，按任务的不同可分为产盐店、内食盐店和沿边店。产盐店集中设立在产盐地区，主要负责收购、存放广大盐民所产原盐；内食盐店分布于解放区内，主要负责供应当地人民群众生活用盐；沿边店设立在解放区边缘与敌占区，负责食盐外销。

其次，组织食盐外运。先期发放修理运盐船贷款 60 万元，另由盐店借支 30 万元，修理运盐船只，组织盐船运输。在陆路，先后开辟寿光至胶济路线，无棣、新海至津浦路线，组织群众运盐，由工商局支付运费。每辆运盐车每日可得收入 300 余元；无运输工具，以人力担挑运输者，特予照顾。如此，一

---

① 参见山东省财政科学研究所、山东省档案馆合编：《山东革命根据地财政史料选编》第 5 辑，1985 年，第 322～325 页。

方面增加了群众收入,另一方面扩大了食盐销路。

第二,实行食盐专卖制度。为从根本上克服盐业生产困难,保证盐民利润,进一步发展盐业,渤海区决定实行食盐专卖制度,由盐店统一收买食盐。对内仍本着自产销售原则,保证民众买到低价食盐;对外实行统一专卖,争取高价输出,保证盐业生产快速发展。

食盐专卖制度的初步实施,取得了明显成效:一是对外打通了销路,消除了盐民的销盐顾虑。二是极大地刺激了盐民的生产积极性,产盐量迅速提高。如在国民党统治时期,渤海区的盐滩每年产盐约10937万公斤,而1946年产盐达15187万公斤。三是盐民的收入增加,生活得到改善。四是打通了销路,运盐群众的收入得到保证。如陆路运输,每辆大车除去开支,每天尚有40公斤粮食的收入。五是提高了政府的收入。由于外销盐价提高,不仅盐民与运盐群众的收入有了保证,政府也扩大了财政收入。1946年上半年,政府实施食盐专卖制度后,共销售食盐5274.5万公斤,在保证当地民众享用低价盐的同时,增加了7000万元的财政收入,减轻了人民的负担。食盐专卖制度的实施,有力地促进了黄河三角洲盐业生产的恢复与发展。

同时,抗日民主政府还拨付大量盐业贷款用于发展盐业生产。仅1946年4～9月,就发放食盐贷款507万元,使盐业生产在短期内实现了较大飞跃。以沾棣盐业为例,1945年产盐1000余万公斤,1946年即达7500万公斤以上。至1948年底,全区共有盐滩2421副,从事盐业生产者达14900余人,年产盐22046万公斤。具体情况见表3-13:

表3-13　　1948年渤海区盐产量统计表①

滩名	副数	盐民(人)	产量(万斤)	所在地
岔河滩	96	378	2000	寿光十区
北单滩	187	696	2000	寿光九区
官台滩	85	422	924.5	寿光八区
广北滩	220	877	76	广饶七、十区
河北滩	1556	1096	30000	海滨县
羊口公营滩	8	101	750	羊角沟

① 《忆渤海区工商管理局》,《东营市文史资料》第7辑,1994年,第149页。

续表

滩名	副数	盐民(人)	产量(万斤)	所在地
羊口私营滩	269	1467	7659.3	羊角沟
合计	2421	14903	44092.8(此数据与以上总计不合,疑误——笔者注)	

3. 渔业生产

渤海区东、北两面濒临渤海,有350多公里的海岸线,给其带来渔业生产之利。渔业生产收入是渤海区人民的一大收入。合作推进社将渔民组织起来(如沾化县下洼曾建有下洼渔业合作社联社等)发展生产。推进社通过渔业合作社收购渔民的渔产品——鱼、鱼干、虾皮等,供给军队后勤部门和非渔区合作社,并为渔业合作社提供渔业生产资料(如渔网等)和渔民生活用品。同时,以渔船作掩护,为来往于胶东解放区和天津敌占区的人员提供了方便,有利于来往物资的运输。

表3-14　　渤海区渔场情况统计表[①]

渔场	坐落地区	渔场面积	海产品种
大河口堡	河口东岸	长宽各30里	虾、梭鱼
沙头堡	沙河口西岸	长宽各20里	虾、梭鱼
岔尖堡	套尔河口	东西长20里,南北40里	鲁(原文如此,疑误——笔者注)鱼、梭鱼
新立堡	浦钢河东西瓦拉	东西长30里,宽50里	虾、蟹、大头鱼
洼拉沟	洼拉沟东岸	东西20里,南北40里	虾、蟹、大头鱼
杨可君	该河东岸	东西15里,南北20里	虾、蟹、大头鱼
半截河	该河东岸	东西40里,南北20里	虾、蟹、大头鱼
哑叭河	河西岸	东西40里,南北10余里	虾、蟹、大头鱼
大王庄瓦拉	河西岸	东西60里,南北40里	虾、蟹、大头鱼
烂泥	黄河口东西两岸	长100余里,宽15里	刀鱼、梭鱼
羊角沟	在烂泥以南	长130里,宽40里	面条鱼、黄花

① 参见《忆渤海区工商管理局》,《东营市文史资料》第7辑,第150页。

表3-14相关数据的统计时间为1947年5月20日。根据统计结果可以看出,渤海区渔场分布范围广,规模大,几乎遍及整个黄河三角洲沿海地区。此外,渤海区内的内陆湖泊、池塘等也有淡水捕捞业,但除马踏湖、徒骇河外,产量甚微。渤海区渔业发展缓慢。据统计,1936年,滨州地区(包括今滨州市及淄博市的桓台、高青两县)境内有渔船近1400只,年产水产品13800多吨。1937年后,由于日军侵略,渔业凋敝。1945年全境解放后,当地渔业生产开始恢复,但1949年时,境内渔船有687只,专业劳力有1020人,年产量为6000吨[①],仍然没有恢复到1936年的水平。

二、商业贸易

1. 商业活动

黄河三角洲境内商贸活动历史悠久,但是发展较为缓慢,长期以私营个体小商小贩为主。1919年,黄河三角洲有各类私营商号1276家,主要为银行、粮行、酒店、当铺、杂货铺、药铺、油坊、盐店、百货店、酱园等,输出产品以粮食、棉花、花生、鸡蛋、红枣、皮毛、食盐等土特产品为大宗,输入产品以布匹、煤油、纸张、茶叶、火柴、颜料、食糖、铁器等为大宗,主要来自天津、烟台、济南、潍县、周村等地。七七事变爆发后,各业凋零,商家大多倒闭歇业。

中国共产党领导的抗日根据地建立后,为发展经济,保障供给,打破日军封锁,抗日民主政府鼓励和扶持开展商贸活动,黄河三角洲商业逐渐活跃。尤其1945年渤海区全境解放后,在各级人民政府的扶持下,商业渐渐复苏。到1949年,境内私营商业发展到6220户、1.45万人,资金达10.87亿元(旧人民币)[②]。其中,民族资本主义商业从业人员有418人,商业资本家仅有54人,且多集中于惠民县城。资本较大的有杨子登、彭子高合办的中阜银行、砺学和砺华两家文具商店、勤工印刷局、南洋兄弟烟草公司,以及杨子登独资经营的德士古煤油公司。另外还有李丹廷开设的广德医院、鲁北药房,张五、吴文斋、李仲萼、高洁忱、孙鹤年、魏观五等人开办的太和堂中药铺、酱菜铺、义丰和杂货铺、同祥和茶叶庄、盐店等商号。[③]

---

① 参见山东省滨州地区地方史志编纂委员会编:《滨州地区志》,第355页。

② 1948年12月后,北海币停止流通,渤海区改用旧人民币。

③ 参见山东省滨州地区地方史志编纂委员会编:《滨州地区志》,第521～522页。

为促进商业发展，各级政府还积极鼓励设立各种形式的商业合作组织。1942 年 8 月，博兴县唐坊村创办万兴城纺织合作社。同年 10 月 15 日，沾化县在义和盐店的基础上成立义和庄复兴合作社。1943 年上半年，各抗日根据地相继建立了一批合作社。由于方针不明确，加之战争破坏，有 70%的合作社开业不久即停业。1944 年，博兴县纯化镇建立了万聚成合作社。同年 2 月，渤海行署合作工作队协助博兴县陈户区建立了由陈户区联村组成的聚兴纺织合作社。是年，博兴、沾化、蒲台、滨县 4 县重建合作社 75 处，发展社员 2.5 万户，社员股金 130.13 万元。1945 年底，今滨州市辖区内有各种合作社 115 处，社员 6.76 万户，股金 820.06 万元。1946～1949 年，相继建立了渤海总社和各专署、县合作推进社，配有专职干部 974 人，初步形成合作社独立的领导系统，并以经济作物区为重点，以较大的集镇为基地，形成了一区一社的建社体制。1949 年底，仅今滨州市境内就有各种合作社 1396 处，社员 47.04 万户，股金 48.70 亿元。①

2. 对外贸易

七七事变爆发后，日伪及国民党顽固派对黄河三角洲革命根据地实行经济封锁，城乡贸易阻塞。1940 年，清河区抗日根据地粉碎经济封锁，进口了各类商品，主要有机动油、军工品、医药、印刷材料、交通用具、被服染料、渔具、杂货等。1946 年，渤海区与胶东区开展转口贸易，由胶东地区进口钢材、木材、纸烟、煤油、火柴、汽油、棉纱、西药等大宗物资 35 种，总值 8392 万元。1947 年，山东财经会议作出决议，禁止外来棉织品洋线(合胶线除外)、丝麻织品、化妆品、外来机制纸烟进口，对军工器材、汽油、西药、棉花、纸张、染料等实行免税进口，对食糖、茶叶实行重税进口。1948 年，渤海区进口的大宗物资有汽油、柴油、煤油、碱矾、军需工业品、西药、交通器材等，总值 37.27 亿元。②

黄河三角洲是重要的粮棉产区。1933 年，出口粮食 2358 万公斤。1934 年，出口作物以大豆、小麦、谷子、吉豆、红小豆、花生、豆油为大宗，其中粮食出口 6124 万公斤，花生出口 303 万公斤，豆油出口 5.5 万公斤。出口的货物，南部地区主要经由济南、周村运往青岛，北部地区主要通过埕口、下洼经水运输出。1946 年，黄河三角洲通过海上运输与胶东区开展转口贸易，输出

---

① 参见山东省滨州地区地方史志编纂委员会编:《滨州地区志》，第 523 页。

② 参见山东省滨州地区地方史志编纂委员会编:《滨州地区志》，第 537～538 页。

粮食、豆饼等20多种出口物资,总值2.28亿元。①

1948年4月,渤海贸易公司成立,下设渤北、渤西、德州、清河、渤中5个贸易分公司。由于敌人的严密封锁,解放区军需和民用物资供应困难。贸易公司除保证内需外,还采购当地的土特产品,如粮食、棉花、食油、食盐、小枣、花生等运往国统区或友邻解放区,换取当地军民所需物资,如武器弹药、医药和医疗器械、电池、火柴及金属制品等。同时,封锁国统区,禁止私商将本地重要物资贩运至敌占区。1949年春天津解放后,渤海贸易公司的主要任务逐渐由支援战争转向恢复与发展生产,调运粮食进城,供应工业生产和城市居民生活需要,稳定社会秩序。②

为加强对外贸易,1948年8月,渤海区政府将原鲁渤进出口贸易公司改建为渤海区进出口贸易管理局,下设6个进出口贸易分公司。同时,成立了渤海海关,归属该局直接领导。渤海区进出口贸易管理局在通往天津、济南边沿地带的海口、河道和交通要道、路口设立分公司,开展物资交易和经济斗争。1949年2月,平津战役胜利后,山东将对天津的进出口贸易视为内地物资调剂,免征进出口税。

抗战时期,为发展地方经济,各根据地均建立了自己的地方银行,发行主要在本地区内流通的货币,如渤海区流通北海银行的北海币,而晋察冀边区则流通边币。北海币与边币币值不同,且互不流通,给两个地区的贸易往来和群众的经济活动带来诸多不便。为此,1949年春,渤海贸易公司派代表与晋察冀边区贸易公司进行协商,通过货币的投放与回笼、物资的收购与经销等经济手段,将两个地区的物价逐步拉平,便利和促进了两区的经济往来,改变了经济分割的局面。③

三、工商业合作运动

为提高战斗能力和武器供给能力,抗战时期,根据地军民开始建立以为军队服务为主的工厂和合作社,制造地雷、手榴弹,修理枪械等。1945年,渤海日报社建立铁木合作社,内设翻砂车间,设备有化铁猪嘴炉1座、台钳1

---

① 参见山东省滨州地区地方史志编纂委员会编:《滨州地区志》,第533页。

② 参见李晓黎主编:《中共渤海区地方史》,第559页。

③ 参见李晓黎主编:《中共渤海区地方史》,第559页。

台，主要任务是修理印刷机械，并制造手榴弹、维修枪械。在副业方面，也组织了大量的生产组和合作社。渤海区属于产棉区，纺纱织布是家家户户的副业生产。为促进棉纺业发展，各地组织了多个纺织合作社，如1942年建立的博兴县万兴成纺织合作社、1943年广北县组织的广兴布店纺织合作社、1944年蒲台县组织的聚兴布店纺织合作社等。其中，博兴县万兴成纺织合作社的社员遍布五六十个村庄。合作社里的妇女社员组成生产小组，专门从事纺纱织布，仅1943年一年就生产土布25万余匹，供应军需被服之用。妇女生产小组还为抗日部队织做帆布(用于制作手榴弹包、背包和裹腿等)。[①] 在合作社的组织领导下，渤海区组成了较多纺织生产小组。

合作运动也在其他领域陆续开展。据1945年统计，渤海区共组织各种形式的合作社(组)430余处，社(组)员达14万余户。如博兴县组织豆腐坊183处，轧花机229盘，皮硝组280个，柳编组40个，蒲编组62个，砖窑61处，运输车231辆，水果买卖组70个。广饶县组织轧花机418盘，运输车518辆，编席的6000多户，砖窑68处，铁木工组129个，毛笔生产户81户。这些副业生产解决了群众的生活困难，繁荣了根据地的经济，对支援战争和根据地建设起了重要作用。[②]

渤海区合作推进社于1947年2月成立后，很快在全区建立2个分社、4个专署推进社，并于各县建立了县推进社，还在周村、天津等地建立了供销站。在各级党委和政府的重视下，渤海区由上而下层层推动，层层动员，积极组织推广生产合作社，在短短一年内，各县所有的集镇合作社均得到了较快发展。在抗战时期已有的纺织、盐业、医药、油坊等合作社的基础上，根据地又普遍发展了供销、消费、运输、渔业、纸业等合作社。各级推进社均由银行提供贷款；基层各种合作社由群众集股，每股一元或两元，一人可入一股或不限，差不多每户皆有一人或几人入股。入股可以分红，群众入股的积极性较高。推进社、基层合作社有了充足的资金，加上群众因关系切身利益而积极参与经营和生产，使推进社和基层合作社很快成为全区最普遍、最重要的集体经济组织。

---

① 参见王少卿：《渤海区根据地合作社的发展和作用》，商业部商业经济研究所编：《革命根据地商业回忆录》，中国商业出版社1984年版，第233页。

② 参见《忆渤海区工商管理局》，《东营市文史资料》第7辑，第150～154页。

各级推进社和合作社的主要业务如下：

第一,组织纺织生产,支援战争。1947～1948年,渤海区推进社共收购土布4000余万平方米,解决了部队军服用布的问题。此外,还根据军区后勤部的需要,组织生产了大量其他军用纺织品。

第二,购买骡马为战争和生产服务。1948年,渤海军区后勤部根据刘邓大军渡黄河作战的需要,委托渤海区合作推进社购买骡马80多匹。根据恢复和发展农业生产的需要,1949年秋,渤海区合作推进社分4批到内蒙古采购马匹,仅第一批即购回马5000匹,有力地支援了农业生产。

第三,承担运输任务,保证战争需要。1948年春,渤海区合作推进社接受粮食部门委托,向胶东解放区运粮4批,计400万公斤。同年秋,为支援胶东解放区发展纺织业,从棉区向胶东运棉20000包,计100万公斤。

第四,改进造纸技术,突破敌人封锁。解放战争时期,国民党统治区将纸张与药品、弹药一起列入战备物资,严加封锁。为了克服困难,区党委决定组织纸业合作社,改进生产技术,满足纸张需求。青城县造纸推进社率先试制土报纸成功,至1948年下半年,惠民、阳信一带的手工造纸业也生产出了土报纸,除满足《渤海日报》用纸和渤海区新华书店出版用纸的需要外,还推销到华北等解放区。

第五,普遍建立消费合作社,为广大群众的生活和生产服务。消费合作社大部分设于集镇,在农村设有分店,主要经营农民的生活必需品,如油、盐、酱、醋、烟、酒、糖、茶、糕点、面食等,有的还经营布匹和日用百货,尽量满足群众需求。合作推进社除自身开办公营商店外,还大力扶持私营工商业发展,组织小商小贩赶集串乡,与农民群众相互调剂物资余缺。至1949年,渤海区县以下合作社已达1396处,社员发展到47万人,股金达48亿元。各级合作推进社的建立,将各自为战的分散的合作社联合起来,形成了相对强大的经济力量,活跃了解放区的经济,壮大了解放区的经济实力,有效地保证了解放战争时期各种战时物资的供给。①

① 参见李晓黎主编:《中共渤海区地方史》,第557～559页。

四、工商管理

1. 管理政策

渤海区行署机关进驻惠民不久，即召开工商界代表联合会议，宣传保护民族工商业，扶持私人经济发展的政策。由于政策的支持，渤海区工商业有了较快发展。如利津县城抗战胜利前有商家 110 处，1946 年发展到 229 处；惠民县城抗战胜利前有商家 228 处，在解放后的 10 个月内发展到 344 家。

1945 年 4 月，中共羊角沟市委和羊角沟市抗日民主政府成立。羊角沟市位于小清河入海口处，有着发展工商贸易的得天独厚的条件。但建市初期，市委、市政府对当地工商业者实行关门和没收其全部财产的偏激政策，致使工商业者纷纷外逃，生产停滞，市场萧条，市民生活受到影响。区党委发现这一情况后，及时纠正工作中的偏颇政策，向受到错误处理的工商业者致歉，并送还财产，请回开业。为尽快恢复当地的盐业、渔业生产，市政府通过提供贷款大力扶持，调动了群众的生产积极性。在纠正工商业政策上的“左”倾错误后，羊角沟市的商号很快恢复到 213 家(原有 217 家)，盐滩由原来的 180 副发展到 272 副。

在土改期间，德州市、周村市、羊角沟市均曾发生过以农村土地改革中斗争地主的方式斗争工商业主的现象，工厂机器被拆散，商店商品被分掉，造成大批工厂停工停产，商店关门停业，工商业主纷纷外逃躲避，市民的生活陷于困境。为保护民族工商业，1948 年 2 月，中共中央发出指示，强调：“应当预先防止将农村中斗争地主富农、消灭封建势力的办法错误地应用于城市，将消灭地主富农的封建剥削和保护地主富农经营的工商业严格地加以区别，将发展生产、繁荣经济、公私兼顾、劳资两利的正确方针同片面的、狭隘的、实际上破坏工商业的、损害人民革命事业的所谓拥护工人福利的救济方针严格地加以区别。”①

1948 年 3 月，周村市再获解放后，中共周村市委召开全市干部会议，贯彻区党委关于执行工商业政策的指示，发还了被斗争工商户的财产，帮助工商户恢复生产和经营。

---

① 《关于工商业政策》，中共中央文献研究室、中央档案馆编：《建党以来重要文献选编(1921～1949)》第 25 册，中央文献出版社 2011 年版，第 185 页。

2. 市场贸易管理

民国期间,黄河三角洲地区的工商管理基本承袭清制,由牙商控制市场交易。牙商之下辖有集头、会首,分行业管理交易,并抽捐征税。但由于军阀混战,土豪劣绅欺行霸市,市场管理混乱,牙商逐渐失去作用。

抗日战争时期,黄河三角洲抗日根据地为打破日伪和国民党顽固派的经济封锁,在对敌斗争中发展根据地经济,保障战时供给,加强贸易管理。1943年10月,根据中共山东分局关于"在行政机构中设立工商管理局,把工业、商业、贸易、税务征收统一划归工商局管理,实行统一集中领导"的指示精神,清河区行署及各专署迅速设立了工商管理局。1944年3月1日,渤海区行政主任公署宣告正式成立。同时,在原清河行署工商管理总局的基础上,与冀鲁边区部分工商机构合并,成立渤海区工商行政管理总局,总局机关驻惠民。渤海区工商行政管理总局为渤海根据地统一的工商经济管理机构,是渤海区党委的经济工作部门,是抗日军民开展对敌经济斗争的总机关,主要负责根据地的货币、税收、贸易、专卖、盐务以及军需民用物资的经营与管理等。各专署设分局,分局以下设县局,县局以下设工商事务所,所下设检查站。

1946年,为恢复和发展黄河三角洲经济,切实保障人民群众的生产生活,根据上级党委、政府的指示,渤海区采取措施,鼓励自由交易,减轻群众负担,废除交易中间人的额外盘剥。此举对稳定集市秩序、迅速恢复商人营业、繁荣市场起到了重要的推动作用。各县、市集镇为加强集市管理,纷纷成立了集市交易所。1949年,渤海区又对市场进行整顿,对集市进行调整,主要是按行业性质和大小,实行分片管理,重点发展大集市,逐步牵动小集市与大集市合并,使集市贸易得到了进一步的发展。据统计,当时北镇集的粮食日成交额达6万公斤,棉絮达2万公斤,布匹达1.5万米,豆饼达18.75万公斤,豆油达4000公斤。[①]

渤海区工商管理局作为税收机构,主要征收交易税、营业税、印花税、卷烟税、屠宰税、迷信品产销税等。1949年,渤海区共征税收327513万元。[②] 渤海区工商管理局和渤海贸易公司、渤海区行署实业处、渤海区合作推进社等为支援战争,改善人民生活,恢复和发展农业、工商业和财经业,做出了重要贡献。

---

① 参见山东省滨州地区地方史志编纂委员会编:《滨州地区志》,第565页。

② 参见常连霆主编:《中共山东编年史》第6卷,山东人民出版社2015年版,第553页。

第八节　根据地的财政与金融

全面抗日战争爆发后，日本为垄断中国经济命脉，掠夺中国财富，于1938年3月成立了伪中国联合准备银行，发行伪联券。在山东境内，日军还大量发行毫无准备金的军用票，禁用国民政府发行的法币，并利用法币套汇以购买战略物资。同时，为了达到破坏法币信用的目的，日军大量伪造法币，造成法币贬值。当时，在山东一带，日、伪、顽发行的各种货币多如牛毛，币制混乱造成严重的通货膨胀，百姓民不聊生。根据地各级党委、政府加强货币、财政、金融管理，取得了显著成效，也为中华人民共和国成立后的经济管理积累了丰富的经验。

一、北海银行渤海分行

1. 成立与发展

山东抗日根据地原来流通“四边币”。这种货币主要在黄河以南的益都(今青州)、临淄、广饶、寿光、邹平、长山、桓台一带流通。面对日军入侵，山东抗日民主政府为保障抗日根据地经济建设顺利进行，制定了“保护法币，打击伪钞和土杂钞，建立北海银行，发行北海币”的政策。1939年10月，北海银行在掖县(今莱州)成立，并开始发行北海币。1940年6月1日，清河区在清水泊抗日根据地成立北海银行清河分行，由王泽民任行长。1941年春，清河分行先后在黄河以南的广南、广北、博兴、蒲台、邹平等县设立了办事处。清河分行印制发行了盖有“清河”地名印记的北海币壹角券、贰角券和伍角券。1941年，清河分行开始印发北海币壹圆券；此后，又发行了由鲁中总行提供票版印制的北海币伍角券、伍圆券和胶东分行代为印制的壹圆券、拾圆券。至1941年4月，共印制票额1000万左右，在清河区市场上流通。

1941年6月，为开展对敌经济斗争，根据上级指示，北海银行冀鲁边区分行在乐陵县大桑树村成立。张耀曾任行长，工作人员有李聘周、张振鲁、刘涛、艾国治等。设材料、鉴定、总务、印刷、会计、通讯、运输等股。下属主要单位为印钞厂，任务是发行北海币，打击伪钞。冀鲁边分行主要印制角票辅币,如壹角、贰角、伍角等。

1942年8月,日伪掀起了对冀鲁边区军民的大"扫荡"。为坚持边区抗战,打破敌人的经济封锁,区党委决定将北海银行冀鲁边区分行转移至盐山县献庄、马厂(现属河北海兴)一带,继续发行货币。1943年4月,边区战时行政委员会又发出《关于整顿金融、发行北海钞票、建立本位币、推挤法币、打击伪钞、肃清土什钞、稳定物价、安定民生的指示》,整顿了金融市场,发展了生产贸易,充实了物资,稳定了物价,保证了军需民用,巩固了经济阵地。[①] 1944年1月,清河分行与冀鲁边分行合并为山东北海银行渤海分行。

图3-3 1944年,北海银行清河分行发行的面值十元的北海币

2. 货币贷款

北海银行渤海分行成立后,积极发放贷款,促进经济发展。1946年上半年,北海银行渤海分行在渤海区建立四处支行,并先后在索镇、惠民、利津、下洼、乐陵、羊角沟、柴胡店等地设立了办事处。至1946年底,北海银行渤海分行共计发放各种贷款1亿余元,其中农业贷款45655683元,商业贷款2773121元,工业贷款2755607元,小本贷款6570300元,渔业贷款1276021元,盐业贷款5073898元,合作贷款1700000元,公益事业贷款15050000元,机关部队生产贷款21976725元。[②] 存款、汇兑等业务亦有较大发展。汇兑、通汇范围也由渤海区逐步扩大到鲁中、鲁南、滨海、胶东等地。

为使银行工作适应形势,北海银行渤海分行针对地区经济特点,增设银行机构,开展城市银行业务,配合城市群众运动,普遍发放小本贷款。这些举措改善了城市群众的生活,打下了城市工作的基础。至1946年底,渤海区

① 参见李晓黎主编:《中共渤海区地方史》,第103页。

② 参见李晓黎主编:《中共渤海区地方史》,第466页。

已开展银行业务的36个县共发放农贷25570680元[①]，解决了农民生产中的困难。

解放战争初期，受当时各方面环境和条件的影响，渤海区的各项经济工作受到较大限制，但其为渤海区各级人民政府积累了领导经济工作的经验，为此后渤海区经济更大规模的发展和在国民党重点进攻山东时把渤海区建成整个华东地区的大后方基地打下了坚实的基础。[②] 北海银行渤海分行在渤海解放区内各种业务的开展，对解放区经济的繁荣与金融市场的活跃起了较大推动作用。

二、对敌货币斗争

20世纪40年代，清河区、冀鲁边区各种势力交错，币制复杂。日伪政权实行“排挤法币”的货币政策，掠夺真法币，将伪造的法币投入市场，破坏了法币的信誉，造成了严重的物价上涨，引发了严重的金融危机。为此，清河区、冀鲁边区不断调整货币政策，与日伪争夺本位币。本次货币斗争时间跨度较长，大致可划分为前期(1940～1941)、后期(1942～1945)两个阶段。

货币斗争初期，在上级“保护法币，禁用伪币，发行地方货币，取缔土杂钞”货币政策的指导下，清河区主要采取了以下措施：一是利用行政手段，“集中银行力量及吸收根据地之私人资本，统制棉粮盐三项产品与敌斗争”[③]；二是利用货币政策，规范兑换工作，逐渐确立北海币的本位币地位，设法恢复清河南北币流通；三是结合政治、军事斗争，巩固、提高北海币的本位币地位。清河区党委、行署认真执行山东省战时工作推行委员会“保护法币，抵制伪钞，调节金融，刺激生产”的货币政策，使北海币和四边币的流通范围不断扩大，信誉越来越高，得到了民众的广泛认可。至1941年底，货币斗争取得了初步胜利。

1942年以前，北海币发行量较少，在山东抗日根据地内尚不能充分发挥本位币作用，因此，在货币斗争第一阶段，中国共产党采取“依靠法币，保护

---

① 参见李晓黎主编：《中共渤海区地方史》，第466页。

② 参见李晓黎主编：《中共渤海区地方史》，第465～466页。

③ 景晓村：《给清河区党委各位同志的信(一九四三年六月十九日)》，中共山东省委党史研究室、山东省中共党史学会编：《山东党史资料文库》第10卷，山东人民出版社2015年版，第406页。

法币”的政策。太平洋战争爆发后,国民政府在上海、天津等租界外商银行的70余亿元法币存款尽落于日军之手。日本对英、美宣战后,为将这些法币的价值最大化,在其占领区内全面禁用法币,并恶意向抗日根据地集中投放法币,套取现资。因此,自1942年起,货币斗争的中心由“打击伪钞,取缔土钞”转向“排斥法币”,根据地先后采取了法币贬值、停用以及宣布北海币为唯一本位币等货币政策。

1943年4月10日,冀鲁边区战时行政委员会发出有关整顿金融、发行北海币、推挤法币的指示。指出:“根据抗战需要及维护群众利益的原则,决定发行北海钞票,推挤法币,阻止内流,打击与控制伪钞,肃清土什钞,以澄清金融市场,稳定物价,发展生产贸易事业,巩固经济阵地,积蓄力量,准备反攻。决定:1.自本年五月起,在全区发行北海币钞,并确定其为冀鲁边区单一地方本位币;2.边区建立北海银行冀鲁边分行,各专署成立支行,各县设办事处;3.建立贸易管理局,加强贸易汇兑的管理工作;4.揭发敌人造谣宣传,严防敌人破坏。”①

1944年1月,北海银行渤海分行成立后,其发行的货币在渤海根据地广为流通,有力地抵制了日伪的准备币和国民党顽固派发行的土钞。尽管日伪和国民党顽固派多次对清河区的金融机构进行破坏,但北海币和四边币信誉日高,流通范围扩大到游击区乃至敌占区城市。北海币确立了其在根据地内的主要流通货币地位,法币、伪钞流通量日渐萎缩,有效避免了由法币、伪钞导致的物价波动,保障了根据地军民的生产、建设和生活。北海币在民用、军用物资贸易等方面发挥了重要作用,并于1944年底占领了市场,挤垮了法币、伪币等,完全确立了本位币地位,保证了货币、物价的基本稳定。从1944年1月到1945年1月,北海币发行量由2亿元增至6亿元。到抗战胜利前夕,约有7亿元北海币在市场流通,根据地军民彻底打赢了货币斗争。货币斗争的胜利保证了战争所需物资的供给,为抗日战争的全面胜利提供了有力保障。

---

① 中共惠民地委党史资料征集研究委员会、中共沧州地委党史资料征集编审委员会、中共德州地委党史资料征集研究委员会:《中共冀鲁边区清河区渤海区党史大事记(1937年7月～1950年5月)》,中共党史资料出版社1989年版,第91页。

三、税收与财政

1. 税收

(1)税收机构的演变

1938～1942年,黄河三角洲各县均设有税捐征收处,归口财政。1946年9月27日,国民政府行政院颁发规定,将各县税捐征收机构改称"税捐稽征处"。稽征处全权负责国税、省税和县地方税捐的征管工作,按税收多寡及事务繁简分为五等,处下设课,办理各项税捐的稽征及总务事宜。处设处长1人,由省财政厅厅长委任,受省财政厅领导,并由县长指挥监督。各稽征处因等级不同,人员多少亦不同。此外,又视事务的繁简和县境辖区的大小,设若干稽征分处。所征税项主要有盐税、印花税、烟酒税等。日伪也在各县设立税收机关,向民众征收捐税。①

1938～1941年为根据地税收机构的初创阶段。全面抗战初期,税收在根据地财政收入中所占比例较小,部队给养主要靠田赋和捐款等。1940年后,随着各级抗日民主政府的建立,各级财税机构亦逐步健全。1940年6月,清河行署建立了清河区税务局。至1940年冬,各县抗日民主政府根据当年11月7日省临时参议会通过公布的《山东省战时乡村各级政府组织条例》和12月14日省战工会颁发的《县税务征收处组织大纲》的规定,开始建立税务征收处或税务局,掌理税收征收、稽查等事项。为便于征收和查漏,各县在重要集镇设稽征所或税务卡。

1941～1943年是清河区根据地最困难、最艰苦的时期。为加强垦区建设,增加财政税收,1942年2月,中共清河区党委和主任公署在沾化县郭家局子设立海上工作委员会和海防办事处,同时,成立滨海税务总局。滨海税务总局接受清河区行政主任公署财政处和海上工委、海防办事处的双重领导,下设套儿河、弯弯沟、神仙沟3个稽征所,并在套儿河至八大组沿海一线设置贸易河口和税卡,对清河区进出口物资进行征税和统一管理。当年10月,滨海税务总局整编扩大,财政科与税务所合并为财税科,下设4个税务分局,分局以下设稽征所,所下设稽征站。另在根据地边缘地区设立税收武工

① 参见徐来成编著:《惠民地区税务志(1840～1990)》,第28～30页。

队，除防范敌伪破坏外，还要同武装走私商作斗争。1942年12月，滨海税务总局改称“滨海税务贸易分局”，受清河区税务贸易管理局和海上工委、海防办事处的双重领导，统一领导清河区的税款征收、国营工商管理、市场整顿以及货币管理等经济工作。初始，由于战争环境恶劣，机构规模不大。至1943年下半年，清河区税务贸易管理局下设6个分局、9个支局、5个归分局领导的公营商店。1943年10月，滨海税务贸易分局组织机构撤销。1943年11月，在原清河区税务贸易管理局的基础上，调整成立了清河行署工商管理总局。滨海税务（税贸、工商）局为清河区根据地的建设做出了突出贡献。

(2)赋税征收与管理

七七事变爆发后，渤海区各县党组织奋起组织各阶层抗日，积极开辟抗日根据地。初期，抗日武装以“有人出人，有钱出钱，有粮出粮，有力出力，有枪出枪”为口号，打到哪里吃到哪里。随着抗日武装力量的不断壮大，部队走到哪里吃到哪里的办法容易造成地方负担不均，因此，抗日部队开始建立募集队，分散至各地进行募捐，并动员民众自觉、自愿应募救国公粮与爱国捐。同时，根据《山东省战时施政纲领》的精神，开始整顿税收，废除苛杂。至1940年9月，当地抗日民主政府废除的苛捐杂税计有30余种。

1941年9月，山东省战时工作推行委员会先后颁布《货物税征收实行细则》《整理及征收田赋暂行办法》《征收田房契税暂行办法》《山东省税收暂行条例》等一系列税收法规，这标志着山东抗日根据地工商税收制度正式建立，税收工作开始走向正规。根据《山东省税收暂行条例》关于划分国家税、地方税的规定，本区征收的国家税有田赋、货物税、盐税，地方税有牲口屠宰税、田房契税。在田赋征收方面，进行田赋整理，取消了旧的租税制度，采用直接征收制；废除了苛杂和过去地保、粮头等的中间剥削，实行按田亩累进的合理负担政策。在货物税征收方面，将出入根据地的货物按必需品、非必需品、通用品、奢侈品进行分类，规定必需品禁止出境，入境免税；非必需品鼓励出境，入境多税；通用品根据需要程度规定不同的税率；奢侈品禁止入境，出境免税；凡出入口货物只征一道税，不准重征。在盐税征收方面，由于本区主要盐场均被日伪控制，敌我双方对盐和盐税的争夺非常激烈。全面抗战初期，由于环境恶劣，盐民被迫停产。1940年，根据地开始组织当地群众发展盐业生产，对敌占区实行食盐禁运。1945年5月，渤海行署规定食盐就场征收每担3元（北海币）的出场税。牲口屠宰税具有交易、屠宰两种性质，作为交易税，征收范围为牛、马、驴、骡，按价向买主征收3%；作为屠宰税，征收范围为猪、牛（耕牛禁杀）、羊，每头按价征收3%。在田房契税征收方面，规定民间买典田房，按章领契投税，税额为买价的5%，典契不税。除正税外，还征收救国公粮，它是向农业经营者征收的一种农业收益税，带有一定的义务性质。

1943年底，日伪的五次“治安强化运动”和“新国民运动”遭到沉重打击后，黄河三角洲抗日根据地得到了深入发展。1944年渤海区工商管理总局成立后，工商税收业务归属工商管理局统一领导，田赋、公粮征收则由民主政府财粮部门负责。抗日根据地税收工作进入了新的发展阶段。

抗战胜利后，根据地军民在粉碎国民党对解放区的进攻的同时，迅速医治战争创伤。1946年4月，中共山东省政府颁布了《山东省进出口货物征税暂行章则》《山东省产销税征收暂行办法》《山东省屠宰税征收暂行章则》《山东省牲口交易税征收暂行章则》等法规，省工商局也颁布了关于统一执行省政府新税率的通令。渤海区除根据本区实际，对个别税种的税率稍作调整外，均按省税则精神征收各税。规定对军需民用的货物免税或低税进口、限制出口，并根据货物的用途和解放区的需要程度规定税率的高低。产销税，凡在解放区内从事消耗品、迷信品、特产品三类产销货物的，不论经营性质如何，均需向所在地工商机关纳税。牲口屠宰税，1946年10月由工商局交由各县财政科征收。盐税，由于根据地盐业生产有了很大发展，为争取高价输出，实行专卖制度。营业税于1947年10月开征，凡商号摊贩，不论公营、私营均领照交税。田房契税，规定在土地改革基础上，遵循家家税契，保证地权的原则，按土地陈报后的中中亩（亩产75公斤）征收。买契每亩征税60元；房基按其所处之连边地级折算征收；新开垦之荒山河滩契税按买契税减半征收。另外，还加强了对粮棉、酒等物资的专卖管理。

1948年3月，渤海区全境解放，税收执行中央“暂时沿用旧税法，部分废除，在执行中逐步改造和整理”的政策。11月，中共山东省政府全面调整全省工商税收机构，同时，确立了新的税收体制，税收工作从工商管理部门分离出来。专署财政科设地方税股，县设征收处、征收所、征收组，负责税收征收工作。

（3）税种

渤海区开征的税种主要有：

手工制卷烟统税。1949年2月开征,每支征税1角2分5厘。9月1日改税率为从价征收80%。

营业税。为恢复被匪特压榨的工商业,1948年全年免征,1949年确定在重点城镇试征。主要征收对象为坐商。

屠宰税,1949年1月开征,暂定征收对象为猪、羊两种。

迷信品产销税。征收范围为烧纸、黄裱、神香、金银箔、鞭炮、神蜡、神画、冥钞、纸扎。鞭炮、神蜡税率为30%,其他商品税率为60%。

食盐产销税。由税务机关征收。1948年10月开征,每担征北海币8000元,1949年11月改征人民券16500元。

水产品产销税。在沿海各县征收,税率为5%。

娱乐捐。1949年在清河专署的少数县开征,对象为县城娱乐场所,按门票收入的15%～25%征收。

渤海区抗日根据地和解放区的税收制度,建立在有利于对敌经济斗争、有利于根据地经济发展、有利于战争和群众需要的基础之上,在战争环境之下,坚持"政简民便"的原则,税目不繁,手续简单,并紧密配合贸易统治政策,保证了当地的财政需要,为中华人民共和国税收制度的创建做出了卓越贡献。①

2. 财政

(1)收支管理

全面抗战初期,黄河三角洲各抗日根据地民主政权实行自收自用的财政体制。财政收入的支出主要用于维持最低供给,以果腹为原则。

1938年后,黄河三角洲各县抗日民主政府为解决抗战供给,按区、乡向地主及开明士绅募捐。后来,又以征收田赋、拦截敌伪物资、没收汉奸逆产、包集征税款等,筹集抗战经费。1940年,开始征收爱国公粮,募捐减少。财政支出有军事支出、行政费用和群众团体经费等。其中,军事支出占总支出的70%以上。1942年,抗日民主政府贯彻"发展经济,保障供给"的财经工作总方针,一面组织人民发展工农业生产,一面组织军队生产自给,以减轻人民负担。1943年,成立各级工商局,征收工商税收,并建立征收田赋、公粮制度,废除摊派。

① 参见徐来成编著:《惠民地区税务志(1840～1990)》,第116～118页。

1945年渤海区解放后，人民民主政府统一财政管理，取消募捐、摊派，贯彻“发展经济，保障供给”的财经方针，以田赋、税收、公营收入为主，建立了稳定的财源(见表3-15)。

按照中共山东省政府的规定，渤海区实行省、地(根据地)两级财政管理体制。公粮和田赋正税、盐税、出入口货物税、罚款、没收敌产收入均上交省级财政，田赋附加、牲畜屠宰税、集市交易税等收入归地方各级政府和群众团体支用。地、县财政总收入的70%归军队支用，30%归党政机关支用；不足部分，通过开荒种地，组织副业生产自给，以减轻人民负担。田赋附加的5%左右属村财政经费。专区、县、区、村均建立了财政管理委员会，做到了“取之于民，用之于民，取之有度，用之得当”。

表3-15　　1947年渤海区财政收入统计表①

科目	款额(元)	科目	款额(元)	科目	款额(元)
税项收入	7260905069.86	田赋收入	6213666371	财力动员收入	873300096
专卖收入	3966144037.08	行政司法收入	717087228.75	协助收入	356366547
粮食变价	10284353486	公营营业收入	12367389048.35	其他收入	8125717768
公草代金	113539994	交通收入	5960896	上年度收入	764255908
合计	43735540458.84				

(2)预、决算

民国初期，北洋政府曾力图编制国家预算，但因当时处于军阀割据状态，未能实行。1928年，国民党政府正式划分财政收支系统，从中央到地方成立各级预算委员会，主管编制预算，但其预算不具法律效力，任意追加，赤字愈来愈大。

抗日战争时期，抗日根据地逐步严格和完善预、决算管理。1941年，根据山东省战时工作推行委员会的意见，黄河三角洲抗日根据地开始统一财政收支和预、决算制度，但因处于战争环境，预、决算制度不够完善。1944年，渤海行署要求各县每三个月编制一次预、决算，预算收支按代省管理和地方财政分别编制；村财政预算由区代编，经县审核后报专署核准。为严格

① 山东省财政科学研究所、山东省档案馆合编：《山东革命根据地财政史料选编》第5辑，第444页。

预算的编制和执行,各县预算须先经行署审计处审计后,方能执行。[①]

1943年7月,冀鲁边区战时行政委员会制定了《关于统一村财政及减轻人民负担的决定》,采取设立财经委员会与粮秣委员会,清理村财政收支,执行概算、决算制度,严禁向群众私自摊派负担等措施,整理了村级财政,纠正了村级财政混乱现象,减轻了人民负担,成为根据地预、决算管理的有益尝试。[②]

---

① 参见山东省滨州地区地方史志编纂委员会编:《滨州地区志》,第491～493页。

② 参见李晓黎主编:《中共渤海区地方史》,第102页。

第四章　中华人民共和国成立至1978年的黄河三角洲经济

中华人民共和国成立至1978年，黄河三角洲的生态环境较之此前有了较大变化。其中人的因素变化最大，不仅人口较之此前有了很大增长，而且人们对生态环境的影响力也在不断提高，如人们通过主动改造，使大量盐碱荒地变为良田，生存环境因之有了很大改善。另外，自然的因素也发生了变化：一方面，自然环境有向好发展的趋向，如黄河带来了大量淤泥，增加了本区域的土地面积，为农业生产的进一步发展提供了有利条件；另一方面，自然环境的不利因素依然强大，如自然灾害频发，对本区域的经济发展产生不利影响。总体上来看，这一时期黄河三角洲的经济呈现出先快、后慢、再快的波浪式发展趋势，但各个行业部门的发展情况也并非完全相同。

第一节　移民迁入与人口增长

这一时期，黄河三角洲地区的人口较之此前有了很大变化，主要表现在移民的大量迁入以及人口的增长上。其中，移民迁入的时间长、次数多，且以开发性移民为主体。大量移民的出现，为本区域的人口增长做出了积极贡献。该时期，黄河三角洲地区的人口总体上呈现出增长趋势，但增长的持续性不够。

一、移民迁入

黄河三角洲的人口在中华人民共和国成立后呈现出显著变化,表现之一便是移民的大量涌入。中华人民共和国成立后,为开发建设黄河三角洲,山东省政府曾有组织、有计划地向黄河三角洲东北部地区移民,其中大规模的移民有7次,具体如下:

第一次是在1949年。是年,黄河在鲁西南决口,水灾十分严重。山东省政府决定,将东平、巨野、阳谷、寿张、梁山、嘉祥等县灾民分别迁至黄河三角洲的垦利、利津、沾化等县落户,灾民们持本地乡级以上政府签发的灾民证迁移。其中,垦利县政府凭移民证件,每人分给土地3亩,将灾民3000余人分别安置在今新安镇的友林、新林、富林、丰林、义林等新设移民村。[①] 利津县安置灾民400户,共1500人。[②] 沾化县在县域东部安置灾民2887户,共6409人。[③]

第二次是在1950年春。是时,山东省政府决定,将长清、平阴、东平3县沿黄484个受灾村庄的5200名灾民迁往黄河三角洲的垦利县。垦利县政府将这批灾民主要安置在当时罗镇、临河两区的部分村庄,未设移民新村。但出于种种原因,至当年5月底,实到灾民1597人,其余未迁。[④]

第三次是在1950年9月至1951年春。为及时为黄河分洪、泄洪,减轻黄河水灾,山东省政府将东平湖划为蓄洪区,同时将湖区内的东平、梁山、长清、平阴等县居民近2万人迁往黄河三角洲的垦利、利津、沾化等县。为使搬迁工作顺利进行,移民的迁出由县、区、乡干部带队,沿途设供水站、医疗站等。迁入各县人民政府成立安垦委员会和办公室,专事移民安置工作。具体安置情况为:垦利县接待上述移民11597人,其中5000余人安置在三区(今利津县罗镇乡),5000人安置在四区新建的桥北、新立两个乡(现均属利津县)[⑤];利津县接待安置上述鲁西各县外加青岛、济南两市的移民共6000

① 参见山东省垦利县地方史志编纂委员会编:《垦利县志》,第177～178页。
② 参见山东省利津县地方史志编纂委员会编:《利津县志》,第128页。
③ 参见山东省沾化县地方史志编纂委员会编:《沾化县志》,第221页。
④ 参见山东省垦利县地方史志编纂委员会编:《垦利县志》,第178页。
⑤ 参见山东省垦利县地方史志编纂委员会编:《垦利县志》,第178页。

多人(后大部分返回,只有东平县的1400人定居至今)①;沾化县1950年共安置外来移民332户、1204人,均安置在县域东部开荒种地②。

第四次是在1958年。因东平湖扩展蓄洪区,山东省政府决定从梁山县搬迁移民5200人至黄河三角洲的垦利县。与以往不同,此次移民属整村搬迁,垦利县将移民集中安置,建立了利林、东增林、西增林、新育林等7个新移民村。③

第五次是在1961～1962年。此次迁移属黄河三角洲区域内移民。鉴于当时广饶县北部乡镇(包括现东营区的史口、北辛店和垦利区的郝家等)人多地少,加之打渔张引黄灌区土地盐渍化严重,居民难以维持生计,经山东省政府批准,垦利、广饶两县协商,计划由上述乡镇迁移1万人至垦利东北部,度荒自救,开发孤岛地区。实际迁移灾民2024户、9190人,安置土地1万亩。迁移来的灾民连同孤岛地区原有垦户2000余人,组建成立新安公社。④

第六次是在20世纪五六十年代。伴随着轰轰烈烈的石油会战和胜利油田开发建设,黑龙江、青海、甘肃、新疆、四川、北京、上海等地的油田、机关、石油院校和科研单位的大批工人、学生、知识分子及其家属集团性地迁往黄河三角洲东部近海地区。截至1964年底,“石油移民”达十几万人。⑤

第七次是在1968年。是年,山东省革命委员会、省军区计划再从东平湖区迁移8000人至垦利县。移民工作从5月开始,到9月底结束,实际迁移1316户、6948人。移民被分别安置在永安、下镇、建林、西张、新安、民丰和西宋7个公社的53个生产大队、244个生产队定居。由于受当时“左”倾思想的影响,移民工作不够细致,本次移民回迁者较多。到1969年6月,自愿返回原籍的有974户、5455人。⑥

黄河三角洲区域直到现代都是典型的移民区域。该区域移民较多,一方面是由于自然灾害的影响,另一方面是出于开发和建设的需要。移民的大量涌入,成为该区域人口增长的重要因素。

① 参见山东省利津县地方史志编纂委员会编:《利津县志》,第128页。
② 参见山东省沾化县地方史志编纂委员会编:《沾化县志》,第221页。
③ 参见山东省垦利县地方史志编纂委员会编:《垦利县志》,第178页。
④ 参见山东省垦利县地方史志编纂委员会编:《垦利县志》,第178页。
⑤ 参见李靖莉、赵若凡:《黄河三角洲移民文化的特征》,《文史知识》2009年第4期。
⑥ 参见山东省垦利县地方史志编纂委员会编:《垦利县志》,第178～179页。

二、人口的增长

中华人民共和国成立后,黄河三角洲地区的人口通过移民、自然增长等方式,实现了数量的增加。下文通过表4-1,对1949～1978年黄河三角洲地区的人口变动情况加以说明。

表4-1　　惠民地区人口变动表(1949～1978年)①

年度	户数(万户)	总人口(万人)	总人口中农业人口(万人)	总人口中非农业人口(万人)	每平方千米人数
1949	49.89	236.84	234.04	2.80	226.92
1950	50.42	239.88	236.74	3.14	229.83
1951	57.89	243.34	239.83	3.51	232.38
1952	58.75	245.94	241.78	4.16	235.64
1953	59.63	248.67	244.48	4.19	237.48
1954	51.72	255.77	248.35	7.42	244.26
1955	61.70	260.42	253.54	6.88	249.51
1956	63.23	264.07	256.20	7.87	253.01
1957	64.61	268.43	260.66	7.77	257.19
1958	65.29	266.08	256.61	9.47	254.94
1959	67.02	263.60	250.19	13.41	252.56
1960	67.36	250.88	243.48	7.40	240.37
1961	67.39	247.30	242.13	5.17	236.94
1962	66.49	250.60	244.11	6.49	240.10
1963	65.40	254.91	247.47	7.44	244.23
1964	64.68	260.97	253.10	7.87	250.04
1965	65.23	265.26	256.94	8.32	254.17
1966	65.78	273.64	265.71	7.93	262.18

① 山东省滨州地区地方史志编纂委员会编:《滨州地区志》,第118～119页。

续表

年度	户数（万户）	总人口（万人）	总人口中农业人口（万人）	总人口中非农业人口（万人）	每平方千米人数
1967	66.17	280.08	271.28	8.80	268.35
1968	67.24	286.26	278.55	7.71	274.27
1969	68.37	294.23	286.75	7.48	281.91
1970	69.46	304.46	295.04	9.42	291.75
1971	69.67	309.61	299.81	9.80	296.64
1972	71.35	316.73	305.44	11.29	303.46
1973	72.25	322.74	311.03	11.71	309.22
1974	73.37	327.95	316.00	11.95	314.21
1975	74.70	332.98	320.41	12.57	319.03
1976	75.62	339.72	325.84	13.88	325.49
1977	77.14	341.64	326.69	14.95	326.86
1978	78.76	343.79	328.12	15.67	329.86

1950年，山东省政府撤销原渤海区，建立了惠民区行政督察专员公署，此即惠民地区的前身。惠民地区的辖区，最初包括惠民、阳信、无棣、沾化、利津、垦利、滨县、蒲台、广饶、博兴、高青、齐东12县。1953年，原属淄博的邹平、长山、桓台3县划归惠民地区管理。后来几经变动，至1961年时，惠民地区辖有惠民、阳信、无棣、沾化、利津、垦利、滨县、广饶、博兴、桓台、高青、邹平12县。此后至1978年，惠民地区所辖区域未有变更。[①] 以上诸县构成了当今黄河三角洲地区经济地理范围的主体。[②] 因此，包括上述诸县的表4-1反映出的当是黄河三角洲地区自中华人民共和国成立至1978年人口变动的总体状况。

通过表4-1可见，黄河三角洲的人口数量总体上呈增长趋势，但在不同阶段也有一些细微的不同。正如《滨州地区志》分析的那样：

① 参见山东省滨州地区地方史志编纂委员会编：《滨州地区志》，第182～183页。

② 参见李靖莉：《黄河三角洲古代工商业考略》，《烟台师范学院学报（哲学社会科学版）》2003年第2期。

> 1949～1957年,全区纯增人口31.59万人,平均每年增长3.95万人,是新中国建立后人口数量第一个快速增长时期。1959年,国民经济进入暂时困难时期,人口数量逐年减少。1961年,全区人口减至247.30万人,三年间减少了18.78万人,平均每年减少6.26万人,人口数量处于负增长状态。1962年起,国民经济逐步好转,人民生活逐步提高,人口数量开始回升。是年,全区人口增至250.6万人,1972年达到316.73万人。1962～1972年,全区纯增人口66.13万人,平均每年增长6.61万人,为新中国建立后境内人口快速增长的第二个时期。1973年后,由于计划生育工作的深入开展和人们生育观念的转变,人口过快增长逐渐得到有效控制。①

人口增长呈现出"快—慢—快"的发展趋势。

通过表4-1还可以看出,该区域的人口属性以农业人口为主体,但农业人口与非农业人口的增长速度不同。农业人口在1949年为234.04万人,到1978年增至328.12万人,增长了40.2%;而非农业人口在1949年为2.80万人,到1978年增至15.67万人,增长了459.6%。从中亦可看出,黄河三角洲以农业为主体的经济结构正在悄然发生着变化。

第二节　农业

自中华人民共和国成立至1978年,黄河三角洲地区的农业得到一定程度的开发,主要体现在农业组织的变化,粮食作物、经济作物的种植及产量的增长,农业耕作制度和栽培技术的进步,大量荒地的开垦以及农业生产工具的革新和机械化等方面。然而,这一时期,黄河三角洲地区的农业开发持续性不够,且地区间的发展既不平衡,也不同步,开发进程呈现出先快、后慢、再快的发展趋势。

一、农业合作社与人民公社的出现及其变化

农业合作社的理论,"最早发源于19世纪的欧洲空想社会主义,他们在

---

① 山东省滨州地区地方史志编纂委员会编:《滨州地区志》,第118页。

不触及资本主义的阶级本质和社会制度情况下，通过组织合作社解决农业发展与农民的问题。在英国创办的先锋合作社，是合作社理论的一次最早的实践”。中华人民共和国成立后，我国在“全国范围内实行的土改实现了‘耕者有其田’，极大地调动了农民的积极性，解放了生产力。当时的农业是‘私有私营’，之后便把农民组织起来，走上了互助合作的道路。从临时性、季节性互助组到固定性、常年性互助组，进一步发展到以土地入股为特征的初级农业生产合作社以及相应的供销合作社与信用合作社，有力促进了生产力的发展……时隔不久，在初级农业合作社尚未巩固的情况下，急速把初级合作社改变为以土地、牲畜、大型农具无偿转为集体所有的高级农业合作社”。[①] 在这一大背景下，黄河三角洲区域的农业合作社得到了迅速发展。如1949年，垦利县各级合作社（包括区社、中心社、村社、职工消费社等）发展到455处，吸纳社员136047人。[②] 到1951年，黄河三角洲地区的互助组织已具有相当规模，加入互助组织的农户占总户数的70％以上，常年劳动互助组发展到3100个。[③] 1952年6月，互助组发展到58000个，初级农业生产合作社发展到84处；到12月底，农业生产合作社增至139处，而互助组减至56694个。[④] 1953年春，农业生产合作社发展到了203处。[⑤] 1955年6月底，合作社有了较大发展，共有6554处，吸纳农民158807户，入社农户占全区农户的18％。[⑥] 随着农业合作社的发展，中共惠民地委对农业合作社进行了适度调整，即在全体农民基本实现合作化之后，合并小规模的合作社，为建立高级社作准备。此后，农业初级社、高级社共同发展。至1956年，黄河

---

① 郭书田：《农业合作社的历史、现状与未来》，《农村工作通讯》2012年第14期。

② 参见山东省惠民地区农业合作化史编写委员会编：《山东惠民地区农业合作化史料集》，1990年，第8页。

③ 参见山东省惠民地区农业合作化史编写委员会编：《山东惠民地区农业合作化史料集》，第9页。

④ 参见中共滨州地委党史资料征集研究委员会编：《中共惠民地区历史大事记（1950～1992）》，山东人民出版社1998年版，第45～46页。

⑤ 参见中共滨州地委党史资料征集研究委员会编：《中共惠民地区历史大事记（1950～1992）》，第51页。

⑥ 参见山东省惠民地区农业合作化史编写委员会编：《山东惠民地区农业合作化史料集》，第13页。

三角洲地区入社农户已占总农户的 91.81%[①]，其中，加入高级社的农户占了 76%[②]，基本实现了农业的合作化建设。

农业合作社的发展，提高了广大农民的生产积极性。据中共惠民地委文件显示，1956 年，黄河三角洲地区的农业生产较之 1955 年总体上有所发展，农民收入也有所增加。现以部分县为例加以说明：

表 4-2　桓台等县农业合作社增减产及社员增收情况统计表(1956 年)[③]

县名	高初级社增减产情况							社员增加收入情况(以社为单位)							
	总社数	增产		平产		减产		增收90%	增收85%	增收80%	增收75%	增收70%	增收65%	增收60%	增收60%以下
		社数	占百分比	社数	占百分比	社数	占百分比								
桓台	525	402	76.5	82	15.6	41	7.8	442		68	15				
惠民	200	144	72	30	15	26	13	125		62				13	
沾化	366	120	32.8	102	27.8	144	39.4	94	52	73	21	59	31	24	12
利津	297	169	56.9	85	28.6	43	14.5	107		90		26			74
阳信	550	369	67.1	86	15.6	95	17.3	287		183	80				
广饶	392	274	70	59	15	59	15	188	132	44	17	11			

从表 4-2 中可见，除沾化县外，其他各县的增产农业合作社数量均多于减产农业合作社数量，而 80%以上农民增收的农业合作社也占了绝大多数。这反映出，农业合作社对当地农业生产的发展发挥了重要作用。

随后，“大跃进”、人民公社化等运动全面展开，农业合作社逐步被人民公社取代。入社后，农民的生产积极性受挫。至 20 世纪 50 年代末，黄河三角洲地区的粮食生产出现严重滑坡。如 1956 年，黄河三角洲地区的小麦总产量为 18191.4 万公斤；到 1959 年，降至 12409.6 万公斤，下降了 31.8%。[④]

① 参见山东省惠民地区农业合作化史编写委员会编：《山东惠民地区农业合作化史料集》，第 13 页。

② 参见中共滨州地委党史资料征集研究委员会编：《中共惠民地区历史大事记(1950～1992)》，第 79 页。

③ 滨州市档案馆藏：《中共惠民地委文件》《惠民专区农业社增减产和社员增加收入情况统计表(1956 年 11 月 5 日)》，档案号 3—1—148—8，第 1 页。

④ 参见山东省滨州地区地方史志编纂委员会编：《滨州地区志》，第 313 页。

1959 年底的一份中共淄博地委的《通报》中说:“博兴县利城公社两个生产队缺粮 15 万余公斤。”[①]这种缺粮的情况,不仅存在于博兴县,高青、无棣、惠民等县当年也出现了“人民生活发生困难”的现象[②]。

进入 20 世纪 60 年代后,当地政府对人民公社制度进行了适度调整,一些人民公社将生产自主权下放到生产队,在生产上扩大个体经营部分,并尝试包产到户。一些地区,如邹平县的小田村,农业生产得到恢复,社员收入大为增加。但不久之后,这一做法被“纠正”,经济困难重新出现。

1966 年,“文化大革命”开始。十年浩劫期间,黄河三角洲区域的农业生产遭到破坏,当地不仅取消了一些劳动管理制度,用批斗代替了生产,而且废除了一些促进经济发展的措施,发展工副业则被视为歪门邪道。一些地区温饱问题都无法解决。如从 1966 年开始,粮食基本自给的高青县出现了荒地减产现象,社员生活困难,全县农业人口靠吃国家供应粮维持生活,年均吃供应粮 820.4 万公斤,其中最多的一年(1976 年)吃了 1938 万公斤。[③]自 1968 年始,邹平县小田村大、小田大队合建的榨油厂被迫解散,机器被砸烂,工具被抢光,耕地荒芜,生产队的马车被卖掉,公共积累被花光,农业生产大幅度下降,粮食单产仅为 90.8 公斤,人均分配只有 66.5 元。[④]

“文化大革命”结束至十一届三中全会召开,黄河三角洲地区的农业经济逐渐复苏,社员的生活逐步得到改善。如 1978 年,邹平县小田村的粮食单产已达 600 多公斤,集体纯收入增长到 13 万元,社员人均分配 145 元。[⑤] 邹平县小田村的变化,是整个黄河三角洲地区变化的一个缩影。

自中华人民共和国成立至十一届三中全会召开,黄河三角洲地区经历了农业合作化、人民公社化、“文化大革命”等运动,在此期间,整个地区的农业经济经历了快速发展、停滞衰退、逐步恢复三个阶段。

---

① 山东省惠民地区农业合作化史编写委员会编:《山东惠民地区农业合作化史料集》,第 13 页。

② 参见高青县地方史志编纂委员会编:《高青县志》,中国社会出版社 1991 年版,第 117 页。

③ 参见高青县地方史志编纂委员会编:《高青县志》,第 117 页。

④ 参见山东省惠民地区农业合作化史编写委员会编:《山东惠民地区农业合作化史料集》,第 306 页。

⑤ 参见山东省惠民地区农业合作化史编写委员会编:《山东惠民地区农业合作化史料集》,第 307 页。

二、荒田的开垦与国营农场的建立

黄河三角洲地区地处黄河尾闾。由于黄河河尾经常淤积、摆动甚至泛滥,黄河淤泥常常将退海之地覆盖,进而逐渐形成新的可耕荒田。如1966～1976年,黄河尾闾多次变动,“顶点在利城屋子东,由利城屋子东到海岸,形成了二河、三河、四河、五河等多条入海河道,河与河之间淤出大面积的可耕地,即近期的北大荒洼”[①]。此处的利城,即利津县城。黄河不仅给处于入海之地的利津县造就了大量可耕之田,对与利津县同处一域的垦利县也赠予颇多。如1976年,黄河经人工截流改道清水沟入海后,由于人工控制河口摆动的范围,大陆岸线推进率达0.61公里/年。至1985年,在垦利的东北隅,填海造陆面积达500余平方千米。[②] 黄河的这一造陆趋势,至今未见减退,使黄河三角洲地区土地面积持续增长。

图4-1　黄河口湿地[③]

黄河的造陆运动造就了大量新生土地,为黄河三角洲地区人民的生存、发展提供了空间,而荒田的大量开垦成为中华人民共和国成立至1978年黄河三角洲地区农业发展的一大特点。

荒田的开垦主要有两种方式,其一为集体垦殖,其二为国营农场垦殖。下面就这两种垦殖方式略作说明。

---

① 山东省利津县地方史志编纂委员会编:《利津县志》,第177页。

② 参见山东省垦利县地方史志编纂委员会编:《垦利县志》,第174页。

③ 采自山东省东营市地方史志编纂委员会编:《东营市志》。

1. 集体垦殖

黄河三角洲地区大规模的集体垦殖始于1952年，该年“垦利县林垦组在大孤岛安置护林、广林、建林、幼林等12个新村，总面积为3.4万余亩。至1953年底，在大孤岛地区安置集体垦荒10余万亩”[①]。利津县的垦荒行动从1953年开始，该年惠民专署在大孤岛地区划拨1.3万亩土地归利津县，利津县开始安置农业合作社、互助组等进行垦荒。[②] 此后一直到20世纪70年代，垦利、利津两县的集体安置垦荒行动均未停止。如1954年，安置垦利、利津、广饶等县垦种单位土地10万余亩；1956年，安置垦利、广饶、博兴、桓台、蒲台、滨县、阳信7县部分单位，划拨荒地15万余亩。[③] 1965年，利津县在东北洼的挑河东南地带等安置陈庄、丰国、盐窝、城关、县农场、军分区等7个单位，划拨土地总面积达8.23万亩。1968年，在东北洼二河以西，挑河以东，南起三角点，北到海滩，分配给北岭、南岭、店子、王庄、盐窝等公社荒地7.25万亩。[④] 至20世纪70年代初期，垦利县的大部分土地已被建林、民丰、西宋、下镇、新安等公社的部分生产大队耕种。[⑤] 进入20世纪70年代后，利津县继续进行荒田的集体分配和安置工作，直到1975年还安置土地2.25万亩。[⑥] 从以上所述中不难看出，黄河三角洲地区集体垦殖荒田，主要是通过建村和安置单位的方式进行。

另外，一些盐碱洼荒土地较多的区域，也通过社员的力量在这一时期积极地进行荒地开垦。如沾化县的南徐村位于沾化、利津与滨县的交界处，土地盐碱化程度高，洼地、荒地多，该村通过广大社员的努力，在1960～1963年开垦荒地达2740亩，使耕地面积比1959年增加了近1倍。[⑦]

此外，随着这一时期黄河三角洲地区石油工业的发展，为支持胜利油田建设，垦利县将部分荒田划拨给胜利油田作为农副业生产基地。如1977年，将“北起东营河，南至垦利县界，西起老防潮坝，东至溢洪河的9万亩左右的

---

① 山东省垦利县地方史志编纂委员会编：《垦利县志》，第179页。

② 参见山东省利津县地方史志编纂委员会编：《利津县志》，第177页。

③ 参见山东省垦利县地方史志编纂委员会编：《垦利县志》，第179页。

④ 参见山东省利津县地方史志编纂委员会编：《利津县志》，第177页。

⑤ 参见山东省垦利县地方史志编纂委员会编：《垦利县志》，第179页。

⑥ 参见山东省利津县地方史志编纂委员会编：《利津县志》，第178页。

⑦ 参见山东省惠民地区农业合作化史编写委员会编：《山东惠民地区农业合作化史料集》，第315页。

土地,以及高盖公社的北起东营河,南至垦利县界,西起原'五一'农场老七分场水沟,东至老防潮坝的1.8万亩土地,划给胜利油田作为农副业生产基地"[①]。石油工业的发展也促进了黄河三角洲地区部分荒田的开垦。

2.国营农场垦殖

国营农场垦殖是这一时期黄河三角洲荒田开垦的第二个重要方式。1950年,该地区建立了第一座农场——国营孤岛林场。该农场最初隶属于惠民专署林垦局,所辖土地总面积达80万亩,1954年有职工200人,到1960年,又从青岛等地召集3400余名青年开发孤岛。1966年,该农场被撤销。[②]20世纪五六十年代,黄河三角洲地区建立了大批国营农场,如垦利县建立了国营黄河农场、国营支脉沟牧场、国营青坨农场、济南军区马场。其中,国营黄河农场建于1956年,当时有垦地3000余亩;1961年,青坨牧场整体移交黄河农场,并入土地5292亩。[③] 国营支脉沟牧场建于1960年,实际垦荒面积达37万亩。国营青坨农场亦建立于1960年,总垦面积达52万亩。济南军区马场起初为济南军区后勤农牧场,后于1964年更名,当年总垦面积为9万亩。[④] 再如利津县,该县建立了渤海、同兴、联合等国营农场。其中,渤海农场原名"海滨农场",1963年开始垦荒,当年垦荒面积达10万余亩。同兴农场建立于1960年,1965年时垦荒面积达20万亩。联合农场亦建立于1960年,占有土地10万亩。除以上农场外,济南军区马场在利津县也有垦殖活动,占有土地5.6万亩。[⑤]

20世纪五六十年代,通过建立国营农场,走"专职"开垦之路的方式,黄河三角洲地区的大量荒田得到了开垦和改造,农垦面积大为扩展,农业开发效果较为显著。如黄河农场,1959～1969年,小麦的种植面积维持在2.2万～5.5万亩,1969年时小麦的产量达到了4890吨,而大豆的产量在1959年时达到了71.175万公斤。[⑥] 再如渤海农场,1961～1975年,每年粮食总产量均在200万公斤左右。[⑦]

---

① 山东省垦利县地方史志编纂委员会编:《垦利县志》,第179页。

② 参见山东省垦利县地方史志编纂委员会编:《垦利县志》,第180页。

③ 参见国营黄河农场编:《黄河农场志》,山东省地图出版社2006年版,第20页。

④ 参见山东省垦利县地方史志编纂委员会编:《垦利县志》,第180～181页。

⑤ 参见山东省利津县地方史志编纂委员会编:《利津县志》,第178页。

⑥ 参见国营黄河农场编:《黄河农场志》,第104～105页。

⑦ 参见山东省利津县地方史志编纂委员会编:《利津县志》,第178页。

国营农场除从事农业生产外，往往还开发林业、牧业，兼营农副业。如同兴农场设有1个畜牧场、1个渔业生产队、1个工副业生产队，联合农场设有1个畜牧场、1个渔业生产队、1个铁木厂、1个窑厂。[①] 再如黄河农场，除进行农业生产外，该农场也经营畜牧业、林果业乃至工业。黄河农场在建场当年即建立了粮油加工厂、机械修配厂、砖窑厂等，后来工厂数量、种类不断增加。到1978年时，该农场的农业生产总值为206万元，而工业、副业生产总值也达到127.9万元。[②] 国营农场在进行农业开发的同时，也带动了其他行业的发展，为黄河三角洲地区的经济发展做出了重要贡献。

此外，这一时期，一些军队也参与了垦荒行动，如1951年中国人民解放军农建二师在垦利县开垦荒田5000余亩，1959年济南军区5062部队又在垦利县垦荒2000余亩。[③]

三、粮食与经济作物生产的发展

中华人民共和国成立至1978年，黄河三角洲地区的粮食作物主要有小麦、玉米、谷子、高粱、大豆、水稻、甘薯等。下文以表4-3为例，对这一时期黄河三角洲地区的粮食生产情况加以说明。

表4-3　　惠民地区主要粮食生产统计表(1949～1978年)[④]　　单位：万公斤

时间	总产量	小麦	玉米	谷子	高粱	水稻	大豆
1949	55152.0	12255.7	6550.9	12540.9	12373.8	/	11430.7
1950	61135.6	12082.6	8342.4	15288.6	12558.1	/	12863.9
1951	45111.4	11291.8	4948.5	11058.4	11185.6	/	6627.1
1952	64111.8	14118.1	8223.8	17047.5	14168.9	/	10553.5
1953	50814.2	10971.7	5263.0	12584.8	11613.6	/	10381.1
1954	68450.3	19037.5	9878.9	15082.0	9655.1	/	14796.8
1955	58904.1	16013.7	9704.5	12475.2	10797.1	/	9913.6

① 参见山东省利津县地方史志编纂委员会编：《利津县志》，第178页。
② 参见国营黄河农场编：《黄河农场志》，第164页。
③ 参见山东省垦利县地方史志编纂委员会编：《垦利县志》，第180页。
④ 山东省滨州地区地方史志编纂委员会编：《滨州地区志》，第313～314页。

续表

时间	总产量	小麦	玉米	谷子	高粱	水稻	大豆
1956	56733.9	18191.4	11943.0	11187.8	3957.7	6.0	11448.0
1957	52288.6	13673.8	12335.2	11450.8	5836.6	1.5	8990.7
1958	43798.6	12236.6	13392.4	8594.6	4352.4	278.5	4944.1
1959	39206.8	12409.6	10075.6	6624.1	4315.5	177.5	5604.5
1960	35900.7	13394.6	6044.9	1725.7	1018.1	49.5	3667.9
1961	11383.0	3457.2	2470.8	1437.2	2295.0	/	1722.8
1962	19077.5	8204.5	3325.8	2522.8	3342.5	/	1681.9
1963	31017.6	13032.2	7172.9	2458.9	3802.6	/	4551.0
1964	21509.0	15596.1	2473.1	1301.3	1561.5	8.3	568.7
1965	48882.0	23795.1	14333.3	2319.0	4592.7	444.5	3397.4
1966	37797.9	11051.1	16219.0	1681.0	3252.6	357.9	5236.3
1967	45230.4	16438.2	14540.2	2741.2	5442.5	459.2	5609.1
1968	32751.3	9277.2	11368.8	2535.1	7138.2	230.3	2201.7
1969	49429.7	16430.5	16008.9	4417.1	8428.2	70.6	4074.4
1970	44622.1	10999.3	18336.5	4920.7	6201.4	173.2	3991.0
1971	49596.1	20853.5	16993.2	2926.8	3669.9	567.2	4585.5
1972	63608.8	30205.5	22661.5	2016.7	4248.8	1127.5	3348.8
1973	62099.4	27915.9	20162.7	1743.0	8081.3	733.5	3463.0
1974	46706.0	24745.3	15381.9	1037.4	3215.3	296.4	2029.7
1975	66600.4	31317.3	22622.2	1815.3	6832.0	429.0	3584.6
1976	66418.2	34314.1	23775.1	1359.0	3986.3	612.0	2371.7
1977	72044.4	28449.8	31228.4	2067.6	5903.3	1176.8	3218.5
1978	82804.9	37792.3	33746.3	1537.6	3556.1	1677.9	4494.7

通过表4-3可以看出，1949～1954年，黄河三角洲原惠民地区的粮食年产量从55152万公斤增长到68450.3万公斤，呈现出螺旋式上升的趋势。从大的方面讲，这与安定的国内环境以及第一个五年计划的顺利实施有很大关系。从小的方面讲，这与黄河三角洲地区粮食品种的改善有重要关联。

如中华人民共和国成立后，政府曾在原惠民地区推广优良小麦品种，主要有齐大195、碧蚂4号、济南2号、济南6号、北京8号、泰山1号、鲁麦3号、鲁麦5号等20余个品种。[①] 玉米的种植亦是如此，如中华人民共和国成立后，惠民县的玉米种植就经过了杂交种、双交种、三交种、单交种四个阶段，每个阶段都更换新的良种，亩产可提升50～75公斤。[②] 关于黄河三角洲地区农业良种的引进和推广情况，将在后文中加以详述。

自1955年始，黄河三角洲地区的粮食生产出现滑坡；至1961年时，粮食产量降至11383万公斤，仅为1955年粮食产量的19%。1962～1964年，粮食产量略有回升，但产值最高的1963年，其产值也仅为1955年的52%左右。据1962年的一份文件《中共惠民地委关于全区农业生产水平及生产力变化基本情况和对粮、棉、油、牲畜几个主要方面恢复问题的初步意见》记载，1959～1961年，以粮、棉为主的整个农业产量、水平连续大幅度下降，生产力受到严重破坏。

造成这一时期黄河三角洲粮食生产滑坡的因素较多，但人口、劳动力、土地的减少和退化是其中的主要原因。此时，黄河三角洲的人口减少了7%，而农业人口减少了8%左右，且由于连续几年生活困难，群众的体质普遍下降。在人口减少的同时，这一时期黄河三角洲的耕地面积和质量也发生了变化，耕地减少了20%左右，且40%左右的土地出现了盐碱化。[③] 已经盐碱化的土地需要较长时间才能修复，造成1961年之后的多年间，黄河三角洲地区粮食产量不稳定。

进入20世纪70年代后，黄河三角洲地区的粮食产量逐步提升；至1978年时，达到了中华人民共和国成立后的最高值。1949～1978年，黄河三角洲地区的粮食生产呈现出马鞍形的发展趋势。

自中华人民共和国成立至1978年，黄河三角洲地区种植的经济作物主要有棉花、花生、蓖麻、芝麻以及白菜、茄子等蔬菜。下面以棉花为个案，对黄河三角洲地区经济作物的种植情况进行说明。

中华人民共和国成立之始，黄河三角洲地区的棉花种植面积为

---

① 山东省滨州地区地方史志编纂委员会编:《滨州地区志》,第312页。

② 参见山东省惠民县地方史志编纂委员会编:《惠民县志》,第155页。

③ 参见滨州市档案馆藏:《中共惠民地委文件》惠发(62)108号未《中共惠民地委关于全区农业生产水平及生产力变化基本情况和对粮、棉、油、牲畜几个主要方面恢复问题的初步意见》,档案号3—2—345—3,第5页。

108.96万亩,总产量为1523万公斤。1952年,棉花的种植面积达162.49万亩,总产量为2979.2万公斤。1956年达到历史最高值,种植面积为212.6万亩,总产量达3795.1万公斤。①

“1959～1961年,因受自然灾害等多方面影响,棉花种植面积及产量大幅度下降。从1962年开始,随着国民经济的好转,在局部地区棉花产量开始恢复。”②1961年,阳信县棉花种植面积降至4.17万亩③;无棣县种植面积降至0.9万亩,仅为1956年种植面积的14.7%④;惠民县种植面积降至16.4万亩,为1957年种植面积的53.2%⑤;邹平县种植面积降至8.9万亩,相当于1956年种植面积的25.2%。1962年,邹平县棉花种植面积恢复到20.2万亩⑥,而有的县区则继续下降。如利津县棉花种植面积由1957年的23.7万亩降至1962年的4万亩,下降幅度达83.1%,为历史最低点。⑦ 这表明,这一时期黄河三角洲地区的棉花种植业发展不够均衡。

1966年进入“文化大革命”时期后,受“以粮为纲”等诸多因素的影响,黄河三角洲地区的棉花产量一直处于下降和徘徊状态。如表4-4所示:

表4-4　惠民地区棉花种植面积对照表(1956～1978年)⑧　单位:万亩

县区/面积/年度	滨县	邹平	博兴	无棣	阳信	惠民	沾化	利津	高青	广饶	垦利	桓台
1956	52.1	34.4	34.2	6.1	/	/	21.5	23.74	/	32.8	10.0左右	/

① 参见李靖莉:《移民拉动黄河三角洲经济科技开发新战略》,山东省软科学研究计划项目结题报告,2008年。

② 山东省邹平县地方史志编纂委员会编:《邹平县志》,第401页。

③ 参见山东省阳信县史志编纂委员会编:《阳信县志》,第106页。

④ 参见山东省无棣县史志编纂委员会编:《无棣县志》,第137页。

⑤ 参见山东省惠民县地方史志编纂委员会编:《惠民县志》,第162页。

⑥ 参见山东省邹平县地方史志编纂委员会编:《邹平县志》,第402页。

⑦ 参见山东省利津县地方史志编纂委员会编:《利津县志》,第218页。

⑧ 数据来源:《滨州市志》,齐鲁书社1993年版;《邹平县志》,中华书局1992年版;《博兴县志》,齐鲁书社1993年版;《惠民县志》,齐鲁书社1997年版;《阳信县志》,齐鲁书社1995年版;《无棣县志》,齐鲁书社1994年版;《沾化县志》,齐鲁书社1995年版;《广饶县志》,中华书局1995年版;《利津县志》,东方出版社1990年版;《高青县志》,中国社会出版社1991年版;《桓台县志》,齐鲁书社1992年版;《垦利县志》,山东人民出版社1997年版。

续表

年度＼面积＼县区	滨县	邹平	博兴	无棣	阳信	惠民	沾化	利津	高青	广饶	垦利	桓台
1966	31.9	29.2	19.9	0.8	/	/	8.9	/	20世纪60～70年代，播种面积在9.9～12.0之间	/	/	/
1967	28.6	27.0	17.6	2.3	9.5	22.5	8.9	/		/	/	/
1968	27.1	24.1	16.8	2.5	/	/	9.3	/		/	/	/
1969	26.4	25.5	16.8	3.0	/	21.8	9.4	/		/	/	/
1970	27.6	26.4	17.0	4.3	10.7	/	9.4	6.98		18.1	/	/
1971	25.8	25.3	16.4	3.1	/	22.5	9.9	/		/	/	/
1972	18.0	24.1	11.8	1.6	/	/	6.9	/		/	/	/
1973	18.6	24.3	11.3	2.2	/	19.8	8.4	/		/	/	/
1974	19.2	24.2	10.6	1.0	/	/	7.8	/		/	4.48	/
1975	20.9	23.9	11.6	1.1	7.9	18.9	8.0	/		13.6	/	/
1976	21.4	24.2	12.8	1.1	/	/	7.9	/		/	/	/
1977	19.8	22.7	12.0	0.8	/	17.5	7.2	/		/	/	/
1978	20.0	23.8	11.6	0.6	/	/	7.2	3.99		13.5	/	/

这一时期，黄河三角洲各县区的棉花种植面积始终未达到1956或1957年的水平，这一状况一直持续到1978年改革开放之前。如1978年，滨县的棉花种植面积不足1956年的40%，无棣县的棉花种植面积则仅为1956年的9.8%，等等。

棉花种植面积的变化又对棉花的产量产生了影响。如表4-5所示：

表4-5　　惠民地区棉花产量统计表(1950～1978年)[①]　　单位:万公斤

年度	总产量	年度	总产量
1950	2342.15	1965	3618.15
1951	3117.45	1966	2142.60

① 参见中共滨州地委党史资料征集研究委员会编:《中共惠民地区历史大事记(1950～1992)》,第24～320页。

续表

年度	总产量	年度	总产量
1952	4230.50	1967	2935.65
1953	3799.00	1968	2894.00
1954	4224.00	1969	3141.55
1955	506.45	1970	3801.10
1956	4985.50	1971	2497.00
1957	4088.00	1972	1712.80
1958	5262.50	1973	2274.60
1959	3545.50	1974	1368.85
1960	1133.50	1975	2430.00
1961	293.80	1976	1404.40
1962	291.50	1977	1569.00
1963	1566.15	1978	1361.50
1964	1589.30		

另外,自然灾害等因素也直接影响到黄河三角洲棉花的生产。如1961、1962年,在严重的自然灾害下,黄河三角洲的棉花产量跌至历史最低值。

当然,应当注意的是,中华人民共和国成立至1978年,作为传统的产棉区,黄河三角洲地区的个别棉花种植村社仍受到了全国的瞩目。如滨县的杨柳雪村自1963年开始进行棉田建设,到1969年,全村棉花单产连续七年超过50公斤,粮食单产连续四年超过500公斤,创造了改良盐碱地粮棉双丰收的成功范例。①

1970年春,全国棉花生产会议召开。会上,滨县杨柳雪大队介绍了本村坚持大搞农田基本建设,科学种田,在盐碱地上夺得粮棉双高产、实现双贡献的经验,引起了较大反响。会议期间,周恩来总理专门接见了杨柳雪大队的代表,并称赞杨柳雪为"棉区的一面旗帜"②。

---

① 参见李靖莉:《移民拉动黄河三角洲经济科技开发新战略》,山东省软科学研究计划项目结题报告,2008年。

② 山东省惠民地区农业合作化史编写委员会编:《山东惠民地区农业合作化史料集》,第61页。

1970年2月，山东省革命委员会下发了该年第59号文件，向全省发出《关于开展向杨柳雪大队学习活动的通知》。此后，《大众日报》对杨柳雪的事迹进行了多次报道。[①] 1971～1974年，在连续四届全国棉花生产会议上，中央领导都曾详细询问杨柳雪大队的生产及经验推广情况。1971年8月，阿尔巴尼亚农业代表团在我国访问期间，专程赴杨柳雪进行参观。[②] 1972年8月，国务院还派工作组到杨柳雪，针对粮棉产量一度下降的问题进行调查。[③] 杨柳雪及滨县成为这一时期全国棉花生产的排头兵，受到了全国各地的关注。

四、耕作制度与栽培技术的变化

中华人民共和国成立前，由于农业生产条件较差，黄河三角洲地区的农作物生产比较粗放，“广种薄收，一年一熟和二年三熟为主”[④]。中华人民共和国成立后，随着生产条件的改善，耕作制度发生了些许变化。如邹平县出现了“一年两作，间有一年三作或多作”[⑤]的情况；沾化县自20世纪60年代开始，农田水利设施逐步完善，在全县境内“推广一年二熟制，二年三熟面积缩小，一年一熟制淘汰”[⑥]；高青县“一年二作制由1949年占农作物播种面积的24.22％，1985年发展到50.5％，一年多作由0.6％提高到1.32％，二年三作由21.34％降至2.37％”[⑦]；等等。黄河三角洲地区的耕作制度逐渐由“一年一熟制”“二年三熟制”向“一年二熟制”和“一年多熟制”转变。

此外，中华人民共和国成立后，黄河三角洲还推行了一系列新的耕作方式：

其一，间作。黄河三角洲地区曾广泛推行此种耕作方式。所谓间作，即

---

① 参见山东省惠民地区农业合作化史编写委员会编：《山东惠民地区农业合作化史料集》，第298页。

② 参见山东省惠民地区农业合作化史编写委员会编：《山东惠民地区农业合作化史料集》，第298页。

③ 参见山东省惠民地区农业合作化史编写委员会编：《山东惠民地区农业合作化史料集》，第63页。

④ 山东省惠民县地方史志编纂委员会编：《惠民县志》，第162页。

⑤ 山东省邹平县地方史志编纂委员会编：《邹平县志》，第407页。

⑥ 山东省沾化县地方史志编纂委员会编：《沾化县志》，第241页。

⑦ 高青县地方史志编纂委员会编：《高青县志》，第122页。

两种作物同时隔行下种，常见的间作方式有禾本科间豆科、高秆作物间矮秆作物等。这种耕作方式并非一成不变。如20世纪50年代，博兴县将间作称作“满天星”，常在谷子地里带种高粱，以谷子为主；在玉米地里带种绿豆，以玉米为主；在棉花地里带种芝麻，以棉花为主；等等。自60年代初开始，当地将“满天星”混播改为隔行间作等，有的是不同粮食作物的间作，有的是粮、菜的间作，有的则是棉、粮的间作，等等。[①] 这种间作方式，不仅不会影响主要作物的生长，反而会减少病虫害的发生。

其二，套种。所谓套种，即在前作物收获前适时将后作物套于行间的耕作方式。20世纪六七十年代，套种在黄河三角洲地区的惠民、阳信、利津、高青、桓台等县得到大面积推广。主要方式为麦田套种玉米、大豆、杂交高粱等粮粮套种[②]，间或采用粮瓜、粮菜、粮果等套种方式[③]。

其三，轮作。轮作俗称“换茬”，通过换茬耕作，既能有效地提高地力，又能减少病虫害的发生。中华人民共和国成立至1978年，黄河三角洲地区主要施行棉花与粮食作物的轮作以及粮食作物间的轮作。

除了上述耕作制度的变化外，黄河三角洲地区在农作物的栽培技术方面也有了新的发展。如在培育上，采取了营养钵育苗的方式，这种方式可以使禾苗的生长期提前10～15天。邹平县的城关公社后城关大队曾用这种育苗方式移栽棉株，结果比直接栽种增产两成。[④]

农作物栽培技术的发展，还体现在优良品种的引进和推广应用上。20世纪50年代，黄河三角洲即开始引进小麦、玉米、棉花等粮食作物、经济作物的优良品种，并加以示范、推广。如小麦，1950年，黄河三角洲地区引进的小麦优良品种有大齐195、钱交麦、泗水38、扁穗、蚰子麦、四棱麦、徐州438等，由各县示范农场种植繁育，向农民示范推广。1956年，黄河三角洲地区种植大齐195小麦210.7万亩，占小麦种植总面积的63.7%，增产2～3成。1955年引进了碧蚂1号、4号品种，比大齐195每亩又增产15～25公斤。1958年引进了石家庄407号。20世纪60年代开始，引进了济南2号、4号、6号、8号、9号等小麦品种。其中，济南4号的种植面积最大，达到了83万

① 参见山东省博兴县地方史志编纂委员会编:《博兴县志》,第136页。

② 参见山东省垦利县地方史志编纂委员会编:《垦利县志》,第372页。

③ 参见高青县地方史志编纂委员会编:《高青县志》,第123页。

④ 参见山东省邹平县地方史志编纂委员会编:《邹平县志》,第411页。

亩。1974年引进了泰山1号、泰山4号、泰山5号及昌乐5号等品种，其中泰山1号的最大种植面积达到了202万亩。1978年又引进了济南13号等品种。[①] 中华人民共和国成立至1978年，黄河三角洲地区对小麦优良品种的引进和推广在持续不断地进行。

再如棉花，1950年，黄河三角洲地区即引进了美棉斯字棉2B、斯字棉5A，在惠民、滨县、齐东三县种植推广。1956年引进了产量更高的岱字15号进行示范种植，次年大量推广，替代了斯字棉。1963年，因岱字棉纤维较粗，不宜纺纱，以徐州1818号代替。此后，又引进了石短5号、石短1526号、徐州58号、中棉所7号等品种。1978年，引进种植鲁棉1号，该棉种以丰产、易于管理备受广大棉农欢迎。[②] 中华人民共和国成立至1978年，黄河三角洲地区对棉花优良品种的引进和推广，与小麦相似，也在持续不断地进行。优良品种的引进和推广，对黄河三角洲农作物产量的提高，无疑起到积极的促进作用。

五、生产工具的革新及其机械化

中华人民共和国成立至1978年，黄河三角洲地区的农业生产工具有了较大改进。首先，新式农具得到推广应用。1950年，惠民专署实业科成立了农具推广站，负责全区新式农具的推广工作。当年，推广新式步犁和双铧犁11部。随后，逐步推广了七寸步犁、双轮双(单)铧犁、解放式水车、三角耘锄、双行棉花播种机、喷雾器等新式农具。1964年，黄河三角洲推广使用喷雾器3.44万架、水车3.6万部、双轮双铧犁3.17万部、胶轮手推车20.57万辆、地排车5467辆、胶轮马车6812辆。1970年底，大致在今滨州市范围内，有各式步犁1.54万部、双轮双铧犁3.38万部、三角耘锄3.05万部、双行马拉播棉种耧5215部、水车7.46万部。[③]

其次，农业机械化得到了较快发展。中华人民共和国成立前，黄河三角洲的农业生产主要依靠人力、畜力。中华人民共和国成立后，农业生产机械化进程明显加快。自20世纪50年代开始，大中型拖拉机、手扶拖拉机、脱粒

---

① 参见山东省滨州地区地方史志编纂委员会编:《滨州地区志》,第320页。
② 参见山东省滨州地区地方史志编纂委员会编:《滨州地区志》,第321～322页。
③ 参见山东省滨州地区地方史志编纂委员会编:《滨州地区志》,第336页。

机、收割机、汽车等已在黄河三角洲的农业生产中得到应用。如1950年，无棣县引进苏产链式拖拉机5部、英产轮式拖拉机1部。[①] 1956年，黄河农场拥有大中型拖拉机13台、手扶拖拉机3台、机动收割机1台、机动脱粒机1台、汽车6部。[②] 同年，邹平县已购进拖拉机，并在耕地时使用机引犁，而机引播种机也在次年开始应用。1959年，邹平县还购进牵引式联合收割机。[③] 黄河农场在1959年时，也已拥有8台联合收割机。[④]

进入20世纪70年代后，黄河三角洲地区的农业机械化程度有了较大提高，机引犁、播种机、收割机、推土铲运车等数量较多，"泰山"系列拖拉机和农田基本建设机具也得到了推广。[⑤] 如黄河农场在1978年时拥有农业机械4700部，而机引农具，包括柴油机、电动机、农用挂车、排灌动力机械等共有109部。[⑥] 到1977年时，桓台县全县的机耕面积为41.88万亩，占耕地面积的78.8%。[⑦] 而广饶县该年的机耕面积达到了耕地面积的78%，机播面积达到了棉花、小麦耕种总面积的50.36%。[⑧] 无棣县到1978年时，已拥有农用拖拉机450台；1963年时，其机耕面积为20.9万亩，到1976年时则达到了40.5万亩，占耕地面积的48%。[⑨]

中华人民共和国成立后黄河三角洲农业生产工具的革新及机械化的推广，与当地政府部门的组织领导和重视密不可分。上文已经提及，1950年，当地政府即成立了农具推广站，对新式农具的推广应用起了积极的促进作用。另外，当地政府曾多次发文，要求各地重视农业生产工具的革新、生产及机械化。如1955年《中共惠民地委转发专社党组关于推销新式农具的措施报告》要求："各级供销社、银行党组，必须认真向干部进行教育，提高觉悟，以树立其为农业合作化服务的观点。通过教育，使其认识到推广新式农具是支持农民生产、促进农业合作化的一项重要措施。同时，抓紧有利时

---

① 参见山东省无棣县史志编纂委员会编：《无棣县志》，第149页。
② 参见国营黄河农场编：《黄河农场志》，第159页。
③ 参见山东省邹平县地方史志编纂委员会编：《邹平县志》，第418～419页。
④ 参见国营黄河农场编：《黄河农场志》，第159页。
⑤ 参见山东省滨州地区地方史志编纂委员会编：《滨州地区志》，第336页。
⑥ 参见国营黄河农场编：《黄河农场志》，第159～160页。
⑦ 参见山东省桓台县史志编纂委员会编：《桓台县志》，齐鲁书社1992年版，第166页。
⑧ 参见山东省广饶县地方史志编纂委员会编：《广饶县志》，中华书局1995年版，第203页。
⑨ 参见山东省无棣县史志编纂委员会编：《无棣县志》，第149页。

机，将新式农具推广到群众中去。”[①]1959年，中共淄博地委下达了《有关中共淄博地委批转地委农具改革办公室关于大力开展以夏收工具为中心的工具改革运动的报告》的批示，要求各县委、孤岛公社党委等参照有关报告执行。[②] 1960年，中共淄博地委还制订了《中共淄博地委关于一九六〇年农业半机械化规划（草案）》。[③] 1961年，中共惠民地委还曾下达《中共惠民地委批转专署计委党组“关于加强小农具生产意见的报告”》。[④]

总之，中华人民共和国成立至1978年，黄河三角洲地区的农业开发呈现出先快、后慢、再快的发展趋势。农业开发的内容主要体现在以下几方面：一是农业组织发生变化，即农业合作社、人民公社出现；二是粮食、经济作物的种植面积、产量较之中华人民共和国成立前有所增长；三是农业耕作制度和栽培技术取得进步；四是大量荒地得到有效开垦；五是农业生产工具得到革新，并出现了机械化趋势。

与同期山东省其他地区比较，可以深入了解黄河三角洲地区农业开发的真实水平。下面以主要粮食作物小麦的生产为例加以说明。黄河三角洲地区的小麦产量，1949年为12255.7万公斤，到1978年增至37792.3万公斤，增长率为208.4%。地处胶东半岛的威海，1949年小麦产量为449.5万公斤，到1978年增至1930.5万公斤，增长率为329.5%。[⑤] 烟台地区的小麦产量，1949年为24470万公斤，到1978年增至109272万公斤，增长率为346.6%。[⑥] 地处鲁西南的菏泽地区，1949年小麦产量为6046万公斤，到1978年增至17750万公斤，增长率为193.6%。[⑦] 济宁地区的小麦产量，

---

① 滨州市档案馆藏：《中国共产党惠民地方委员会通报》总号（55）91号《中共惠民地委转发专社党组关于推销新式农具的措施报告》，档案号3—2—77—11，第1页。

② 参见滨州市档案馆藏：《中国共产党淄博地方委员会批示》总号（59）88号《有关中共淄博地委批转地委农具改革办公室关于大力开展以夏收工具为中心的工具改革运动的报告》，档案号3—2—207—14，第1页。

③ 参见滨州市档案馆藏：《中共淄博地委文件》淄发（60）字154号卯《中共淄博地委关于一九六〇年农业半机械化规划（草案）》，档案号3—1—330—1，第1～9页。

④ 参见滨州市档案馆藏：《中共惠民地委文件》惠发（61）204号申《中共惠民地委批转专署计委党组“关于加强小农具生产意见的报告”》，档案号3—1—377—4，第1～4页。

⑤ 参见威海市地方史志编纂委员会编：《威海市志》，山东人民出版社1986年版，第235页。

⑥ 参见烟台市地方史志编纂委员会办公室编：《烟台市志》，科学普及出版社1994年版，第76页。

⑦ 参见山东省菏泽市史志编纂委员会编：《菏泽市志》，齐鲁书社1993年版，第112～113页。

1949年为17545万公斤，到1978年增至75278万公斤，增长率为329.1%。[①]再以主要农业机械拖拉机的保有量为例加以说明。至1978年，黄河三角洲地区拥有农用拖拉机7969台[②]，烟台地区拥有32309台[③]，济宁地区拥有173775台[④]。1985年，菏泽地区拥有农业拖拉机1545台。[⑤]

以上两类农业数据从一个侧面反映出，中华人民共和国成立至1978年，黄河三角洲地区的农业开发速度与水平逊于胶东地区和济宁地区，高于菏泽地区。

第三节 水利建设

由于地势低洼，黄河河道时常淤塞、变迁，加上自然生态环境脆弱，黄河三角洲地区旱、涝、盐碱等自然灾害频发，严重制约了农业生产的发展，并且威胁到当地人民的生命和财产安全。1961年《中共惠民地区水利建设指挥部委员会关于今冬明春水利工程安排意见的报告》指出："今春连续300天基本无雨，受灾面积达700余万亩，小麦严重减产；入夏后，连降暴雨，河道堤防溃决，沥水客水满游，房屋倒塌，人、畜伤亡严重，淹涝面积达315万余亩，造成了严重的涝灾。"此外，"由于种种原因，土地碱化情况日趋发展，目前次生盐碱化面积已达181万余亩，严重碱化地区，作物数种不收，群众生活极为困难"。[⑥] 不仅该年，在中华人民共和国成立后的其他年份，黄河三角洲自然灾害的发生也异常频繁。1951～1960年，黄河三角洲年年发生旱灾。如1953年，当地发生春旱，成灾面积达30.13万公顷，合451.95万亩。[⑦] 涝灾也几乎年年发生。1951年，黄河三角洲洪灾面积达201.91万公顷，合3028.65万亩。[⑧]

面对频发的自然灾害，进行生产自救成为当地居民的重要任务。上述

① 参见济宁市地方史志编纂委员会编:《济宁市志》，中华书局2002年版，第358～359页。
② 参见山东省滨州地区地方史志编纂委员会编:《滨州地区志》，第335页。
③ 参见烟台市地方史志编纂委员会办公室编:《烟台市志》，第968页。
④ 参见济宁市地方史志编纂委员会编:《济宁市志》，第353页。
⑤ 参见山东省菏泽市史志编纂委员会编:《菏泽市志》，第120页。
⑥ 滨州市档案馆藏:《中共惠民地委文件》惠发(61)239号戌，档案号3－1－386－7，第2页。
⑦ 参见田家怡、吕学军、闫永利等:《黄河三角洲生态环境灾害与减灾对策》，第46页。
⑧ 参见田家怡、吕学军、闫永利等:《黄河三角洲生态环境灾害与减灾对策》，第80～81页。

灾害多与水有关。农业要发展，人民要有安定的生产生活环境，进行水利建设成为黄河三角洲区域地方政府和人民的不二选择。在此背景下，经过几十年的不懈努力，黄河三角洲的水利建设取得了长足发展，中华人民共和国成立前那种“洪不能挡，涝不能排，旱不能浇，碱不能改”[①]的局面基本得到改变。主要体现在如下方面。

一、河流的治理

黄河三角洲地区位于山东省北部，地处黄河下游，南依泰沂山区，北濒渤海湾，东临莱州湾，为襟海带河之境。当地河流众多，并多为东西流向。黄河横贯腹地，南有小清河、支脉河、孝妇河，北有徒骇河、德惠新河、马颊河、漳卫新河、潮河、秦口河、土马沙河等。[②] 除众多河流外，黄河三角洲还拥有大大小小的湖泊，如芽庄湖、青沙湖、麻大湖等。众多水系虽然可以给当地带来丰富的淡水资源，但也常常因为河道不畅，加重洪涝灾害。为此，自中华人民共和国成立后，黄河三角洲地区即着手开展河流治理工作。

其一，黄河治理。

黄河治理无疑是黄河三角洲地区河流治理的重头戏。中华人民共和国成立后对黄河的治理，首先是对黄河大堤的修复。

自1950年始，历时七年，至1956年12月，第一次黄河复堤工程竣工。整个工程使用工日1600万个，累计完成土方1900万立方米。复堤工程结束后，黄河大堤一般超出1949年洪水水位2米以上，平工堤顶宽7米，险工堤顶宽9米，险要堤段均加筑前后线，大堤的防洪能力增强。[③] 此后，沿黄的高青等县又对黄河堤防进行建设。如1963～1966年，高青县对本县境内的黄河堤坝进行加宽、加高，平均加高1米，加宽5.5米，修堤总长度达5.3万米，累计动用5.9万人，完成土方249.46万立方米，总投资达258.5万元。[④]

第二次大规模修堤工程自1976年3月开启，至当年5月结束，共抽调民

---

① 山东省惠民地区水利志办公室编：《惠民地区水利志》，第5页。

② 参见田家怡、吕学军、闫永利等：《黄河三角洲生态环境灾害与减灾对策》，第82页。

③ 参见中共滨州地委党史资料征集研究委员会编：《中共惠民地区历史大事记(1950～1992)》，第85页。

④ 参见高青县地方史志编纂委员会编：《高青县志》，第150页。

工4.5万人,完成土方510万立方米,使黄河大堤防御洪峰的能力进一步增强。[①]

除大规模进行河堤修复、加固外,还对河道进行了有计划的人工改造。如1964年,为解除黄河对孤岛的威胁,经上级部门批准,在垦利县罗家屋子以人工爆破大坝的方式分水,逼使黄河自草桥沟经钓口河入海。[②] 这种有计划的人工改道,大大减轻了黄河洪水对下游的危害。

其二,徒骇河治理。

徒骇河,古称"漯川",或名"漯水",是黄河三角洲地区古老的河流之一,也是传说中大禹疏通的九河之一。它发源于河南省清丰县永顺沟,流经黄河三角洲的沾化县(今沾化区)注入渤海,全长412.5公里。其主要支流有金线河、赵王河、苇河、七里河、赵牛河、土马河等20余条,系鲁北地区最大的排洪河系。在黄河三角洲境内,徒骇河流经惠民、滨县和沾化3县,属该区域仅次于黄河的第二大河。徒骇河虽承担着鲁北平原的泄洪任务,但一直以来,泄洪效果并不理想。有关徒骇河的一首歌谣对此有着生动的描述:

徒骇河,湾又湾,
大生产,有困难。
徒骇河,脾气怪,
下雨有水无雨干。
河床高高象鱼脊,
河道窄窄象鱼线。
洪水发来如牛吼,
冲坏大桥冲坏岸。
水面只露屋顶顶,
大片汪洋行大船……
今年涝来明年旱,
旱比水涝更凶残。
旱得河底见黄沙,

① 参见中共滨州地委党史资料征集研究委员会编:《中共惠民地区历史大事记(1950～1992)》,第299页。

② 参见中共滨州地委党史资料征集研究委员会编:《中共惠民地区历史大事记(1950～1992)》,第205页。

风卷黄沙飞满天。
黄沙落地几尺厚，
黑油油的良田不再见。[①]

创作于“大跃进”时期的这首关于徒骇河的民歌，虽带有明显的时代色彩，但不可否认的是，它从一个侧面反映出徒骇河不仅未在当地的防洪、抗旱中充分发挥作用，反而加重了灾情的事实。为改变这一状况，自1949年10月起，当地政府开始了对徒骇河主河道、支流河道的疏浚及有关附属建筑的修建工作。

首先，对主河道进行疏浚。

徒骇河主河道的疏浚大体可分为两个阶段，第一阶段在20世纪40～50年代，第二阶段在20世纪60～70年代。

第一阶段：

1949年10月，渤海行政公署水利局派人勘察徒骇河下游有关情况，编制出《徒骇河下游疏浚工程计划》。疏浚工程开始于1950年，共分三期。第一期自1950年3月28日开工，至4月8日结束；第二期自4月29日开工，至6月初结束；第三期于麦收后开工。三期工程共组织8.1万人参加施工，完成土方133.6万立方米，疏通了下游河道，减轻了洪涝灾害，提高了航运能力，载重7万～8万公斤的货船，可从渤海经徒骇河由胶州、天津、东北等地运粮至沾化，当年即运入粮食700万公斤。同时，黄河三角洲大量的土特产品亦由此远销各地。[②]

1953年，徒骇河流域发生严重涝灾，成灾面积达1057万亩，占流域耕地面积的49%，受灾人口约100万，伤亡600人，倒塌房屋44万间。当年年底，山东省政府决定对徒骇河再次进行疏浚。此次治理，于1954年5月初开工，至5月底结束，共疏浚土方123.2万立方米。由于本次疏浚系临时措施，未能满足当地工农业生产的需要。[③]

1956～1957年，政府又对黄河三角洲境内的徒骇河进行了三期疏浚，先后动用民工4.5万人，完成土方425万立方米。

第一阶段虽疏浚了徒骇河河道，提高了该河的泄洪能力，但由于治理标

① 作家出版社编辑部编：《跃进新民歌(三)：大跃进战歌》，作家出版社1958年版，第2页。
② 参见山东省惠民地区水利志办公室编：《惠民地区水利志》，第110～111页。
③ 参见山东省惠民地区水利志办公室编：《惠民地区水利志》，第111页。

准不高,徒骇河仍难以抵御大型自然灾害的冲击。[①]

第二阶段:

20世纪60年代初,国务院决定对徒骇河进行扩大治理。

1963年,惠民专区成立徒骇河施工指挥部,自当年11月开始对徒骇河进行治理,至1965年4月结束,先后有15.1万人参与施工,完成土方975.7万立方米。[②] 此次疏浚,大致按三年一遇的洪灾标准进行治理,面对强大洪灾,仍显抵御能力不足。

1966～1969年,在中共中央和山东省委的领导下,惠民专区又连续多年对徒骇河进行扩大治理,共完成土方2754.5万立方米。本次治理系徒骇河治理史上标准最高、工程质量最好的一次大规模治理。治理完成后,河槽底宽138～162米,堤顶宽6～8米,比设计洪水高出2.5米。同时,还对惠民县多处河道进行了裁弯取直,在滨县、沾化县以下原无堤防河段增筑了堤防。工程竣工后,徒骇河不仅防洪排涝能力显著增强,而且因建立了拦河闸,具备了蓄水功能,解决了流域内灌溉、人畜用水及部分工业用水问题。[③] 从此,徒骇河步入了一个新的历史阶段。

在对徒骇河主河道进行疏浚的同时,政府也加强了对其支流的治理力度。土马沙河与胡营河是徒骇河的两条主要支流。自1950年始,黄河三角洲地区即开始对土马沙河进行疏浚,其中,1976年的疏浚投资最大,共计耗资419万元。经过疏浚,土马沙河的防洪能力大增,防洪流量达到268立方米/秒。[④] 而胡营河的治理则始于1953年。至1976年,经过数次疏浚,加上下游拦河闸的兴建,胡营河不仅提高了排涝能力,还解决了下游村庄的缺水问题[⑤]。

除了对徒骇河进行主干、支流河道的疏浚外,出于排洪、灌溉等需要,政府还在徒骇河上建立了拦河闸、涵洞等设施。如樊桥拦河闸、廿里堡拦河闸、坝上拦河闸等的修建,起到了很好的蓄水、挡潮及防洪作用。另外,在1970年徒骇河扩大治理完成后,又先后修建了89座涵洞,充分发挥了河道

① 参见山东省惠民地区水利志办公室编:《惠民地区水利志》,第112页。
② 参见山东省惠民地区水利志办公室编:《惠民地区水利志》,第113页。
③ 参见山东省惠民地区水利志办公室编:《惠民地区水利志》,第114～115页。
④ 参见山东省惠民地区水利志办公室编:《惠民地区水利志》,第125页。
⑤ 参见山东省惠民地区水利志办公室编:《惠民地区水利志》,第125页。

的效益，扩大了排洪和灌溉的面积。①

其三，马颊河治理。

马颊河相传亦为禹疏九河之一，其发源于河南省濮阳县，在山东省无棣县入海，因河势上宽下狭，状如马脸，故名。宋时，因承担大河干流泄洪任务，该河又被称为“减水河”或“二股河”等。

中华人民共和国成立后，对马颊河的治理分为两个阶段。第一阶段为1950～1963年，对河道进行了局部治理。其中，1953年，无棣县整修干流险工28处，计长3742米。② 第二阶段为1964～1974年，对马颊河进行了大规模治理。初期按照“三年一遇排涝”的标准施工，后来按照“六四年雨型排涝、六一年雨型防洪”的标准扩大治理。③ 如1968年，疏浚和倒淤土方达2000余万立方米。④ 经过该次治理，马颊河的防洪、泄洪能力显著增强。

在对马颊河主干河道及其支流进行疏浚的同时，还在马颊河上兴建了1座拦河闸及17座排洪、调水涵洞，取得了显著效果，河流泄洪及灌溉等能力明显增强。如拦河闸修建后，引马颊河水进行灌溉的土地达4.5万亩，同时，还解决了部分村庄的人畜饮水困难问题。⑤

其四，德惠新河开掘。

德惠新河为20世纪六七十年代开掘的排水河道，全长172.6公里，流域面积3248.9平方千米，在黄河三角洲地区主要流经阳信、无棣两县，并在无棣县与马颊河汇合入海。⑥

中华人民共和国成立后，党中央和国务院非常重视对黄河三角洲河流的治理。1965年，国务院决定拨付1000万元资金用于德惠新河的开掘。⑦

1968年，德惠新河阳信段开工建设，由德州地区负责施工。无棣段则在1970年开始施工，1971年完工。竣工后，德惠新河底宽58～105米，两岸堤距154～540米，最大排洪流量为320立方米/秒。然而，德惠新河开挖后，由于汛期洪水

① 参见山东省惠民地区水利志办公室编：《惠民地区水利志》，第119页。

② 参见山东省地方史志编纂委员会编：《山东省志・水利志》，山东人民出版社1993年版，第91～92页。

③ 参见山东省地方史志编纂委员会编：《山东省志・水利志》，第92页。

④ 参见山东省惠民地区水利志办公室编：《惠民地区水利志》，第131页。

⑤ 参见山东省惠民地区水利志办公室编：《惠民地区水利志》，第132～133页。

⑥ 参见山东省地方史志编纂委员会编：《山东省志・水利志》，第96页。

⑦ 参见山东省地方史志编纂委员会编：《山东省志・水利志》，第97页。

受到海水顶托,河道淤积严重,河流的防洪能力下降了1/5～1/4[①]。

其五,小清河治理。

小清河,由伪齐刘裕政权开掘于金代,其源头为济南的泉水,在黄河三角洲地区流经邹平、高青、桓台、博兴、广饶等县。杏花河、孝妇河、胜利河、预备河、乌河等是其在黄河三角洲地区的支流。该河兼具排洪、防涝、灌溉、航运等多种功能。

汛期小清河河水暴涨,常常对流域内村庄造成危害。如1964年,黄河三角洲地区连降暴雨,小清河在桓台县决堤,不仅冲毁了张北铁路,漫溢了张北公路,还围困了146个村庄,致使10余万人受灾。为此,当地政府专门编制了《一九六六至一九七〇年小清河流域治理规划》,投资600万元治理小清河。工程于1966年3月份开始,动用民工3万余人,共疏浚河道92公里,使分洪河宽达700米。是年,黄河三角洲地方政府还专门对小清河的下一步治理进行了部署,在《一九六六年(今冬明春)水利农田基本建设计划要点(草案)》中将小清河流域治理作为第一重点项目。[②] 1967年,对小清河局部河段进行了疏浚。为彻底治理小清河,1978年,黄河三角洲地方政府成立了小清河工程指挥部,投资1425万元,组织当地8县13万民工进行施工,共完成土方1551万立方米。[③]

在中华人民共和国成立至1978年的这段时期,黄河三角洲地区除对小清河主干河道进行了有效治理外,还对其支流及所属湖泊进行了治理,并在小清河干、支流上修建了若干拦河闸、船闸以及排水涵洞等设施,大大增强了小清河的泄洪、灌溉和航运能力。

除上述河流外,中华人民共和国成立后,黄河三角洲地方政府还对漳卫新河、潮河、秦口河、支脉河、白杨河等进行了治理。

二、黄河灌区的兴建

河道长期淤积,使黄河成为地上悬河,遇洪涝季节极易造成严重灾害。

---

① 参见山东省惠民地区水利志办公室编:《惠民地区水利志》,第136页。

② 参见滨州市档案馆藏:《一九六六年(今冬明春)水利农田基本建设计划要点(草案)》(供地委全会讨论稿),档案号3—1—549—4,第2页。

③ 参见山东省惠民地区水利志办公室编:《惠民地区水利志》,第146～147页。

黄河三角洲居民因地制宜，变劣势为优势，在沿河两岸修建了大量灌区，通过在灌区内修建灌渠，引黄灌溉。灌区修建始自 1955 年滨县张肖堂试办虹吸引黄灌溉工程，到 1965 年，又陆续修建了兰家、道旭、归仁等多处引黄工程，利用黄河水灌溉农田 131 万亩。1970 年后，引黄灌溉规模扩大，引黄工程建设达到前所未有的规模。[1] 如表 4-6 所示：

表 4-6　　惠民地区引黄灌区基本情况表[2]

灌区名称	设计流量（立方米/秒）	设计灌溉面积（万亩）	工程状况					累计投资（万元）
			干渠（条）	支渠（条）	干支配套面积（万亩）	有效灌溉面积（万亩）	四级配套面积（万亩）	
张桥	15	20	5	11	7	7	3	65
马扎子	28	32.7	6	26	15	12	4	735
刘春家	37	32	6	29	32	23	10	1030
大道王	3	2	1	3	2	2	1	13
道旭	15	16.2	1	51	10	8	7	132
打渔张	120	169	6	253	108	66	61	4694
簸箕李	75	100	3	47	47	40	25	1217
归仁	4	6	4	31	4	3.5	2	4
王集	2	2	1	3	0.7	0.5	0.3	2
白龙湾	20	22.6	4	52	8	6.5	4	218
大崔	5	9	3	52	6	5	2	12
小开河	25	31	5	23	26	17	10	489
张肖堂	15	15	3	1	15	8	23	221
韩墩	60	75	6	38	16	13	38	555
合计	424	532.5	54	620	296.7	211.5	190.3	9387

下文就中华人民共和国成立至 1978 年这一时期黄河三角洲兴建的主要灌区的情况略作说明。

其一，打渔张灌区（见图 4-2）。打渔张灌区为第一个五年计划期间国家

① 参见山东省滨州地区地方史志编纂委员会编：《滨州地区志》，第 386～387 页。
② 山东省惠民地区水利志办公室编：《惠民地区水利志》，第 212 页。

重点建设项目,属全国兴建最早的灌区,涉及博兴、广饶、利津、垦利、广北农场、五一农场、胜利油田及昌潍专区的寿光县北部一带。[①] 1952年,山东省棉垦委员会完成了《山东省棉垦区打渔张引黄灌区工程初步设计》;同年12月,水利部下达了"同意兴办"的批示。1955年,中国科学院副院长竺可桢协同中国科学院首席顾问、苏联科学院院士柯夫达一行,到打渔张灌区考察。柯夫达代表考察团得出如下结论:打渔张灌区地处黄河下游滨海地区,土壤含盐多为氯盐,容易冲洗,底土有透水沙层,排水效果好,通过冲洗排水改良土壤,灌区开发是有前途的,在技术上是可行的,在经济上也是合理的。几年来的实验研究工作,方向是正确的,得到的资料是宝贵的,不仅对该地区开发有决定性意义,同时尚有全国性意义。[②]

图4-2　打渔张引黄闸[③]

打渔张灌区的正式兴建始于1956年,当时,由惠民、胶州、昌潍、泰安4个专区20余县的10万余名干部、民工组成11个民工团参加施工,历时3年建成,共修建建筑物53830座,其中,总干渠1条,干渠5条,支渠72条,渠道总长度12800多公里,排水沟长9216公里。原设计灌溉面积324万亩,实际建成后扩大至512万亩。[④] 整个灌区1958年建成,在引水灌溉和改良土壤方面发挥了巨大作用,粮食亩产由此前的57公斤提高到80公斤。[⑤] 然而,

① 参见山东省惠民地区水利志办公室编:《惠民地区水利志》,第224页。
② 参见《东营市水利志》编纂委员会编:《东营市水利志》,红旗出版社2003年版,第184页。
③ 采自山东省博兴县地方史志编纂委员会编:《博兴县志》。
④ 参见山东省惠民地区水利志办公室编:《惠民地区水利志》,第225～226页。
⑤ 参见山东省滨州地区地方史志编纂委员会编:《滨州地区志》,第388页。

开灌初期地下水位上升快、幅度大，平均每年上升0.5米左右，3～4年升高1～2米后，才逐渐稳定下来。由此产生的盐碱化土地面积迅速扩大，如1961年，打渔张灌区第4干渠共计产生盐碱化土地31210亩，几乎全部位于1～8支渠内的沙壤地段。[①] 有鉴于此，1962年，除第4干渠外，打渔张灌区其余渠道均废弃还耕。后来，在当地民众的要求下，1965年，灌区全面恢复引黄工程。复灌带来了直接经济效益。1972年，灌区亩产粮食达到129.5公斤，1978年更是高达257公斤。[②]

其二，刘春家灌区。1956年，高青县刘春家开始修建虹吸引黄工程，至1957年8月，共建成引水渠道492条，总长775.28公里，灌溉面积40.29万亩。[③] 灌区投入使用后，基本解除了当地旱灾的威胁。但因春灌期黄河水位较低，虹吸管引水管引水困难，1960年，国家水电部黄河治理委员会决定对工程进行改建，该灌区于同年停灌，1965年复灌。刘春家灌区建成后，对抗旱保苗、农业增产丰收发挥了巨大作用。[④]

其三，韩墩灌区。该灌区始建于1958年，规划范围包括滨县、沾化和利津3县的18个公社、4个农场，面积约400万亩。1959年完成首次引水灌溉。至1962年，灌溉土地313万亩。[⑤] 然而，由于该灌区实施“大引、大蓄、大灌”，造成水位上升，大面积土壤发生次生盐渍化。1962年2月，盐碱土地已达30万亩，农业生产受到严重影响。经惠民专署研究决定，自1962年3月开始，停止韩墩灌区引黄灌溉。1968年，因黄河三角洲地区遭受了历史罕见的特大旱灾，韩墩灌区恢复引黄灌溉工程。[⑥] 该灌区复灌后，改善了灌溉技术，科学用水，合理灌溉，给当地农业生产带来了可观的经济效益，粮棉产量呈现逐年增长趋势。如表4-7所示：

---

① 参见中国农业科学院农田灌溉研究所等编：《黄淮海平原盐碱地改良》，农业出版社1977年版，第293页。

② 参见山东省惠民地区水利志办公室编：《惠民地区水利志》，第226页。

③ 参见山东省滨州地区地方史志编纂委员会编：《滨州地区志》，第388～389页。

④ 参见山东省惠民地区水利志办公室编：《惠民地区水利志》，第228～229页。

⑤ 参见山东省滨州地区地方史志编纂委员会编：《滨州地区志》，第388页。

⑥ 参见山东省惠民地区水利志办公室编：《惠民地区水利志》，第222页。

表4-7　　韩墩灌区历年灌溉效益表(1972～1978年)[①]

年份	引水量（万立方米）	灌溉面积（万亩）	粮棉亩产量(公斤)	
			粮食	棉花
1972	6847.1	16.37	120	19.2
1973	7376.5	16.12	125	21.9
1974	4956.6	15.36	140	/
1975	4679.5	18.6	133	21.6
1976	5612.1	16.8	155	20.8
1977	1143.25	16.1	178	31.4
1978	7559	15.05	176.2	30.6

其四,簸箕李灌区。该灌区是黄河三角洲地区最大的引黄灌区,也是以自流灌溉为主的综合水利工程。其灌溉面积含3县(无棣、阳信和惠民)的150万亩土地,兼具城市供水、水产养殖等功能。[②] 该灌区1959年兴建,1960年建成,1962年停灌,1966年、1976年分别进行了复建,复建后,“随着灌区工程的逐渐配套和管理水平的提高,灌溉面积不断扩大,效益日益明显”[③]。

表4-8　　簸箕李灌区历年灌溉效益表(1970～1978年)[④]

年份	引水量（亿立方米）	灌溉面积（万亩）	粮食		棉花	
			亩产(斤)	总产(万斤)	亩产(斤)	总产(万斤)
1970	1.57	35.0	229	21491	44	968
1971	1.47	40.0	177	16468	22	682
1972	3.50	56.0	299	28750	22	433
1973	2.65	75.0	299	28116	35	597
1974	1.97	51.0	179	16468	19	294

---

① 山东省惠民地区水利志办公室编:《惠民地区水利志》,第223页。

② 参见许迪、龚时宏、李益农等编著:《农业高效用水技术研究与创新》,中国农业出版社2007年版,第297页。

③ 山东省滨州地区地方史志编纂委员会编:《滨州地区志》,第388页。

④ 山东省惠民地区水利志办公室编:《惠民地区水利志》,第219页。

续表

年份	引水量（亿立方米）	灌溉面积（万亩）	粮食		棉花	
			亩产（斤）	总产（万斤）	亩产（斤）	总产（万斤）
1975	1.58	35.0	281	26432	28	473
1976	2.80	56.7	314	27311	19	335
1977	3.30	74.6	351	30170	17	298
1978	2.47	63.1	371	33052	20	335

除修建了以上4个大型灌区外，黄河三角洲地区在中华人民共和国成立至1978年这一时期还修建了白龙湾、小开河、张桥、道旭、归仁、王集等中小型灌区10余处，各灌区又修建了数量众多的引水渠道。引黄灌区的建设，对黄河三角洲农业生产的发展起了重要的推动作用。如：1965～1967年，博兴段的打渔张灌区改造盐碱地4.44万亩，使盐碱地成为稻田①；1969～1972年，高青县马札子灌区改造盐碱地1.77万亩②；1970～1981年，利津县刘家夹河灌区累计灌溉土地14.6万亩，使当地盐碱地面积减少36%③；等等。

据统计，到1984年，黄河三角洲地区14个引黄灌区的粮、棉产量比复灌前分别增长了4.8倍和4.2倍。④ 显然，这一时期黄河三角洲地区农业生产的发展与灌区的修建有着密切关联。

引黄灌区除发挥了灌溉作用外，还在“严重的抗旱斗争中，发挥了巨大的作用”，并解决了“沾化、无棣、阳信等县沿海地区30万人口和两万余头牲口的吃水及九二三厂（即胜利油田——笔者注）的工业用水问题”。⑤

当然，从上述灌区兴建、停灌、复灌的过程中亦不难发现，在引黄工程建设过程中，急于求成，盲目大蓄、大灌，以及配套设施不健全，管理、测控手段粗放、落后，无法做到水量调配的合理和优化等，不仅制约了灌区效益提升和进一步发展，还产生了一定负面影响。如1958～1960年，因引黄灌溉不当，地下水位升高，致使盐碱地急剧增加。到1962年，黄河三角洲的盐碱地

① 参见山东省博兴县地方史志编纂委员会编：《博兴县志》，第185页。

② 参见高青县地方史志编纂委员会编：《高青县志》，第129页。

③ 参见山东省利津县地方史志编纂委员会编：《利津县志》，第269页。

④ 参见山东省滨州地区地方史志编纂委员会编：《滨州地区志》，第387页。

⑤ 滨州市档案馆藏：《惠民专区引黄灌溉管理局关于引黄灌溉工作的初步总结及今后意见（草稿）》，档案号3—1—577—7，第1页。

增至228.6万亩。[①] 1968年后，当地政府吸取引黄灌溉的经验教训，确定了"排灌并举，以排定灌；重点防碱，防改结合；分别类型，综合治理"的方针。此后，又动用大批人力对盐碱地进行整治。到1970年，黄河三角洲盐碱地面积减少至164.5万亩[②]，引黄工程的真正效益逐渐显现。如1982年，簸箕李灌区粮食总产量达2.24亿公斤，棉花总产量达38.9万担，粮食总产量为未灌溉年份1965年的2.57倍，棉花总产量为1965年的4.23倍[③]；1985年，韩墩灌区粮食亩产达428.9公斤，棉花亩产达63.44公斤，一举摘掉了该区域贫穷落后的帽子，彻底改变了"吃粮靠供应，花钱靠救济，生产靠贷款"的局面[④]。

三、抗旱防潮工程的建设

前文已经提及，黄河三角洲也是旱灾频发地。除兴建灌区外，当地政府还采取了其他多种方式应对旱灾。打井和挖塘取水就是其中的重要方式。1973年，惠民地委下达的《中共惠民地委关于今冬明春大力开展农田水利建设运动的意见》要求，农田水利建设，以建设旱涝保收稳产的高产田为主攻方向。1974年，惠民地区新打机井4000眼，配套5500眼，扩大灌溉面积52万亩。[⑤] 具体做法如下：

> 抗旱打井。要认真贯彻执行中央十七省、市抗旱会议精神，积极开展打井抗旱运动。凡地下浅层淡水较好，适宜打机井的地区，应以打井配套为重点。在现有机井建设的基础上，小清河南宜井区，要消灭无机井队，力争实现一百亩地一眼机井，井、机、泵、房、沟、渠、路、林、深翻整平土地全面配套的机井达到百分之九十以上。黄河滩地的宜井区，地下浅层水充足，土质肥沃，适宜井灌，应全面规划，积极推广。引黄灌区的宜井区，应大力提倡井渠并用，以降低地下水位，有利改碱。邹平山区和丘陵地区，在大搞山、水、林、田综合治理的同时，应积极发展大口

① 参见山东省滨州地区地方史志编纂委员会编:《滨州地区志》,第398页。
② 参见山东省滨州地区地方史志编纂委员会编:《滨州地区志》,第398页。
③ 参见山东省惠民地区水利志办公室编:《惠民地区水利志》,第222页。
④ 山东省惠民地区水利志办公室编:《惠民地区水利志》,第223页。
⑤ 参见滨州市档案馆藏:《中共惠民地委文件》惠发(1973)120号《中共惠民地委关于今冬明春大力开展农田水利建设运动的意见》,档案号3－2－580－1,第3页。

井，努力扩大灌溉面积。凡是具备土质较好，土地较多，有浅层淡水，而又不具备引黄、引河和打井条件的地区，都应当推广阳信、沾化等县的典型经验，发动群众开展挖塘运动，发展灌溉和结合解决人、畜吃水。打井和挖塘都要既要求数量，又要注重质量；既要强调配套，又要加强管理维修；特别是在打井挖塘的同时，要大力深翻整地，以充分发挥效益。[①]

除该年外，中华人民共和国成立至1978年，黄河三角洲地区亦有当地政府发动群众抗旱打井的记录。如1955年，原惠民地区干旱面积达到393万亩。为解除旱灾，仅高青县就打砖井8500眼，同时用4000余部水车及黄河、小清河、大小坑塘、水沟等河塘水源浇灌土地。[②] 1955～1956年，无棣县打井5842眼，包括砖井、钢管井、锥井等，亦有井口直径达40米的大口井。1957年，高青县又掀起了打井热潮，共打砖井1746眼，改造旧井5776眼，新打土井3652眼。[③] 1960年，山东省大旱，淄博专区地委发出了"不等黄河水，大挖地下水"的号召，制定了抗旱八字方针，即"利"(充分利用现有水源)、"挖"(大挖新水源)、"蓄"(河内节节打坝，拦蓄余水)、"引"(将河水引入沟、渠、塘、库)、"改"(改长畦和宽畦灌溉为短畦、窄畦灌溉，节约用水)、"变"(变提水泼浇为沟浇，变浅河为深河，变浅沟为深沟，变浅湾为深湾，变浅井为深井)、"并"(水量并流远浇)、"轮"(日夜轮浇)。在上述方针指引下，该区域在利用原有水井、坑塘、水库等的同时，还新修河渠3.6万条，深挖坑塘2634个，打机井746眼，打砖井930眼，深挖井5.5万眼，挖水井、水柜4.5万眼，扩大灌溉面积150万亩。[④]

旱灾之外，黄河三角洲地区因濒临渤海，地势低洼，也是风暴潮的多发地。据《黄河三角洲生态环境灾害与减灾对策》一书统计，中华人民共和国成立至1978年，黄河三角洲有记载的风暴潮灾共8次，其中，1969年发生了特大潮灾，惠民地区沿海淹没土地达150万亩。[⑤] 面对频发的潮灾，自1956年起，黄河三角洲地方政府着手兴建防潮工程，以抵御潮灾，保护当地

① 滨州市档案馆藏：《中共惠民地委文件》惠发(1973)120号《中共惠民地委关于今冬明春大力开展农田水利建设运动的意见》，档案号3－2－580－1，第4页。

② 参见山东省惠民地区水利志办公室编：《惠民地区水利志》，第279页。

③ 参见山东省无棣县史志编纂委员会编：《无棣县志》，第202页。

④ 参见山东省惠民地区水利志办公室编：《惠民地区水利志》，第279页。

⑤ 参见田家怡、吕学军、闫永利等：《黄河三角洲生态环境灾害与减灾对策》，第98页。

工农业生产和人民生命财产安全。

防潮工程的主要形式是修筑防潮堤坝。首先兴建的是漳卫新河至马颊河口的防潮堤。该工程兴建于1958年,建成后堤顶高5.5米,堤高1.8～3米,顶宽3米,总长度12.5公里。此后,当地主管部门又对堤坝进行了修筑、增高,到1973年,该堤坝顶高5.7米,堤高2～3米,顶宽8米。此外,在马颊河口、无棣埕口盐场等地,也兴建了防潮堤坝。[①] 这些防潮堤坝的兴建,在相当程度上促进了当地经济的发展,保护了人民生命财产的安全。

四、水利建设中的管理创新

黄河三角洲地方政府在水利建设过程中,积极创新管理思维与方法,保证了相关建设的顺利实施。主要体现在以下方面:

其一,对境内河道进行分级治理。

黄河三角洲地方政府将境内河道分为省、专区、县三级,按流域进行治理。省级河道为:小清河、淄河、孝妇河、徒骇河、德惠新河、马颊河。以上河道按山东省确定的治理规划进行治理。专区级河道指流经两个县以上的河道,如预备河、支脉沟、广利河、潮河、沟盘河、付家河、白杨河等,由专区统一规划治理。县级河道指流经两个区以上的河道,由县统一规划治理。其余均为区、社所属排水沟和排水渠道。[②] 黄河三角洲地方政府通过对河流进行分级,清晰划分了各级政府的职责,既有利于发挥各级政府部门在河流治理中的积极性与主动性,也便于上级主管部门对相关责任方进行督责与检查。

其二,建立专业施工机构。

1961年《中共惠民专区水利建设指挥部委员会关于今冬明春水利工程安排意见的报告》提出,为了进行水利工程建设,各地要组建“强有力的施工专业机构,配备一定数量的领导骨干,除小型农田水利根据农时忙闲由社、队统一安排外,其他各项工程均应建立施工指挥部或所,下设大队、分队,配备一定数量的工程、财务、器械、政工、卫生等人员。组织范围凡属二个县以上的工程如支脉沟、沾利沟、徒骇河等均由县分别组织,统一施工,专区派员

---

① 参见山东省惠民地区水利志办公室编:《惠民地区水利志》,第262～268页。

② 参见滨州市档案馆藏:《一九六六年(今冬明春)水利农田基本建设计划要点(草案)》(供地委全会讨论稿),档案号3—1—549—4,第1～2页。

指导，二个公社以上的由县统一组织，统一指挥，以社为施工单位”[①]。专业施工机构的建立，提高了水利工程建设的科学性与有效性。

其三，政府部门管理机构与群众性管理组织相结合。

为加强水利设施管理，黄河三角洲地方政府提出了既要强化政府主管部门管理职能，又要调动广大群众积极参与的管理思路。如 1966 年，《惠民专区引黄灌溉管理局关于引黄灌溉工作的初步总结及今后意见（草稿）》中指出：“各县均应建立健全引黄管理机构和群众性的管理组织”，“为了合理用水，管好工程，必须制定规章制度，严格纪律，防止各自为政，各灌区均应以管理机构为主，吸收有关单位负责同志，组成灌溉管理委员会，和普遍地建立群众性的管理组织，确定专责人员，按照上述要求，履行职责，做好用水和工程管理工作”。[②]

其四，各行业、各部门协同联动。

进行水利建设，仅仅依靠水利部门，难以推动工作进程。因此，黄河三角洲地方政府提出了在水利建设中各行业、各部门协同联动的思路。如 1973 年，《中共惠民地委关于今冬明春大力开展农田水利建设运动的意见》中指出：“在水利建设运动中，各级党委要认真做好对商业、粮食、物资、工业、财政、交通等有关部门的组织工作，对他们提出具体任务和要求，落实完成任务的措施，真正把支援水利建设变成实际行动。各有关部门，也必须在党委的一元化领导下，主动配合，密切协作，积极支援水利建设。”[③]建立各行业、各部门的协同联动机制，能够在水利工程建设过程中，快速集中各方面力量，确保水利工程的顺利实施。

黄河三角洲地区水利建设的长足发展，不仅得益于各级党委、政府的坚强领导，更得益于广大劳动人民的无私付出。一项工程，动辄动用民工几千人，甚至十几万人，工程实施过程中，有的民工甚至献出了生命。如《中共淄博专区水利建设指挥部委员会关于对无棣县簸箕李灌区沙河工段连续发生

---

① 滨州市档案馆藏：《中共惠民地委文件》惠发（61）239 号戌《中共惠民地委批转专区水建指挥部党委关于今冬明春水利工程安排意见的报告》附《中共惠民专区水利建设指挥部委员会关于今冬明春水利工程安排意见的报告》，档案号 3－1－386－7，第 3 页。

② 滨州市档案馆藏：《惠民专区引黄灌溉管理局关于引黄灌溉工作的初步总结及今后意见（草稿）》，档案号 3－1－577－7，第 6 页。

③ 滨州市档案馆藏：《中共惠民地委文件》惠发（1973）120 号《中共惠民地委关于今冬明春大力开展农田水利建设运动的意见》，档案号 3－2－580－1，第 9 页。

死亡事故的报告》指出，1960 年 3 月无棣县簸箕李灌区沙河工段的施工，共有 5000 名民工参与，11 天的工期内，连续发生死亡事故 13 起，患水肿病者达 237 人。[①] 可见黄河三角洲地区水利建设成果的来之不易。

第四节　林渔业

中华人民共和国成立至 1978 年，黄河三角洲地区的林业开发大致经历了三个阶段：第一个阶段为中华人民共和国成立至 20 世纪 50 年代初期，第二个阶段为 20 世纪 50 年代末"大跃进"运动开始至 60 年代末，第三个阶段为 20 世纪 70 年代初至 1978 年。

第一个阶段，黄河三角洲地方政府先是贯彻"国造国有，村造村有，伙造伙有，自造自有"的林权政策，开展群众性的护林、造林和零星的植树运动，之后，响应"绿化祖国"的号召，大搞植树运动，使黄河三角洲地区的生态环境有所改善。[②]

第二个阶段，黄河三角洲的林业与其他行业相似，受到"大跃进"、人民公社化运动的冲击和影响，损失较大，各县虽掀起了造林高潮，但质量不高，成活率低，收效甚微，加之大炼钢铁，伐木充薪，无偿平调木材等，大量木材林被砍伐。后来，黄河三角洲又遭遇严重的自然灾害，很多人毁林开荒，毁树作薪，加之林木所有权混乱，群众植树积极性较低。1961 年惠民地区进行森林资源普查时，仅有林地 8 万余亩。至 20 世纪 60 年代末，仅有部分林场林业有所发展。[③] 黄河三角洲地区的林业发展进入了低谷期。

第三个阶段，20 世纪 70 年代初，黄河三角洲地区的林业发展有所恢复，至 1979 年，原惠民地区农田林网化面积发展到 129 万亩，建成用材林基地 3 万亩[④]。

---

① 参见滨州市档案馆藏：《中共淄博地委文件》淄发(60)字 179 号辰《中共淄博地委批转水建指挥部委员会关于无棣县簸箕李灌区沙河工段连续发生死亡事故的报告》附《中共淄博专区水利建设指挥部委员会关于对无棣县簸箕李灌区沙河工段连续发生死亡事故的报告》，档案号 3—2—266—9，第 2 页。

② 参见张秀荣：《惠民地区林业志》(上)，铅印稿，1994 年，第 8 页。

③ 参见张秀荣：《惠民地区林业志》(上)，第 8 页。

④ 参见张秀荣：《惠民地区林业志》(上)，第 8 页。

本部分有关黄河三角洲林业发展情况的内容，主要涉及经济林业，以果林、桑树等为主，其他如防护林等未纳入研究范围。现从以下方面略加说明。

一、经济林业的发展

中华人民共和国成立至1978年，黄河三角洲经济林业的发展趋势与当地林业发展的总体趋势相似，但各县区不尽相同。

阳信县以栽种鸭梨闻名。该县栽种鸭梨的历史可上溯到清宣统年间。1949年，阳信县栽种鸭梨380亩，总产量4.95万公斤。1958年，受人民公社化运动、自然灾害等影响，阳信县梨园砍伐殆尽，仅梨园郭村保留73亩，鸭梨产量一度下降。进入20世纪70年代后，阳信县的鸭梨栽培、生产重新恢复。1971年，全县栽种鸭梨747亩，1975年增加至1682亩，总产量达113.05万公斤。此后，鸭梨栽种面积逐年扩大，至1985年达1.42万亩。[①] 由于鸭梨品种优良，深受广大消费者喜爱，梨园经济也为阳信县经济发展做出了贡献。如1985年，全县鸭梨收入46万元，占当年果品总收入的65%。[②]

无棣县以栽种金丝小枣著称。中华人民共和国成立至1978年，无棣县小枣产量情况如表4-9所示：

表4-9　　无棣县小枣产量统计表(1949～1978年)[③]

年份	小枣产量(吨)	年份	小枣产量(吨)
1949	1700	1964	1705
1950	1100	1965	1400
1951	2100	1966	3104
1952	2000	1967	4000
1953	1900	1968	1210
1954	2400	1969	2150
1955	2200	1970	1154

① 参见山东省阳信县史志编纂委员会编:《阳信县志》,第127页。
② 参见山东省阳信县史志编纂委员会编:《阳信县志》,第127页。
③ 山东省无棣县史志编纂委员会编:《无棣县志》,第155页。

续表

年份	小枣产量(吨)	年份	小枣产量(吨)
1956	2804	1971	1256
1957	2878	1972	134
1958	7020	1973	4374
1959	5811	1974	5000
1960	3804	1975	4264
1961	815	1976	3386
1962	2500	1977	2935
1963	2659	1978	2381

由表4-9可见，自中华人民共和国成立至1958年，无棣县小枣产量总体上呈上升趋势。1949年，无棣县小枣产量为1700吨；至1958年，小枣产量达到7020吨。此后，枣林经济因政治运动遭到破坏。1961年，小枣产量为815吨，仅为1958年总产量的11.6%。“文化大革命”期间，小枣产量徘徊不前。1972年，降至历史最低的134吨。1978年，“无棣县把发展小枣生产作为振兴经济的优势之一，加快枣树发展速度”[①]，此后，小枣种植面积和产量逐步提高。

博兴、高青等县以种植苹果为主。1958年，博兴县建立了国营博兴果树园艺场。1975年，博兴县栽种果树总面积达5562亩。[②] 高青县1966年始从烟台引进苹果树苗3000株，到1975年，全县果园达250处，种植面积达9500亩，苹果总产量为87.75万公斤。[③] 惠民县1953年引进苹果树苗，开始零星种植。1964年，县政府确定以苹果为果树发展重点。1966年，全县苹果树种植面积达0.16万亩，1979年增至1.55万亩。[④] 沾化县1957年引进苹果树苗，当年栽种100亩。1961年，全县苹果种植面积增至335亩。进入20世纪70年代，沾化果园发展较快，1975年，苹果园、梨园、桃园等果园总面

---

① 山东省滨州地区地方史志编纂委员会编:《滨州地区志》，第354页。

② 参见山东省博兴县地方史志编纂委员会编:《博兴县志》，第172页。

③ 参见高青县地方史志编纂委员会编:《高青县志》，第170页。

④ 参见山东省惠民县地方史志编纂委员会编:《惠民县志》，第196页。

积达4347亩。1977年，沾化县被山东省列为渤海湾近海区苹果栽培县。[①]

邹平县林果生产在中华人民共和国成立后也有了较大发展。中华人民共和国成立前，邹平、长山共有果树1.7万株。1955年，邹平县栽种苹果树5万株，桃树、杏树10万株。20世纪50年代末至60年代初，当地林业经济受到严重破坏。进入70年代，果树种植虽受政治运动影响，但仍维持在50万株左右[②]，林业经济在徘徊中前进。1949～1955年，利津县水果年产量为0.75万公斤。1958年，果林遭到砍伐，年产量降至0.075万公斤。20世纪60年代中期开始恢复，1965年，年产量达24万公斤；1967年，年产量为30万公斤。[③]

桑树的种植在黄河三角洲地区也较普遍。中华人民共和国成立前，黄河三角洲地区的桑树种植较少。中华人民共和国成立后，黄河三角洲地方政府积极引导农民种植桑树，发展桑蚕事业，桑树种植面积有了一定增长。高青县1957年种植桑树0.3175万亩[④]，但此后受"以粮为纲"等政策影响，出现了毁桑种粮现象。到1960年，全县植桑面积降为0.1046万亩。20世纪70年代逐渐恢复，如1970年，全县植桑0.3444万亩。但此后，桑树面积又有所下降，至1985年，降至0.159万亩。[⑤] 惠民县1966年种植桑树0.32万亩，1977年增至0.54万亩。[⑥] 沾化县桑园的发展走在山东省前列，该县大规模养蚕始于1968年，至1971年，共有桑园39处，总面积1250亩，种植桑树10万株，蚕茧产量4046公斤。1975～1978年，沾化县共产茧16.91万公斤，被列为山东省产茧重点县。[⑦]

在果树种植给黄河三角洲地区带来直接经济效益的同时，当地的果品深加工也有所发展。如无棣县1957年建立了县酿酒厂，以小枣为主要原料，年产小枣白酒300吨。1972年，酿酒厂又试制成功"无核金丝蜜枣"，当年产量达120吨。1977年，又试制成功水枣罐头，年产量51吨。[⑧] 深加工使小枣的价值倍增。

---

① 参见山东省沾化县地方史志编纂委员会编:《沾化县志》,第251页。
② 参见山东省邹平县地方史志编纂委员会编:《邹平县志》,第443页。
③ 参见山东省利津县地方史志编纂委员会编:《利津县志》,第234页。
④ 参见高青县地方史志编纂委员会编:《高青县志》,第170页。
⑤ 参见高青县地方史志编纂委员会编:《高青县志》,第171页。
⑥ 参见山东省惠民县地方史志编纂委员会编:《惠民县志》,第198页。
⑦ 参见山东省沾化县地方史志编纂委员会编:《沾化县志》,第252页。
⑧ 参见山东省无棣县史志编纂委员会编:《无棣县志》,第162页。

另外，黄河三角洲地区林业经济的效益也在徘徊中提高。现以表 4-10 加以说明。

表 4-10　　惠民地区林业产值及比重表(1949～1978 年)①

年份	林业产值（万元）	占国民总产值百分比	年份	林业产值（万元）	占国民总产值百分比
1949	133	0.5	1964	111	0.75
1950	112	0.4	1965	557	1.83
1951	94	0.4	1966	547	1.86
1952	187	0.6	1967	433	1.34
1953	306	1.1	1968	297	1.11
1954	376	1.1	1969	380	1.37
1955	516	1.5	1970	377	1.26
1956	599	1.7	1971	1262	2.13
1957	715	2.2	1972	1427	2.28
1958	986	2.8	1973	3561	7.26
1959	870	3.1	1974	1937	4.88
1960	183	1.0	1975	962	1.84
1961	85	0.6	1976	970	1.96
1962	79	0.6	1977	1090	1.96
1963	52	2.7	1978	3483	6.35

由表 4-10 可见，黄河三角洲原惠民地区的林业经济产值，自中华人民共和国成立初期的 133 万元一路攀升至 1958 年的 986 万元，占国民经济的比重也持续增加。进入 20 世纪 60 年代后，当地林业经济受到较大破坏，1963 年的产值仅为 52 万元，是 1949 年以来的最低值。此后虽有所提升，但幅度不大。进入 70 年代后，当地林业经济有所恢复，虽时有反复，但总体上呈上升态势。至 1978 年改革开放前，当地林业产值达到了历史最高的 3483 万元，林业经济占国民经济的比重也达到了历史最高水平。

① 张秀荣:《惠民地区林业志》(上)，第 131 页。

二、优良品种的选育

黄河三角洲农、林业历来有选择优良品种的传统，中华人民共和国成立后这一传统得以发扬。1971年，山东省革委农业局下发通知，要求开展群众性选育苹果优良品种活动。选优标准为：以早熟或晚熟品种为主，中熟品种为辅，选择稳产高产、果型端正、肉质细脆、酸甜适口、色泽鲜艳（熟后全红或绿）、耐贫瘠、抗干旱、抗病虫、易管理的品种。一旦选出，尽快就地培育推广。在此次全省苹果优良品种选育中，黄河三角洲地区成绩较好。如1974年，山东省对苹果良种进行鉴评，阳信县银高苗圃选育出的国光苹果74—86号获评96.5分，国光苹果74—87号获评93.8分；沾化县黄升公社孙家村选育出的元帅苹果74—104号获评102.7分。[①] 1975～1977年，黄河三角洲地区对当地果树品种进行选优。其中，苹果选出了元帅、国光、青香蕉、金帅4个优良品种，枣树选出了金丝小枣、无核小枣2个优良品种，梨树选出了鸭梨、茌梨等优良品种。[②] 优良品种的选育和推广，促进了黄河三角洲水果品质的提高。

这一时期，黄河三角洲的林苗培育基地——苗圃也有了新发展，林苗栽培技术亦有所进步。

据统计，1950年，黄河三角洲原惠民地区共有农场8处，苗圃5处，培育树苗44.3万株。20世纪50年代后期，惠民地区苗圃发展到6处，总面积达1060亩。1961年，全区苗圃发展至11处，分别为无棣县坡宋苗圃，惠民县黑楼苗圃，阳信县二十里堡苗圃、银高苗圃，邹平县小位苗圃、西关苗圃、果树苗圃，青城县（今高青县的一部分）青城苗圃，沾化县太平苗圃，滨县杜店苗圃，博兴县官庄苗圃，总面积达1676.5亩。1963年，共培育苗木700万株。进入70年代后，黄河三角洲地区的苗圃面积继续扩大，新的苗圃基地，如惠民县苗圃基地等相继出现。到1979年，惠民地区苗圃总面积达到3419亩。[③]

树苗栽培技术也取得进步。如自1965年开始试验营养杯种子育苗，获

---

① 参见张秀荣：《惠民地区林业志》（上），第12～13页。

② 参见张秀荣：《惠民地区林业志》（上），第13页。

③ 参见张秀荣：《惠民地区林业志》（上），第30～31页。

得成功。70年代又开始推行“二级育苗”,将大量散生的枣苗刨出,集中培育于苗圃之中,使苗木便于管理,并使大田利于耕作。[①] 新的育苗方式的推广,提高了树苗成活率,对林业发展起到了积极的促进作用。

三、影响经济林业发展的政策变动

20世纪50年代中期农业合作化运动高涨之际,受政策及其执行的影响,黄河三角洲地区的林业经济损失较大。如1955年《中国共产党惠民地方委员会通报》第5号《中共惠民地委批转专署党组关于无棣县农民大批砍伐枣树、牲畜价暴跌情况的调查报告》指出:在农民入社政策中,“采取了枣树入社不分红的错误作法,因而,给群众增加了很多顾虑,他们认为:带着枣树入社不分红,又捞不着枣吃,不如早刨掉好”。以至于出现农民大批砍伐枣树的情况:“凡有枣树的区乡都发生程度不同的砍伐现象,有些乡极为严重。如七区杨家乡,共有六四五〇〇棵枣树,已刨掉一三三〇棵;四区崔石东村,有枣树一四〇〇棵,已刨掉一八〇棵;八区□石乡,有百分之九十以上的户砍伐枣树,有的户并将老枣树、小枣树一起刨掉。”[②]后来政府及时调整政策,下发通知严禁砍伐树木,使林业经济免遭更大损失。

20世纪60年代初,黄河三角洲又出台了新的林业政策,即对林木产权进行确认,对当地林业经济的影响较大。1963年,惠民专署林业局规定,凡“果园,生产队无力经营的□□收归大队所有,或大队组织生产联营。承包给生产队经营的大片林木和果园,经营好的,订立长期经营合同;经营不好的,改由大队组织专业队经营。应下放而未下放的林木、果树坚决下放,确权发证后,集体或个人林木所有权及造林地使用权长期不变”[③]。下面为确权证样式[④]:

县(或市)林木土地所有证　　林权字第　　号

为进一步调动集体的植树、造林、护林积极性,加速发展林业生产,保证农业稳定丰收;增加林副产品收入,稳固集体经济,支援国家社会

---

① 参见张秀荣:《惠民地区林业志》(上),第35～36页。

② 滨州市档案馆藏:《中国共产党惠民地方委员会通报》1955年第5号《中共惠民地委批转专署党组关于无棣县农民大批砍伐枣树、牲畜价暴跌情况的调查报告》,档案号3—2—77—9,第1～2页。

③ 张秀荣:《惠民地区林业志》(上),第65页。

④ 张秀荣:《惠民地区林业志》(上),第66页。

主义建设，根据“农村人民公社工作条例修正草案”和“中共中央关于确定林权，保护山林和发展林业的若干政策规定(试行草案)”，确定将现有林地和荒山、荒滩(地)共　　亩　　分　　厘划归　　公社　　大队　　生产队所有，长期不变，林副产品等收益也全部归权属所有单位；但所有单位必须组织林业专业队伍，保护、管理好林木，积极采种育苗，加速植树造林，发展林业生产，为确保上述权利和义务，特发此证。

县(或市)人民委员会

一九六　　年　月　日

地名	面积	四至界限	备考

确权证的发放，一定程度上调动了广大社员及大队、小队植树造林的积极性，保护了村民的合法利益，有利于林业经济的发展。

然而，1966年开始的“文化大革命”运动，打乱了林木权属，将社员的树木视为“资本主义尾巴”，甚至将村民庭院内的树木亦收归公有，确权证也受到批判，个人林木被大量侵占、砍伐。① 黄河三角洲林业发展因相关政策的改变，受到较大影响。如有的村“四旁”树木被一扫而光，毁林之多为历史之最，博兴、惠民、沾化、高青、无棣5县毁林尤重。②

进入20世纪70年代后，尤其是“文化大革命”后期，黄河三角洲地方政府开始有意识地纠正此前林业发展中的错误政策。如1975年，中共惠民地委发出《关于制止没收自留地和滥伐树木的紧急通知》，要求坚决纠正和杜绝收自留地、自留树和滥伐树木的错误做法。③ 纠正效果虽不尽如人意，但林业发展开始步入正确轨道。

综上，中华人民共和国成立至1978年，黄河三角洲地区的林业有了一定发展，但发展过程并非一帆风顺，基本呈现出先较快发展，后减速发展甚至

① 参见张秀荣:《惠民地区林业志》(上)，第67页。
② 参见张秀荣:《惠民地区林业志》(上)，第86页。
③ 参见张秀荣:《惠民地区林业志》(上)，第67页。

出现逆增长，继而再次快速发展的波浪式发展趋势。

通过与胶东、鲁西南等地区比较，可以对这一时期黄河三角洲地区林业开发的实际水平作出初步判断。下面以果品总产量为例加以说明。黄河三角洲原惠民地区1949年果品总产量为1.5万吨，至1977年增至2.4万吨[①]，增长率为60%；而地处胶东半岛的烟台地区，1949年果品总产量为2.1万吨，至1975年增至4.9万吨[②]，增长率为133.3%。且统计时间上，烟台地区较之黄河三角洲惠民地区少两年。此外，鲁西南的济宁地区，1949年果品总产量为1.5万吨，至1978年增至4.9万吨[③]，增长率为226.7%。从果品产量增长率的角度判断，中华人民共和国成立至1978年，黄河三角洲地区的林业开发较之胶东半岛和鲁西南地区增速较慢。

四、渔业

中华人民共和国成立至1978年，黄河三角洲的渔业，包括水产养殖、水产捕捞、水产加工等，均有一定程度的发展，但不甚稳定。

水产养殖业方面，淡水养殖呈现出“快—慢—快”的发展趋势。如表4-11所示：

表4-11　惠民地区淡水养殖面积表(1957～1978年)[④]　单位:万亩

年份	面积	年份	面积
1957	5.00	1968	1.19
1958	2.12	1969	0.20
1959	13.37	1970	0.20
1960	4.49	1971	1.13
1961	8.36	1972	1.03
1962	0.21	1973	1.25
1963	0.40	1974	1.08
1964	0.33	1975	0.90

① 参见山东省滨州地区地方史志编纂委员会编:《滨州地区志》,第353页。
② 参见烟台市地方史志编纂委员会办公室编:《烟台市志》,第1012页。
③ 参见济宁市地方史志编纂委员会编:《济宁市志》,第385页。
④ 山东省滨州地区地方史志编纂委员会编:《滨州地区志》,第361～362页。

续表

年份	面积	年份	面积
1965	1.58	1976	0.90
1966	1.10	1977	1.74
1967	0.62	1978	1.92

由表4-11可见，1957～1961年，黄河三角洲原惠民地区的淡水养殖业得到较快发展；1962～1976年，受黄河水丰枯不定和“文化大革命”等影响，淡水养殖面积不大，渔业总产值徘徊不前；1977年之后，养殖面积逐步扩大，淡水养殖业渐渐复苏。

中华人民共和国成立至1978年，黄河三角洲地区的水产捕捞业亦呈现先快、后慢、再快的发展趋势。如沾化县“1949年总产量为3364吨，20世纪50年代末达9186吨。60年代初产量大减，1962年降至4122吨。此后数年，直至60年代末产量高低不稳，1966年曾一度上升至9418吨，而1968年、1969年又徘徊在6000吨左右。到70年代初回升至万吨以上。1974～1983年10年间，平均年总产量14501.8吨”[①]。

利津县的水产捕捞业发展趋势与沾化县相似。1949年，利津县有渔民65户，年捕捞量685吨。1952年，渔业劳动力增至394人，年捕捞量达2268吨。1952～1957年，渔民人数、年捕捞量不断增加，到1957年，渔业劳动力达634人，年捕捞量达4413吨。1958年“大跃进”运动开始后，水产捕捞业受到影响。1960年，年捕捞量降至1530吨。自1962年始，随着“调整、巩固、充实、提高”方针的落实，水产捕捞业逐渐恢复，到1963年，年捕捞量升至1791吨。进入20世纪70年代，水产捕捞业恢复明显。1970年，四艘大船首次远征“吕泗洋”，当年捕捞量达3010吨。1978年，渔业劳动力增至760人，年产量达3988吨。[②]

黄河三角洲地区其他各县的捕捞经济与上述两县情况相去不远。中华人民共和国成立后，原惠民地区的渔业生产首先得到恢复，1951年，海洋捕捞产量为1.07万吨，比1949年增长近1倍。1955年，成立渔业生产合作社，海洋捕捞产量增至1.46万吨。从1957年开始，海洋捕捞产量总体上呈

① 山东省沾化县地方史志编纂委员会编:《沾化县志》,第163页。

② 参见山东省利津县地方史志编纂委员会编:《利津县志》,第244页。

下降趋势,1961年,降至0.56万吨。此后总体上呈上升趋势,1973年突破2万吨,1978年达2.11万吨。[①] (见表4-12)

表4-12 惠民地区海洋捕捞产量表(1949～1978年)[②] 单位:万吨

年份	产量	年份	产量	年份	产量
1949	0.60	1959	1.45	1969	1.17
1950	0.75	1960	1.14	1970	1.75
1951	1.07	1961	0.56	1971	1.92
1952	0.98	1962	0.72	1972	1.76
1953	1.36	1963	1.05	1973	2.02
1954	1.55	1964	0.99	1974	2.12
1955	1.46	1965	1.19	1975	2.27
1956	1.82	1966	1.43	1976	1.89
1957	1.78	1967	1.46	1977	2.52
1958	1.24	1968	1.02	1978	2.11

中华人民共和国成立后,黄河三角洲的海洋捕捞工具也有一定改进。据1960年《中共淄博地委批转地委水产部关于当前渔业生产情况及今后意见的报告》可知,黄河三角洲地区在渔业捕捞工具方面实现了某些"技术革命",如"轻拖网""是试验成功的一种先进流动渔具",要求在全区大力推广。另外,"煤焦油染网"已"试验成功";传统的"张网"普遍推行"广挂双层网";高产定置的"罐子网"也在积极试验和推广中。[③] 进入20世纪70年代后,化纤网具得到普及,同时又增加了"加流网"。[④] 新式网具的试验和推广,对推动海洋捕捞业的发展起到积极的促进作用。

在海洋捕捞业发展的同时,水产品加工业亦有了较快发展。中华人民共和国成立前,黄河三角洲水产品加工手段落后,"仅能采取干制和腌、酱制"。中华人民共和国成立后,黄河三角洲"水产品加工技术不断提高,不仅干制、盐制、酱制,还制成鱼罐头、贝罐头,且加工量大大增加。1978年,黄河

① 参见山东省滨州地区地方史志编纂委员会编:《滨州地区志》,第363页。

② 山东省滨州地区地方史志编纂委员会编:《滨州地区志》,第365页。

③ 参见滨州市档案馆藏:《中共淄博地委文件》淄发(60)字128号寅《中共淄博地委批转地委水产部关于当前渔业生产情况及今后意见的报告》,档案号3—2—267—6,第4页。

④ 参见山东省广饶县地方史志编纂委员会编:《广饶县志》,第210页。

三角洲地区加工水产品7000吨”。[①]

通过与胶东半岛、鲁西南等地区比较，可以对中华人民共和国成立至1978年黄河三角洲地区渔业开发的实际状况有一个更加清晰的认识。以海洋捕捞业为例，黄河三角洲原惠民地区1950年捕捞量为0.75万吨，到1978年增至2.11万吨[②]，增长率为181.3%；地处胶东半岛的烟台地区1950年捕捞量为6.2万吨，到1978年增至24.2万吨[③]，增长率为290.3%；地处鲁西南的济宁地区，1950年捕捞量为1.9万吨，到1978年增至2.1万吨[④]，增长率为10.5%；同样地处鲁西南的菏泽地区，1949年捕捞量不详，1982年捕捞量仅为0.02万吨[⑤]。因此，从海洋捕捞量的角度而言，中华人民共和国成立至1978年，黄河三角洲的渔业开发速度低于胶东地区，高于鲁西南的济宁、菏泽等地区。

第五节　工业

中华人民共和国成立至1978年，黄河三角洲地区的工业开发在一些领域实现了突破，如石油工业从无到有，成为本区域工业开发的重大亮点。此外，传统的制盐业、纺织业等工业部门均有了不同程度的发展。但总体来看，黄河三角洲地区的工业开发时常受到政治运动的影响，表现出曲线形的增长态势。

一、石油工业的崛起

中华人民共和国成立初期，经济基础薄弱，百废待兴，加之西方国家封锁，燃油供应极为紧张。自20世纪50年代开始，国家组织地质学家开展了艰苦卓绝的勘探、找油工作，并首先在东北地区实现了突破——发现了大庆油田。然而，大庆油田的发现，仍难以满足国家经济发展的需要，石油勘探

① 山东省滨州地区地方史志编纂委员会编:《滨州地区志》，第369页。
② 参见山东省滨州地区地方史志编纂委员会编:《滨州地区志》，第365页。
③ 参见烟台市地方史志编纂委员会办公室编:《烟台市志》，第1051页。
④ 参见济宁市地方史志编纂委员会编:《济宁市志》，第404页。
⑤ 参见山东省菏泽市史志编纂委员会编:《菏泽市志》，第164页。

工作继续进行,并在黄河三角洲地区实现了新突破。

1961年1月26日,石油工业部华北勘探处32120钻井队在东营地区开钻[①];3月5日,在广饶县东营村附近钻探“华8井”时,喜获华北找油以来第一块油砂;4月16日,“华8井”(见图4-3)提前完钻,经试油,获得了日产8.1吨的工业油流[②]。“华8井”的钻探出油,成为胜利油田大开发的起点。

图4-3 “华8井”旧址[③]

1962年9月23日,32138钻井队在东营地区打成“营2井”,喜获日产555吨的高产油流,555吨也成为当时全国最高的单井日产量。[④]“营2井”的发现,是“华北地区山东境内石油勘探的又一重大突破,从而发现了胜利油田,揭开了胜利油田会战的序幕”[⑤]。由于发现胜利油田的时间为9月23日,当时胜利油田被称为“九二三厂”。1971年6月28日,中共山东省委下

① 参见中共滨州地委党史资料征集研究委员会编:《中共惠民地区历史大事记(1950～1992)》,第159页。

② 参见东营市政协文史资料委员会等合编:《胜利油田的崛起》,中国文史出版社1998年版,第2页。

③ 采自山东省东营市地方史志编纂委员会编:《东营市志》。

④ 参见东营市政协文史资料委员会等合编:《胜利油田的崛起》,第2页。

⑤ 胜利油田《滨南采油厂志》编纂办公室编:《胜利油田·滨南采油厂志(1968～2000)》,内部资料,第3页。

发批文，将“九二三厂”正式更名为“胜利油田”。[①]

自1963年开始，胜利油田开发被列入国家计划，仅1963～1965年，国家累计投资即达1.63亿元[②]，此后，投资不断增加。1964年1月25日，中共中央批转石油工业部党组《关于组织华北石油勘探会战的报告》，称：“中央同意石油部党组关于组织华北石油勘探会战的报告。这是继松辽油田大会战之后的又一次重要的会战，望有关地方和有关部门予以协助。中央并同意报告所提关于会战的领导形式。同时，责成国家经委对华北石油勘探会战，大力组织协作。”[③]6月，华北石油勘探会战总指挥部和中共华北石油勘探会战工作委员会正式成立。[④] 此后，一批批来自“大庆、玉门、青海、新疆、四川、北京等油田和科研单位的石油工人和科技人员汇聚到这里”[⑤]，开发建设我国第二大油田——胜利油田。在会战一周年之际，“坨11”井获得了日产1134吨的高产油流，成为我国第一口千吨井。[⑥] 我国石油工业的发展亦由此掀开了新的一页。

此后，又陆续开发了滨南油田、平方王油田、尚店油田、利津油田、王庄油田、单家寺油田等10余处油田，这些油田成为胜利油田的重要组成部分。1985年，探明上述油田的石油总储量约为6.03亿吨，天然气总储量约为83.72亿立方米。[⑦]

随着油田开发的深入进行，胜利油田的油、气产量逐年增加。现以滨南油田、平方王油田和尚店油田为例，列表（见表4-13至表4-15）说明如下：

---

① 参见胜利油田《滨南采油厂志》编纂办公室编：《胜利油田·滨南采油厂志（1968～2000）》，第33页。

② 参见王修智主编：《山东工业四十年》，山东人民出版社1989年版，第55页。

③ 东营市政协文史资料委员会等合编：《胜利油田的崛起》，第302页。

④ 参见胜利油田《滨南采油厂志》编纂办公室编：《胜利油田·滨南采油厂志（1968～2000）》，第3页。

⑤ 东营市政协文史资料委员会等合编：《胜利油田的崛起》，第2页。

⑥ 参见王修智主编：《山东工业四十年》，第9页。

⑦ 参见山东省滨州地区地方史志编纂委员会编：《滨州地区志》，第421页。

表4-13　　滨南油田开发综合数据表(1968～1978年)①

项目／年份	钻井(口)	探井(口)	年投产井(口)	油井(口)		年产液(万吨)	年产油(万吨)	累计产油(万吨)	年产气(百万立方米)	累计产气(百万立方米)
				总井	开井					
1968	21	11	1	/	/	/	1.05	1.05	/	/
1969	36	4	1	/	/	/	1.61	2.66	/	/
1970	3	/	16	/	/	/	7.62	10.28	/	/
1971	2	/	2	49	37	19.26	11.66	21.94	14.26	14.26
1972	1	/	6	52	34	19.35	16.06	38.00	14.75	29.01
1973	/	/	2	50	43	26.37	20.81	58.81	15.44	44.45
1974	/	/	2	48	37	28.08	22.06	80.87	13.87	58.32
1975	9	7	1	49	40	33.96	24.39	105.26	13.25	71.57
1976	33	5	14	57	60	40.35	25.85	131.11	15.71	87.28
1977	13	1	10	79	68	54.22	30.41	161.52	13.44	100.72
1978	5	1	15	73	68	70.27	37.51	199.03	18.86	119.58

表4-14　　平方王油田开发综合数据表(1968～1978年)②

项目／年份	钻井(口)	探井(口)	年投产井(口)	油井(口)		年产液(万吨)	年产油(万吨)	累计产油(万吨)	年产气(百万立方米)	累计产气(百万立方米)
				总井	开井					
1968	9	5	/	/	/	/	/	/	/	/
1969	23	7	/	/	/	/	0.21	0.21	/	/
1970	80	9	5	/	/	/	2.59	2.80	/	/
1971	16	5	26	77	71	25.48	24.68	27.48	65.79	65.79
1972	/	/	10	102	95	41.72	38.87	66.35	138.11	203.90

① 胜利油田《滨南采油厂志》编纂办公室编:《胜利油田·滨南采油厂志(1968～2000)》,第138页。

② 胜利油田《滨南采油厂志》编纂办公室编:《胜利油田·滨南采油厂志(1968～2000)》,第144页。

续表

项目/年份	钻井（口）	探井（口）	年投产井（口）	油井（口）总井	油井（口）开井	年产液（万吨）	年产油（万吨）	累计产油（万吨）	年产气（百万立方米）	累计产气（百万立方米）
1973	3	2	2	114	92	50.95	47.42	113.77	191.58	395.48
1974	11	6	3	120	94	96.34	90.86	204.63	277.00	672.48
1975	8	2	12	112	90	195.13	169.99	374.62	634.82	1307.30
1976	3	/	3	107	88	153.92	105.27	479.89	1053.80	2361.10
1977	5	1	2	108	77	150.27	59.19	539.08	806.11	3167.21
1978	17	1	8	124	98	171.91	58.52	597.60	1094.98	4262.19

表 4-15　尚店油田开发综合数据表(1968～1978 年)①

项目/年份	钻井（口）	探井（口）	年投产井（口）	油井（口）总井	油井（口）开井	年产液（万吨）	年产油（万吨）	累计产油（万吨）	年产气（百万立方米）	累计产气（百万立方米）
1968	8	7	/	/	/	/	/	/	/	/
1969	15	7	/	/	/	/	0.64	0.64	/	/
1970	25	5	9	/	/	/	2.54	3.18	/	/
1971	8	/	7	32	18	14.63	13.88	17.06	19.41	19.41
1972	/	/	6	38	35	19.06	17.40	34.46	27.05	46.46
1973	/	/	/	38	32	20.86	17.45	51.91	32.07	78.53
1974	1	/	/	38	32	25.47	19.89	71.80	37.81	116.34
1975	8	7	/	39	32	49.97	31.10	102.90	76.70	193.04
1976	/	/	/	41	37	61.97	31.68	134.58	112.90	305.94
1977	/	/	1	37	31	37.86	17.47	152.05	48.94	354.88
1978	5	2	1	36	34	38.58	15.79	167.84	27.52	382.40

从以上三表中不难发现，1968～1978 年，滨南油田、平方王油田、尚店油田的油、气年产量，基本呈现出逐年增长的态势。1978 年，胜利油田原油产

① 胜利油田《滨南采油厂志》编纂办公室编:《胜利油田·滨南采油厂志(1968～2000)》，第 151 页。

量达到 1947 万吨,天然气开采量达到 15.45 亿立方米,油、气产量跃上新台阶。[①]

随着胜利油田勘探、开发的推进,与石油生产、输送有关的工程建设也同步推进。原油的输出是石油工业中非常重要的环节,输出量的大小直接影响到石油生产。1970 年,胜利油田开始建设油气输出工程,当年投入使用的滨一联合站,日外输原油能力达到 2400 吨。[②] 1973 年建成的渤南首站,设计外输原油能力 500 万吨/年。1974 年建成的埕东联合站,输送能力为 100 万吨/年。[③] 天然气输出工程也于 20 世纪 70 年代初开始建设。

随着胜利油田开发的深入进行,为加强油区管理,黄河三角洲建立了采油厂,以统筹油区作业和生产。滨南采油厂成立于 1968 年 11 月,初称"九二三厂一分厂",后改今名,主要负责滨县、惠民、无棣、沾化、利津、垦利等县的石油开发建设。[④] 河口采油厂成立于 1972 年 3 月,横跨无棣、沾化、利津、河口三县一区,管辖渤南、埕东、陈庄等 14 个油田。[⑤] 采油厂的建立,为胜利油田的整体开发建设做出了积极贡献。如滨南采油厂 1971 年的原油产量为 57.58 万吨,而 1975 年的原油产量已达 257.01 万吨。[⑥]

胜利油田的开发建设,对于黄河三角洲开发以及我国经济建设具有重要意义。正如新华社记者在 1974 年 9 月 30 日《人民日报》头版头条刊发的《我国建起又一大油田——胜利油田》中所称:"胜利油田幅员辽阔,资源丰富……它的开发、建设,对于高速发展我国的石油工业,改变我国的燃料构成和燃料工业布局,促进我国国民经济的发展,具有重要的意义。……胜利油田的重大成就和经验,丰富和发展了我国油田勘探、开发的理论,对加速我国同类地区油田的勘探、开发工作,有很大意义。"

---

① 参见王修智主编:《山东工业四十年》,第 58 页。

② 参见胜利油田《滨南采油厂志》编纂办公室编:《胜利油田·滨南采油厂志(1968～2000)》,第 253～254 页。

③ 参见山东省利津县地方史志编纂委员会编:《利津县志》,第 192 页。

④ 参见胜利油田《滨南采油厂志》编纂办公室编:《胜利油田·滨南采油厂志(1968～2000)》,第 1 页。

⑤ 参见胜利石油管理局政策研究室编:《胜利油田年鉴 2009》,中国石化出版社 2009 年版,第 259 页。

⑥ 参见胜利油田《滨南采油厂志》编纂办公室编:《胜利油田·滨南采油厂志(1968～2000)》,第 7 页。

二、纺织工业的发展

黄河三角洲是我国传统产棉区。中华人民共和国成立前，黄河三角洲的纺织业以土纺土织为主，“直到中华人民共和国建立初期仍属作坊式的小生产，没有形成规模”①。中华人民共和国成立后，黄河三角洲的纺织工业得到了较快发展，并逐渐成为该地区的支柱产业。20世纪70年代，黄河三角洲在传统棉纺织业的基础上，相继发展了单织、针织、棉复制、印染、麻纺行业。至1978年底，黄河三角洲原惠民地区有纺织企业16家，职工9017名，固定资产3285万元，实现产值9852万元，利润830万元。② 当年，该地区纺织业产值接近工业总产值的20%。③

1. 棉纺织业

棉纺织业是黄河三角洲纺织业的主要组成部分。自1966年3月开始，为贯彻“备战、备荒、为人民”的战略方针，青岛市、济南市一些棉纺织企业以“老厂办新厂”的形式，采取“包投资、包基建、包设备、包安装、包试车生产”的办法，在济宁、枣庄、惠民、临沂、菏泽等市、专区驻地和临清、惠民、高唐、梁山、诸城、平阴、蒙阴等县陆续建立了12个棉纺织分厂。④ 1966年，国营青岛第四棉纺织厂开始在北镇筹建拥有2万枚纱锭、400台织布机的分厂，翌年下半年试车生产，称“国营青岛第四棉纺织厂北镇分厂”，这是黄河三角洲地区第一家机械化棉纺织厂。⑤ 后来，该厂逐步达到纱锭3万枚、织布机781台、气流纺纱机2240台的生产规模，主要生产棉纱、棉布两大系列的10余个品种，年产棉纱1万余吨、棉布2600余万米，完成产值1.4亿元，产品畅销美、欧、日等10余个国家和地区。20世纪90年代后，国营青岛第四棉纺织厂北镇分厂“晋升”为国家二级企业。⑥

---

① 山东省滨州地区地方史志编纂委员会编:《滨州地区志》，第421页。

② 参见山东省滨州地区地方史志编纂委员会编:《滨州地区志》，第421页。

③ 参见中共滨州地委党史资料征集研究委员会编:《中共惠民地区历史大事记(1950～1992)》，第320页。

④ 参见山东省地方史志编纂委员会编:《山东省志·纺织工业志》，山东人民出版社1995年版，第28页。

⑤ 参见山东省滨州地区地方史志编纂委员会编:《滨州地区志》，第421页。

⑥ 参见中共滨州地委党史资料征集研究委员会编:《中共惠民地区历史大事记(1950～1992)》，第251页。

1966～1976年,受“文化大革命”影响,山东省棉纺织行业管理制度执行不力,劳动纪律涣散,生产一度处于停产、半停产状态。这一时期,黄河三角洲的部分地区纺织设备有所增加,如1968年,青岛东方红棉织厂又在惠民县建成拥有1万枚纱锭、400台织布机的分厂[①],但纺织行业总体情况不景气。

“文化大革命”结束后,山东省调整相关政策,支持纺织业发展,黄河三角洲棉纺织业逐步复苏并较快发展。如自1976年开始,山东省革命委员会为促进惠民、德州、聊城、菏泽等地区的经济发展,在禹城、莘县、单县和邹平分别设立了拥有3万枚纱锭、800台织布机的棉纺织厂。[②] 其中邹平棉纺织厂于1977年开始兴建,1978年第一期1万纱锭生产线建成,当年即生产棉纱300吨,完成产值127万元。[③]

除国营大型纺织企业获得较快发展外,黄河三角洲的私营棉纺织业也有了较快发展。如据1953年统计,私营棉纺织工业总产值接近100万元。[④]这些私营企业经过此后的社会主义改造,被纳入国营企业、集体企业范畴。如1955年,桓台的民营、个体棉纺织业有纺织专业户近千户,年产棉布200万米;1956年,桓台县棉织生产合作社成立,不少棉纺织者加入合作经营;后来,棉织业转入大队经营,传统手工纺织业被淘汰殆尽。[⑤]

另外,黄河三角洲棉纺织业在发展过程中,还催生了新的行业——染织业。如1970年,惠民、北镇两家棉纺织厂自制染色设备,建成染色车间,总生产能力为年产600万米。[⑥] 1975年,邹平县染织厂由县鞋服厂分出织布、漂染、准备3个车间组建而成,有织机84台,年产值达269万元。[⑦] 1976年,北镇印染厂在惠民、北镇两家棉纺织厂染色车间的基础上建设而成,1978年投入生产。到1985年,北镇印染厂总产值达4002万元。[⑧]

棉纺织业的发展还带动了相关产业的兴起。为适应棉纺织业发展的需要,黄河三角洲地区兴建了一批油棉厂。如1950年,高青县建立了第一座油

---

① 参见山东省滨州地区地方史志编纂委员会编:《滨州地区志》,第421页。

② 参见山东省地方史志编纂委员会编:《山东省志·纺织工业志》,第29页。

③ 参见山东省滨州地区地方史志编纂委员会编:《滨州地区志》,第412页。

④ 参见滨州市档案馆藏,惠民专署统计科编辑:《私营工业及个体手工业材料》(1953年),档案号14—1—10—10,第66页。

⑤ 参见山东省桓台县史志编纂委员会编:《桓台县志》,第271～272页。

⑥ 参见山东省滨州地区地方史志编纂委员会编:《滨州地区志》,第411页。

⑦ 参见山东省邹平县地方史志编纂委员会编:《邹平县志》,第493页。

⑧ 参见山东省滨州地区地方史志编纂委员会编:《滨州地区志》,第411页。

棉厂——田镇油棉厂(后改称"高青县第一油棉厂")。1951年,高青县建立了合作联合社高城油棉加工厂(后改称"高青县第二油棉厂")。1959年,受棉花收购减少影响,高青县第二油棉厂一度停工,1963年秋逐步恢复。①1951年,惠民县油棉厂建成,厂址位于县城东关外,1956年更名为"惠民县东关油棉厂"。② 据统计,1953年,黄河三角洲原惠民地区共有企业42家,而油棉加工厂多达27家,占全区企业的50%以上。③ 进入20世纪60年代,一批新的油棉厂相继建立。如1964年建成的滨县第二油棉厂,占地面积117000平方米,主要产出皮棉、棉短绒、卫生油、棉饼及面皮、皂角等,年产能力6000多吨。④ 广饶县的宋王油棉厂建设于1968年,次年,加工皮棉能力达到26320吨,工业总产值达228.2万元。⑤ 油棉厂的建设和发展,为棉纺织业的发展提供了重要的原料支持。

2. 针织业

中华人民共和国成立后,黄河三角洲的针织业有所恢复和发展。20世纪50年代,虽然出现了滨县针织厂等机械化针织厂⑥,但整个丝织业机械化程度不高,手工加工仍占相当比重。如1956年,桓台县年产发网2.7万个、线袜8.5万双,主要使用手摇编织机生产。⑦

20世纪60年代后,以机器生产为主的工厂针织业在黄河三角洲兴起。如1969年,北镇针织厂开始筹建,翌年建成,设计生产能力为年产内衣100万件。1970年,建成年产袜子70万双的袜厂,后定名为"滨县织袜厂"。⑧ 1977年,博兴县店子乡针织厂建成,年产手套50万副、各类合股线100余吨,年工业总产值达20余万元。⑨ 1978年,沾化县针织厂也投入生产,有套机30台,另有罗纹机等,主要生产原白手套。⑩

---

① 参见高青县地方史志编纂委员会编:《高青县志》,第187页。

② 参见中共滨州地委党史资料征集研究委员会编:《中共惠民地区历史大事记(1950～1992)》,第115页。

③ 参见中共滨州地委党史资料征集研究委员会编:《中共惠民地区历史大事记(1950～1992)》,第48页。

④ 参见滨州市史志办公室主编:《滨州企业》,香港新世纪出版社1996年版,第134页。

⑤ 参见山东省广饶县地方史志编纂委员会编:《广饶县志》,第283页。

⑥ 参见山东省滨州市地方史志编纂委员会编:《滨州市志》,第188页。

⑦ 参见山东省桓台县史志编纂委员会编:《桓台县志》,第272页。

⑧ 参见山东省滨州地区地方史志编纂委员会编:《滨州地区志》,第410页。

⑨ 参见山东省博兴县地方史志编纂委员会编:《博兴县志》,第210页。

⑩ 参见山东省滨州地区地方史志编纂委员会编:《滨州地区志》,第410页。

3. 麻纺织业

黄河三角洲的麻纺织业起步于20世纪60年代。如1968年,滨县绳革社改建为麻纺织厂,有麻织机4台。[①] 1969年,利津麻纺织厂开始建设,次年投入生产,设计生产能力为年产麻袋220万条。1971～1985年,该厂上缴利润累计达889.9万元。[②] 1978年,沾化县麻纺厂开始兴建。[③]

除上述纺织行业外,黄河三角洲地区还兴起了毛巾产业、棉复制业、单织业、地毯业等行业。作为传统优势产业的纺织业,在黄河三角洲焕发出勃勃生机。

三、制盐业的兴盛

制盐业是黄河三角洲地区的传统优势产业。中华人民共和国成立后,黄河三角洲的制盐业无论规模、数量还是工艺,均较以往有所发展。

黄河三角洲的制盐业主要集中于沿海的无棣、沾化、垦利、广饶、利津等县区。该区域除拥有埕口盐场、无棣盐场、广饶盐场、郭局盐场等县级盐场外,还有佘家盐场、郑王盐场、常家乡盐场、埕口乡盐场、马山子村盐场、李鹊盐场、丁庄盐场、丁庄乡王道盐场等大大小小的乡镇办、社办、队办盐场几十处。

无棣历来属产盐大县,1946年拥有盐民3245人,年产原盐4.8万吨,一度出现供大于求的局面。[④] 中华人民共和国成立后,当地政府进行政策调整,无棣县的食盐年产量降为1.5万吨。1957年,全国盐业产不敷销,为适应市场需求,无棣县又扩大了盐业生产规模,年产量增至1.55万吨;1958年,增至5.26万吨。到1978年底,无棣县食盐年产量达到24万吨。[⑤]

在众多盐场中,无棣埕口盐场规模最大。埕口盐场全称为"山东埕口盐场",1958年7月开始筹建,由国家轻工业部制盐设计院设计,同年11月开始建设。1959年10月,埕口盐场被列为国家建设项目,计划建成盐田84.44平方千米,年产盐能力110万吨。后因1961年国家经济困难,埕口盐场被迫缓建,已完成的盐田产盐能力仅2万吨左右。1964年,通过填平补齐,埕口

① 参见山东省滨州地区地方史志编纂委员会编:《滨州地区志》,第411页。
② 参见山东省利津县地方史志编纂委员会编:《利津县志》,第281页。
③ 参见山东省沾化县地方史志编纂委员会编:《沾化县志》,第293页。
④ 参见山东省滨州地区地方史志编纂委员会编:《滨州地区志》,第426页。
⑤ 参见山东省滨州地区地方史志编纂委员会编:《滨州地区志》,第426～427页。

盐场生产规模略有扩大。[①] 1965年,无棣县的合作盐场并入埕口盐场,合并后的埕口盐场当年盐产量达到10.78万吨。[②] 1978年,埕口盐场又兴建了东工地盐田,生产能力进一步提高。[③]

合作盐场是无棣县的另一个大型盐场。该盐场原名"无棣县马山子合作盐场",始建于1958年,1965年曾并入埕口盐场,1978年又从埕口盐场分出,更名为"无棣县盐场"。进入20世纪80年代后,经过技术改造和调整建设,该盐场年产盐能力达到2万吨。[④]

此外,无棣县还建有多个乡镇、村队盐场,这些盐场多兴建于20世纪70年代。1975年,无棣县组织埕口、泊头、大山、大王、车镇、郑王6个公社在车辋城盐区,水湾、佘家、庞家集、小王、常家、柳堡、店子、马山子8个公社在马山子盐区北部辟滩晒盐。[⑤] 如建于1975年的佘家盐场,系佘家乡的乡办企业,生产面积为1.31万亩,年产盐达8000吨。再如马山子村六队盐场,该场1975年兴建,年生产能力为400吨。[⑥]

沾化县也是黄河三角洲地区传统的食盐产地。但由于黄河淤积迫海东退,中华人民共和国成立前,沾化县原有的丰民、利国、富国等盐场相继裁撤(永利盐场于民国初年迁往无棣县境内),盐业生产一度萎缩。[⑦] 中华人民共和国成立后,沾化县的制盐业逐步恢复,1959年建成国营郭局盐场和冯家盐场。其中,郭局盐场设计生产原盐能力5000吨,1960年投产后,当年食盐产量达2000余吨。[⑧] 但一年后,因海潮侵袭淹没盐场,郭局盐场被废弃。直至20世纪80年代,沾化盐业生产才重新得以振兴。

垦利县也利用濒海优势发展制盐业。1974年,该县在下镇公社老十五村南建立盐场,试图通过开凿地下井的方式晒盐,未果。1977年,盐场迁址至利广河下游,1978年始晒盐成功,当年春天晒盐0.5吨,此后产盐量逐渐提高。1979～1985年,累计生产一级盐1114吨、优质盐4819吨,创利税

---

① 参见山东省盐务局编著:《山东省盐业志》,齐鲁书社1992年版,第503页。
② 参见山东省滨州地区地方史志编纂委员会编:《滨州地区志》,第427页。
③ 参见山东省盐务局编著:《山东省盐业志》,第503页。
④ 参见山东省盐务局编著:《山东省盐业志》,第503页。
⑤ 参见山东省无棣县史志编纂委员会编:《无棣县志》,第243页。
⑥ 参见山东省盐务局编著:《山东省盐业志》,第504页。
⑦ 参见山东省沾化县地方史志编纂委员会编:《沾化县志》,第302页。
⑧ 参见山东省沾化县地方史志编纂委员会编:《沾化县志》,第302页。

88.3 万元。[①] 垦利县逐渐发展成为产盐大县。

广饶县盐场众多,除县级盐场——广饶县盐场外,还有社、队办盐场几十处,盐业生产能力在中华人民共和国成立后,尤其是 20 世纪 70 年代有较大提升。现列表(见表 4-16)说明如下:

表 4-16　　广饶县盐场情况统计表(1959～1978 年)[②]

项目/数量/年份	盐场数量			有效生产面积(公亩)	原盐产量(吨)
	县盐场	社办盐场	队办盐场		
1959	1	18	/	4278	3515
1960	1	12	/	14532	14896
1961	1	4	/	4562	8697
1962	1	4	/	6165	9608
1963	1	4	1	6367	5957
1964	1	3	5	7100	3385
1965	1	1	4	7286	18976
1966	1	1	4	7790	14728
1967	1	3	20	13538	12607
1968	1	3	21	14040	26382
1969	1	1	18	15620	9361
1970	1	1	21	15620	14278
1971	2	2	15	20164	21464
1972	1	2	21	21929	35816
1973	1	2	23	32462	15712
1974	1	3	25	34068	48533
1975	1	3	32	35952	46252
1976	1	3	40	45758	52565
1977	1	3	41	50186	94646
1978	1	6	41	57144	83671

从上表看,广饶县从 1959 年建立盐场至 1978 年改革开放,盐业生产呈现出盐田面积逐步扩大,食盐产量逐渐增加的总体趋势。但在 20 世纪 60 年代初和 60 年代末,广饶县的盐业生产一度下滑。究其原因,60 年代初主要是受自然灾害及国家经济困难影响,60 年代末则是受“文化大革命”影响,盐

① 参见山东省垦利县地方史志编纂委员会编:《垦利县志》,第 502 页。

② 山东省广饶县地方史志编纂委员会编:《广饶县志》,第 244 页。

业管理制度执行不力，正常生产秩序受到冲击。[①] 20世纪70年代末，随着“文化大革命”的影响逐渐消退，盐业生产恢复较快。广饶县的盐业生产情况，代表了黄河三角洲地区这一时期盐业生产的基本走势。

利津县于1978年开始建设县级盐场(五社盐场)，次年建成，年产原盐300吨。[②]

另外，河口区的新户乡也建有盐场。该盐场1976年建成，次年即投产，年产原盐5000吨。[③]

中华人民共和国成立至1978年，在黄河三角洲盐业生产过程中，新的生产工具得到应用，生产效率有所提高。据统计，1959年，山东盐业生产机械有31种[④]，包括提卤机械、活碴机、收盐机等。1953年，黄河三角洲埕口盐场引进了提卤风车，代替人工手摇；1959年，引进胶轮小车作为运盐工具，工效提高了4倍。1961年，广饶县盐场开始使用机械钻制卤井；自1968年起，逐步使用柴油机动水车提卤。[⑤] 1975年后，黄河三角洲地区各大盐场逐步实现了盐业生产过程中扬水、制卤、收盐、集坨、运盐等环节的机械化(见图4-4)。[⑥]

图4-4　原盐机械化集垛[⑦]

① 参见山东省广饶县地方史志编纂委员会编:《广饶县志》,第243页。
② 参见山东省盐务局编著:《山东盐业志》,第501页。
③ 参见山东省盐务局编著:《山东盐业志》,第502页。
④ 参见山东省盐务局编著:《山东盐业志》,第259页。
⑤ 参见山东省广饶县地方史志编纂委员会编:《广饶县志》,第247页。
⑥ 参见山东省滨州地区地方史志编纂委员会编:《滨州地区志》,第427页。
⑦ 采自山东省无棣县史志编纂委员会编:《无棣县志》。

盐业生产带动了与盐业相关的多种产业的开发。如埕口盐场在1970年投资15万元,建成3000吨无水硝生产车间,1971年投产。[①] 1971年,为充分利用埕口盐场的盐业资源,山东省轻工业局决定在埕口盐场建设盐化工厂1处,共投资153万元。该厂于1976年投产,主要产品为氯化钾。[②]

四、机械工业的起步

中华人民共和国成立前,黄河三角洲地区存在部分从事小型生产、生活工具生产和维修的个体手工业,但无机械工业。中华人民共和国成立后,机械工业逐渐起步,一些工业企业伴随着农业合作社的发展而出现。如1952年,惠民、邹平、滨县、齐东等县合作社分别成立铁木厂;到该年年底,原惠民地区机械企业发展到5处,有职工204人,工业总产值50万元。至1957年,原惠民地区机械企业已发展到11家,有职工4000余名,工业总产值达180万元。1958年,随着"大跃进"的开展,黄河三角洲地区的重工业机械领域也出现了飞跃式发展;当年,先后建立了北镇拖拉机修配厂、北镇电机厂、无棣县第一机械厂等多家企业。1960年后,为贯彻中央"调整、巩固、充实、提高"的发展方针,黄河三角洲的机械工业规模缩小,产量有所下降。到1965年底,职工人数由1960年的3399名减至966名,工业总产值也由1960年的1078万元降至408万元。[③]

1966年,北镇拖拉机修配厂开始试制195柴油机并获得成功,当年投产,成为黄河三角洲原惠民地区内燃机生产的开端。[④] 1967年,桓台县机械厂建成投产,年产拔丝机100台,销往河北、内蒙古等17个省(自治区、直辖市),年产值290万元。[⑤] 但"文化大革命"使黄河三角洲的机械工业受到冲击,在徘徊中前行。如惠民县的机械工业,1967年产值为"180.2万元,1969年则降为136.7万元"[⑥]。进入20世纪70年代后,黄河三角洲地区的机械工业又有所恢复和发展。如沾化县1970年相继建成流钟农具厂、永丰农具

---

① 参见山东省盐务局编著:《山东盐业志》,第170页。
② 参见山东省盐务局编著:《山东盐业志》,第169页。
③ 参见山东省滨州地区地方史志编纂委员会编:《滨州地区志》,第413页。
④ 参见山东省滨州地区地方史志编纂委员会编:《滨州地区志》,第413页。
⑤ 参见山东省桓台县史志编纂委员会编:《桓台县志》,第266页。
⑥ 山东省惠民县地方史志编纂委员会编:《惠民县志》,第240页。

厂、齐鄄农具厂、河贵农具厂、海防农具厂、冯家农具厂、下河农具厂；1972年建成大高农具厂，机械工业企业达到16家，总产值达125.76万元。[①] 1964年，广饶县的机械工业企业仅有6家，至1971年发展到20家，总产值62.27万元。[②] "文化大革命"结束后，黄河三角洲的机械工业有了更大发展。如广饶县到1976年底机械工业企业发展到23家，工业总产值跃升至672万元[③]；惠民县1977年拥有机械工业企业33家，涵盖农业机械制造、金属制品生产、工业设备制造、机械设备及金属品修理等多种行业，工业总产值达912.99万元[④]。

这一时期，黄河三角洲的一批重要机械企业诞生，如滨州活塞厂。该厂始建于1951年，即当时的北镇铁木工厂，主要生产日用工业用品及水车、铲头、犁等简单农机具。1963年，北镇铁木工厂更名为"北镇活塞厂"，为山东省机械厅定点生产活塞厂家，从此，该厂走上专业生产活塞之路。[⑤] 1978年，北镇活塞厂因进行技术革新，制造了工效提高6倍的自动浇注机而获得该年度的全国科学大会奖。[⑥] 1984年，北镇活塞厂更名为"滨州活塞厂"，其注册的"渤海"牌商标获得山东省著名商标称号，产品获得机械工业部优质产品称号。

再如广饶县播种机厂。该厂1978年生产播种机5000台，成为山东省三大播种机生产厂家之一；当年10月，其生产的谷物播种机系列产品荣获全国科学大会奖。又如广饶县液压机械厂。该厂生产的装载机远销黑龙江、新疆、海南等省（自治区、直辖市）。1978年，其被山东省科学大会授予"先进企业"称号。[⑦]

除以上企业外，还有一大批知名企业在这一时期诞生，如滨州柴油机厂、滨洲曲轴厂、滨洲柔性石墨密封件厂、惠民县拖拉机厂、邹平县电动工具厂等。其中，部分企业有着良好声誉，广受社会认可，如邹平县电动工具厂1975年被列为机械工业部电动工具定点生产厂家[⑧]。

---

① 参见山东省沾化县地方史志编纂委员会编:《沾化县志》，第294页。

② 参见山东省广饶县地方史志编纂委员会编:《广饶县志》，第276页。

③ 参见山东省广饶县地方史志编纂委员会编:《广饶县志》，第276页。

④ 参见山东省惠民县地方史志编纂委员会编:《惠民县志》，第240页。

⑤ 参见山东省滨州地区地方史志编纂委员会编:《滨州地区志》，第416页。

⑥ 参见中共滨州地委党史资料征集研究委员会编:《中共惠民地区历史大事记(1950～1992)》，第279页。

⑦ 参见山东省广饶县地方史志编纂委员会编:《广饶县志》，第276～278页。

⑧ 参见山东省邹平县地方史志编纂委员会编:《邹平县志》，第495页。

中华人民共和国成立后,除县级机械工业企业外,在黄河三角洲地区的部分经济发展较快的县区,一些乡镇机械工业也有了一定程度的发展。如邹平县的乡镇机械工业始建于1958年,此后,受政治运动的影响,时断时续,到1970年有所恢复。是年,邹平县共有18处铁木厂,600余名工人,年产值达到218.6万元。20世纪70年代后,邹平县的乡镇机械工业逐步形成规模,工人增至900余人,年产值达400余万元,可生产1～5吨启闭机、离心水泵等机械产品。在邹平县所有乡镇企业中,长山建材机械厂为技术实力最强的企业。该厂1968年生产电机300台,产值达20万元,此后,产能和利润又有较大提升。①

机械工业的发展,除体现为企业的发展壮大外,还体现在产品的品牌效应上。这一时期,黄河三角洲的企业创造了诸多知名品牌,如上文中提到的"渤海"牌活塞。此外,还有"金龙"牌曲轴、"千帆"牌柴油机等等。产品品牌的创立,从一个侧面反映了黄河三角洲地区的机械工业中已有部分企业具有了较高的发展水平。

除了以上工业部门外,中华人民共和国成立至1978年,黄河三角洲的食品、服装加工、造纸、印刷、化工肥料生产、电力等工业部门也有了较大发展。如1966年建成的北镇化工厂(后更名为"滨州化工厂"),经过多年发展,成为一个以石油化工为中心的综合性的国有大型化工企业。② 1977年建设的无棣硫酸厂(后更名为"山东鲁北化工总厂"),初期依托埕口盐场生产硫酸,后来经过多年的发展,成为集科研、设计、开发于一体,横跨化工、建材、轻工、水产养殖、交通运输、机械修造、商业服务等行业,拥有百万吨盐场、5000吨溴素厂、5万亩水产养殖场等50个核算单位的大型企业。③

电力工业在这一时期也开始起步。为适应经济发展的需要,黄河三角洲的无棣、沾化、邹平等县在1958年前后相继兴建了一批小型发电厂。如邹平县1957年开始建设电厂,次年开始发电,到1963年,县直单位和部分工厂的用电问题已基本解决。④ 由于小型电厂成本高、效益低,1965年,鲁中电网

---

① 参见山东省邹平县地方史志编纂委员会编:《邹平县志》,第496页。

② 参见中共滨州地委党史资料征集研究委员会编:《中共惠民地区历史大事记(1950～1992)》,第269页。

③ 参见中共滨州地委党史资料征集研究委员会编:《中共惠民地区历史大事记(1950～1992)》,第308页。

④ 参见山东省邹平县地方史志编纂委员会编:《邹平县志》,第509页。

延伸至黄河三角洲地区后，当地所有小型电力企业全部停办。[①] 但此后，为加快胜利油田的开发建设，促进黄河三角洲的工农业生产发展，1975年，又兴建了沾化电厂。该厂装机总容量为2×12.5万千瓦，总投资12347.05万元。经过4年的建设，1979年，沾化电厂开始发电，到年底发电量达8.24亿度。[②]

五、工业总产值的变化

工业总产值无疑是衡量一个地区工业开发程度的重要标尺。为直观地认识中华人民共和国成立至1978年黄河三角洲地区工业总产值的变化情况，现列表(见表4-17)说明如下：

表4-17　惠民地区工业总产值一览表(1949～1978年)[③]　单位:万元

工业总产值 县区 / 年度	滨县	邹平	博兴	无棣	沾化	惠民	高青	桓台	广饶	利津	阳信	垦利
1949	37.0	/	3.5	/	66.8	42.0	/	105.0	/	20.5	/	/
1950	36.0	23.0	4.0	/	75.0	21.0	/	/	/	/	/	/
1951	106.0	314.0	152.0	/	91.6	207.0	35.0	/	/	/	/	/
1952	383.0	562.0	553.0	10.0	129.3	272.0	151.4	112.0	/	/	/	/
1953	628.0	787.0	727.0	/	424.6	317.0	288.2	/	/	/	/	/
1954	900.0	991.0	1226.0	/	448.3	511.0	816.3	/	/	/	/	/
1955	1081.0	1279.0	1314.0	/	466.5	1429.0	1110.6	/	/	/	/	/
1956	1560.0	1528.0	1273.0	74.0	517.3	1749.0	/	/	1022.2	777.5	/	/
1957	1484.0	1298.0	1274.0	/	503.2	1581.0	/	291.0	1108.0	/	/	/

① 参见山东省滨州地区地方史志编纂委员会编：《滨州地区志》，第422页。

② 参见山东省沾化县地方史志编纂委员会编：《沾化县志》，第299页。

③ 数据来源：《滨州市志》，齐鲁书社1993年版；《邹平县志》，中华书局1992年版；《博兴县志》，齐鲁书社1993年版；《惠民县志》，齐鲁书社1997年版；《阳信县志》，齐鲁书社1995年版；《无棣县志》，齐鲁书社1994年版；《沾化县志》，齐鲁书社1995年版；《广饶县志》，中华书局1995年版；《利津县志》，东方出版社1990年版；《高青县志》，中国社会出版社1991年版；《桓台县志》，齐鲁书社1992年版；《垦利县志》，山东人民出版社1997年版。

续表

工业总产值 县区 / 年度	滨县	邹平	博兴	无棣	沾化	惠民	高青	桓台	广饶	利津	阳信	垦利
1958	1783.0	3267.0	1386.0	/	572.7	1847.0	/	/	/	/	/	/
1959	2714.0	3593.0	2205.0	/	575.0	2165.0	/	/	1988.0	/	/	/
1960	1616.0	2855.0	1216.0	1180.0	467.4	1796.0	/	837.0	/	/	/	/
1961	616.0	1368.0	448.0	/	283.4	621.0	131.3	/	/	/	/	/
1962	593.0	452.0	318.0	/	194.3	426.0	145.0	/	/	/	/	/
1963	931.0	550.0	490.0	/	244.5	696.0	238.0	/	419.7	155.7	/	/
1964	1366.0	994.0	497.0	/	325.6	927.0	353.0	/	/	/	/	/
1965	1506.0	1757.0	716.0	/	440.7	1428.0	940.0	561.0	/	/	/	/
1966	1943.0	1800.0	901.0	439.0	483.7	1572.0	604.0	/	/	316.0	/	/
1967	2533.0	2030.0	958.0	/	577.8	1489.0	548.0	/	/	/	/	/
1968	1932.0	1590.0	1106.0	/	501.9	1358.0	692.0	/	/	/	/	/
1969	2134.0	1978.0	1033.0	/	571.2	1154.0	828.0	/	/	/	/	/
1970	4583.0	2903.0	1336.0	/	616.3	2003.0	1371.0	1344.0	/	/	/	/
1971	5611.0	3069.0	1653.0	/	689.9	2898.0	1419.0	/	/	/	/	/
1972	5863.0	2643.0	1458.0	/	609.2	2843.0	1487.7	/	/	/	/	/
1973	7324.0	2889.0	1718.0	/	962.8	3662.0	1367.0	/	/	/	/	/
1974	6013.0	2166.0	1242.0	/	808.4	2659.0	1029.0	/	/	/	/	/
1975	8494.0	3119.0	1857.0	/	1161.8	3947.0	1678.0	2658.0	1850.5	/	/	/
1976	8654.0	3222.0	1900.0	/	1259.3	4424.0	1886.0	/	/	/	/	/
1977	12834.0	4340.0	2928.0	/	1652.9	6532.0	2299.0	/	/	/	/	/
1978	15040.0	5030.0	3725.0	3454.0	1761.1	7588.0	2439.0	6672.0	/	1277.5	/	/
增长率(1949/1978)	40548.6%	不确定	106328.6%	不确定	2536.4%	17966.7%	不确定	6254.3%	不确定	6131.7%	不确定	不确定

通过上表数据可见，中华人民共和国成立至1978年，黄河三角洲地区的工业开发总体上呈上升趋势，但其间亦有曲折。1949～1959年，工业总产值几乎持续增长；进入20世纪60年代后，出现滑坡；1966～1976年，增长不稳定，处于徘徊发展阶段；"文化大革命"结束至1978年，增长较快。1949～1978年，黄河三角洲各县区（数据未知者除外）工业总产值的平均增长率为29961.05%。各县区增长很不均衡，其中，博兴县增长幅度最大，增长率为106328.6%；沾化县增长幅度最小，增长率仅为2536.4%。

中华人民共和国成立至1978年，黄河三角洲地区的工业开发呈现出一些亮点，如石油工业从无到有，实现了工业领域的新突破。此外，制盐业、纺织业等工业部门均有不同程度的发展。黄河三角洲的工业开发，总体上呈现出先快、后慢、再快的发展趋势。

胶东半岛地区的工业在这一时期也有了很大发展，现以威海、烟台两市工业总产值的变化为例加以说明。威海市：1949～1978年，工业总产值从278万元增至29886万元[①]，增长率为10650.4%。烟台市：1949～1978年，机械工业总产值由56万元增至40075万元[②]，增长率为71462.5%；纺织工业总产值由154.2万元增至22276.8万元[③]，增长率为14346.7%；其他工业部门没有这一时期总产值的具体数据。以上两个工业部门总产值的平均增长率为42904.6%，此数据可作为烟台工业总产值增长率的参考。

鲁西南地区的经济发展情况，以菏泽、济宁两市工业总产值的变化为例加以说明。菏泽市：1949年工业总产值为154.4万元，1974年工业总产值为3813万元[④]，增长率为2369.6%。济宁市：1949～1978年，轻工业总产值从130万元增至11874万元[⑤]，增长率为9033.8%；纺织工业总产值从1.5万元增至13458.0万元，增长率为897100%；机械工业总产值从6.5万元增至12111.8万元[⑥]，增长率为186235.4%。以上三个工业部门总产值的平均增长率为364123.1%，此数据可作为济宁市工业总产值增长率的参考。

若以工业总产值增长率为参照，中华人民共和国成立至1978年，黄河三

① 参见威海市地方史志编纂委员会编：《威海市志》，第144页。

② 参见烟台市地方史志编纂委员会办公室编：《烟台市志》，第703页。

③ 参见烟台市地方史志编纂委员会办公室编：《烟台市志》，第759页。

④ 参见山东省菏泽市史志编纂委员会编：《菏泽市志》，第3页。

⑤ 参见济宁市地方史志编纂委员会编：《济宁市志》，第505页。

⑥ 参见济宁市地方史志编纂委员会编：《济宁市志》，第631～632页。

角洲地区的工业开发速度低于胶东半岛的烟台和鲁西南的济宁,但高于胶东半岛的威海和鲁西南的菏泽。虽然黄河三角洲地区的工业发展速度较快,但从工业产值在山东全省所占比重的角度考察,该地区的工业发展还比较落后。如1962年,黄河三角洲地区工业总产值在山东省工业总产值中所占比重最小,至1970年略有增大,但惠民地区加上胜利油田的工业总产值仍不及泰安、济宁地区,且仅比烟台地区工业总产值的一半稍多。[①] 至1978年时,黄河三角洲的工业贡献率在山东省仍列下游,属于工业欠发达地区。[②]

第六节 商业

中华人民共和国成立至1978年,黄河三角洲地区的商业有了明显发展,不仅商业经营形式出现了新的变化,商业交易平台、交易形式不断增加和丰富,对外贸易也有了很大增长。然而,受政治运动、自然灾害等多重因素的影响,黄河三角洲地区的商业发展不够平稳,商业开发程度与胶东等地区还有差距。

一、商业所有制形式的变化

中华人民共和国成立前,黄河三角洲地区的商业所有制形式以私人经营为主,私营商业在社会商品零售中占95.9%。[③] 中华人民共和国成立后,经过社会主义改造,该地区商业所有制形式与全国其他地方相似,发生了重大变化,即原来的私营商业逐渐为国营商业、集体商业所取代。

1954年5月,在山东省商业厅领导下,黄河三角洲地区对全区内的私营商业进行了全面改造,1956年达到高潮,1.68万从事商业经营的个人接受了社会主义改造,一部分过渡为国营商业,一部分过渡为公私合营商业,另有少部分为单干户。如滨县的北镇为私商比较集中的集镇,1956年社会主义改造时,共有私营商业从业人员537人,通过改造,过渡120人,占

① 参见王修智主编:《山东工业四十年》,第147页。

② 参见王国华主编:《山东经济四十年透视》,山东人民出版社1989年版,第212页。

③ 参见山东省滨州地区地方史志编纂委员会编:《滨州地区志》,第522页。

22.3%；合营、合作的158人，占29.4%；代销、经销的182人，占33.9%；自营的76人，占14.2%。[①] 通过表4-18所列数据，也可以清晰地看出黄河三角洲私营商业在这一时期的变化。

表4-18　惠民地区私营批发坐商基本情况统计表(1949～1955年)[②]

时间	户数	从业人员	营业额(百元)
1949	40	90	1067
1950	54	134	2185
1951	109	212	3236
1952	164	280	4239
1953	98	226	3061.5
1954	26	52	1107
1955	11	33	572

从表4-18中可以看出，中华人民共和国成立至1952年，黄河三角洲地区私营批发坐商的从业人员和营业额均呈现出较快增长的趋势，但1953年后，从业人员和营业额均锐减。这一现象的发生，是国家对私营商业进行社会主义改造的结果。

1958年，黄河三角洲地区的公私合营、合作、经销、代销等商业形式，实行了“一步登天”式的转变，一部分过渡为国营商业，一部分过渡为人民公社，只有个别的保留了原来的形式。[③] “文化大革命”期间，私营商业全部废止，演变为集体商业。[④] 从此，私营商业暂时退出了历史舞台。中华人民共和国成立前以个体经营为主体的商业运营体制在此期间发生了巨大变化，代之而起的是以国营商业和集体商业为主体的商业运营模式。

① 参见惠民地区商业局史志编纂领导小组：《惠民地区商业志(征求意见稿)》，惠民地区商业局，1989年，第208页。

② 滨州市档案馆藏：《惠民专署统计资料》(1956年5月31日)，档案号14－1－18－3，第53页。

③ 参见惠民地区商业局史志编纂领导小组：《惠民地区商业志(征求意见稿)》，第208页。

④ 参见山东省滨州地区地方史志编纂委员会编：《滨州地区志》，第522页。

二、统购统销背景下的国营商业运营

国营商业与集体商业的运营，以统购与统销为主要方式。

黄河三角洲地区的国营商业在中华人民共和国成立后有了较大发展。1950年，渤海区行署根据《关于统一全国国营贸易实施办法的决定》(草案)的要求，决定在惠民地区按经济区域设置国营百货、花纱布、粮食、油脂、猪鬃等分(支)公司，机构下伸至重点城镇。[①] 从此，国营商业公司相继建立起来。如1950年，惠民、北镇等地相继建立了百货支公司，由省百货公司统一管理、统一经营，购货方式为通过对口公司调拨、内部转账。1954年，黄河三角洲地区建立了惠民专区百货分公司，统一领导全区内百货系统的工作，后又按行政区设置批发机构，经营的工业品全部纳入国家分配渠道，其他商品采购也要按"指标"到指定地点购货。

1956年，黄河三角洲地区的国营商业有所调整。根据国务院《关于国营商业经营工业品机构下伸的决定的指示》，以及工农业发展和人民生活、生产的需要，地方政府决定将原有国营商业公司扩展为13家(分别为纺织、百货、专卖、食品、木材、文化用品、贸易、煤建、糖果糕点、医药、石油、药材、五交化)，并将相关公司下伸至县级以下机构。至1957年，国营商业单位达到855个。[②] 国营商业公司成为黄河三角洲商业运营的主力军。

"文化大革命"时期，黄河三角洲地区的国营商业受到冲击，机构减少，服务质量下降。1976年后，国营商业有所恢复，营业网点有所增加。如1978年，有石油、食品、饮食服务、蔬菜、烟酒、百货、五金、纺织品、零售、煤建、药材等11家国营公司。[③] 大多数公司的名称几经变化，但部分公司名称相对固定，如惠民地区食品公司、惠民百货分公司、北镇零售公司、惠民地区副食品公司、惠民地区蔬菜公司、惠民石油分公司、惠民地区专卖分公司等等。这些公司既是黄河三角洲的国营商业企业，也是上级相关国营公司的分支机构，如惠民地区食品公司原系中国食品德州分支公司惠民收购站，后改为

---

① 参见惠民地区商业局史志编纂领导小组:《惠民地区商业志(征求意见稿)》，第107页。

② 参见惠民地区商业局史志编纂领导小组:《惠民地区商业志(征求意见稿)》，第108页。

③ 参见惠民地区商业局史志编纂领导小组:《惠民地区商业志(征求意见稿)》，第110～111页。

"中国食品公司山东省惠民分公司"。[①]

国营商业公司在销售过程中主要采取按计划供应的经营模式。如1959年后，黄河三角洲商业公司的大多数商品按"一级站→二级站→三级站→国营零售业、供销社→消费者"一条线经营，大部分商品需凭票凭证供应。[②] 虽然这种销售方式限制了群众的购买力，但商品的销售额仍不断提高。以石油的销售情况为例，如表4-19所示：

表4-19　　惠民地区石油销售统计表(1964～1978年)[③]

年度	销售总值（万元）	利润总额（万元）	年度	销售总值（万元）	利润总额（万元）
1964	255	9	1972	1561	37
1965	471	17	1973	1682	17
1966	444	20	1974	1738	49
1967	595	30	1975	1711	88
1968	643	18	1976	1926	123
1969	628	50	1977	2543	225
1970	1039	58	1978	2932	191
1971	913	69	/	/	/

从表4-19中可以看出，1964～1978年，黄河三角洲每年的石油销售总值及利润总额虽有所波动，但总体上呈上升趋势。另外，百货公司等国营公司的销售额也呈现出较快增长的趋势。如1965年，原惠民地区的百货公司销售额为1350.2万元，副食品公司销售额为1619万元，五交化系统销售额为151.9万元；至1975年，百货公司系统销售额提升至1.57亿元，副食品公司系统销售额增至0.33亿元，五交化系统销售额达0.09亿元。[④]

除石油、日用百货、副食品、五交化实现国营、统购统销外，黄河三角洲地区农副产品的经营和销售也基本采取这种经营模式。大宗商业贸易以及

① 参见惠民地区商业局史志编纂领导小组:《惠民地区商业志(征求意见稿)》,第120页。
② 参见山东省滨州地区地方史志编纂委员会编:《滨州地区志》,第528页。
③ 惠民地区商业局史志编纂领导小组:《惠民地区商业志(征求意见稿)》,第155页。
④ 参见山东省滨州地区地方史志编纂委员会编:《滨州地区志》,第528页。

与民众生活息息相关的日用商品、食品的经营权均由国家统一掌控,成为这一时期黄河三角洲地区商业经营的显著特点。

国营商业统购统销的经营模式作为中华人民共和国成立至1978年我国商业经营的主要模式,对黄河三角洲的经济发展无疑起到了推动作用;但不可否认,这一经营模式也存在一些问题。如"指标"作为统购统销经营运作的指挥棒,对保障统购统销的正常运转起了重要作用,但"指标"的分配、使用、执行情况却不尽如人意。1955年,《中共惠民地委财贸部批转惠民县油脂支公司"关于当前食油统销情况和今后意见"的报告》称:我区食油统销工作在保证了食油供应,打击了油商的投机行为,稳定了油价,缓和了农村食油供应方面的紧张状况的同时,"从当前指标执行情况来看,还存在着严重问题,截至五月底止,全区已销售食油8915.322斤,占总指标的69%,每月平均销售1114.415斤,如以此数累推下去,全区还差一个月的供应指标。从各县情况看,除无棣、阳信、高青、长山、邹平等五个县可能有一部分结余外,部分县已接近指标,齐东、蒲台、垦利销量已占指标的80%以上,惠民县的全面指标到五月底,已全部销光,目前如不加以妥善安排,势必造成供应混乱"[①]。可以看出,1955年食油的"指标"执行出现了问题,这一方面反映出行政部门对"指标"的管理不够到位,另一方面也反映出民众对食油的需求已超过了"指标"的限额,而"指标"限制了居民的购买力。"指标"存在的问题,实际上反映的是国营商业统购统销中"统销"存在的问题,而"统购"在实际运作中也出现诸如强行统购等问题。如据1955年中共惠民地委的一份报告记载:在采购毛猪、残牛过程中,存在不同程度的强迫命令和宰杀小猪、老母猪及尚能耕田的耕牛等现象。如滨县二区合作社用不足五天的时间,通过行政摊派、挨户检查、强调带头、强迫命令等办法,购买养猪户150余头猪,其中不乏小猪、待产母猪。[②] 此外还有"统购"不足的问题。如1961年《中共惠民地委批转专署商业局委员会关于当前煤炭供应情况和今后意见的报告》记载,省工业生产委员会分配给惠民地区(3月份)煤炭3万吨,但仅有1万吨得到落实,另外2万吨因产地产量等问题,仅能落实0.8万吨,导致各县煤炭

---

① 滨州市档案馆藏:《中共惠民地委财贸部指示》总号(55)27号《中共惠民地委财贸部批转惠民县油脂支公司"关于当前食油统销情况和今后意见"的报告》,档案号3—2—96—7,第2页。

② 参见滨州市档案馆藏:《中国共产党地方委员会通报》总号(55)1号《地委批转地委财贸委关于目前采购残牛、毛猪工作中发生强迫命令和只顾采购宰杀不顾政策的现象及今后措施的报告》,档案号3—2—77—7,第2页。

供应紧张，影响了农业生产和人民生活。①

此外尚需说明的是，国营商业在经营过程中与集体商业组织供销合作社等在业务上有所重叠。1953年，黄河三角洲地区的国营商业与合作社商业进行了第一次分工，按经营对象划归国营商业和合作商业经营，而县城的国营商业进一步扩大。此后，黄河三角洲地区的国营商业与合作商业不断在合并、分设之间变化，到1976年，国营商业与合作商业正式分设，各专业公司进一步健全。②

关于中华人民共和国成立至1978年这一时期黄河三角洲的集体商业——供销合作社等的组织、经营及发展变化情况，将于下文详述。

三、供销合作社等集体商业的发展

"供销合作社是劳动人民自愿入股，由国家扶助组织起来的集体商业组织。它的任务是执行国家政策法令、计划，对农村供应生产、生活物资，收购、推销农副产品和手工品，组织农民发展多种经营，领导和管理农村市场。"③黄河三角洲地区供销合作社的出现，与中华人民共和国成立后农业合作化运动的兴起以及对商业的社会主义改造有直接关联。

1951年，黄河三角洲原惠民地区将基层合作社合并为391处，发展社员12万人，吸纳股金28.85万元。1952年，按照"一区一社"的建社原则进行调整，将基层合作社合并为114处，发展社员55万人，吸纳股金91.57万元。④同时，在社会主义改造过程中，一部分私营商业被并入供销合作商业。

1954年，中华全国合作社第一次代表大会召开后，黄河三角洲原惠民地区内的供销、消费合作社，统称"供销合作社"。该年，在组织上对供销社进行了调整，除"一区一社"外，在各区又下设多处零售部。此后，供销合作社的组织系统日趋明晰，即每县设立县级供销合作社，下辖各区供销合作社，各区供销合作社下辖各供销社零售部。如高青县1955年将县内私营商业户

---

① 参见滨州市档案馆藏：《中共惠民地委文件》惠发字(61)89号寅《中共惠民地委批转专署商业局委员会关于当前煤炭供应情况和今后意见的报告》，档案号3－2－304－6，第2页。

② 参见惠民地区商业局史志编纂领导小组：《惠民地区商业志(征求意见稿)》，第108～111页。

③ 山东省博兴县地方史志编纂委员会编：《博兴县志》，第258页。

④ 参见山东省滨州地区地方史志编纂委员会编：《滨州地区志》，第523页。

477户、814人纳入供销合作商业，拥有商店31处、合作饭店9处。[①] 该年，广饶县供销社在农村设立代销店119处；1959年，全县供销社设有基层商店20处、零售门市部155处。[②] 垦利县1956年入社社员达到30841人，拥有零售商店68处、收购站30处、资金70.9万元。[③] 1957年，桓台县供销社拥有专业商店28个、中心商店29个、干部职工916人。[④]

供销合作社的经营业务，涵盖农业生产物资、生活资料供应以及对辖区内的农副产品、废旧物品进行收购、销售等多个方面。

"文化大革命"之前，黄河三角洲地区的供销合作社有了较大发展。在物资供应方面，1952年，原惠民地区供销社农业物资销售额为942.4万元；至1966年，增至4339.6万元。[⑤] 1952年，生活物资销售额为3500万元；至1956年，达到1.19亿元。在农副产品的收购方面，1961年，收购总价值为229.1万元；到1965年，达到9345万元。[⑥]

"文化大革命"期间，黄河三角洲的供销合作社也受到冲击，不少供销合作社"一度瘫痪，使经营管理蒙受重大损失"[⑦]。"文化大革命"后，供销合作社的经营活动逐渐恢复。

原惠民地区的供销合作社在中华人民共和国成立至1978年这一时期，曾与国营商业多次合并、分设，其中之变化因前文已述，在此不赘。

中华人民共和国成立后，除供销合作社外，黄河三角洲地区的其他集体商业亦有所发展。

其一，合作企业。1956年对私营商业进行社会主义改造后，滨县北镇出现了合作店组，1957年时有2家烟酒店、1家理发店、1家油条组、1家百货店、1家杂货店、1家蔬菜店，从业人员70多人。1958年合并为总店，1959年并入供销社和国营商店，1961年又以原合作商店为基础，重新组建了新的合作商店，有服务网点13处。此后合作商店继续发展，持续至20世纪90年代。[⑧] 博兴、惠民等县亦有同类的集体商业企业。如博兴县1956年拥有合

---

① 参见高青县地方史志编纂委员会编:《高青县志》,第232页。
② 参见山东省广饶县地方史志编纂委员会编:《广饶县志》,第349页。
③ 参见山东省垦利县地方史志编纂委员会编:《垦利县志》,第607页。
④ 参见山东省桓台县史志编纂委员会编:《桓台县志》,第294页。
⑤ 参见山东省滨州地区地方史志编纂委员会编:《滨州地区志》,第523页。
⑥ 参见山东省滨州地区地方史志编纂委员会编:《滨州地区志》,第524页。
⑦ 山东省垦利县地方史志编纂委员会编:《垦利县志》,第607页。
⑧ 参见山东省滨州市地方史志编纂委员会编:《滨州市志》,第266页。

作商店5处，从业人员25人；合作小组79个，从业人员409人；饮食合作小组8个，从业人员520人；服务业合作店5处，从业人员23人；等等。1958年，博兴县的合作企业被纳入国营商业及供销社体系。[①] 惠民县的合作企业也始建于1956年，主要为合作饭店和小百货合作商店，1985年前后停业。[②]

其二，代购代销店。代购代销店亦称"双代店"，系供销合作社委托农村生产大队举办的集体商业。其基础设施由生产大队提供，供销人员在农民中选用，业务资金由供销社铺底，在经营上执行国家商业政策，主要为供销社代购代销：收购废旧物资、农副产品，供应日常生活用品、小型生产资料，代销农药、化肥等。如博兴县在1956年对工商业进行社会主义改造后，组建了农村代购代销店262处；1965年增至318处，占全县568个大队（村）的58%；1973年发展至340处，购销总额为264万元；1977年购销额增至675万元。1978年改革开放后，该类集体商店依然存在，但自20世纪80年代开始，销售额有所下降。[③]

其三，职工消费合作社。职工消费合作社为机关职工和城市消费者组建的集体商业合作组织，设有门市部，其主要任务是供给社员必需的消费品，主要经营日用百货。中华人民共和国成立后，黄河三角洲原惠民地区有该类消费社13处、社员7000余人、股金6000多万。1955年，在国营商业与合作社第二次分工时，大部分职工消费合作社并入国营商业体系管理。

除以上几种集体商业外，黄河三角洲还存在一些不属商业部门管理、由社会各行业自行举办的集体商业，以及20世纪70年代后期兴办的大集体商业等。前者因对私营工商业的改造等，在20世纪50年代中后期即开始式微，至70年代中期，其集体性质几无所存。[④]

总之，中华人民共和国成立至1978年，黄河三角洲有过多种类型的集体商业，而供销合作社是集体商业的主体，其他集体商业或并入供销合作社、国营商业，或成为供销合作社的补充。供销合作社在集体商业中的中心地位始终没有改变。

---

① 参见山东省博兴县地方史志编纂委员会编：《博兴县志》，第258页。

② 参见山东省惠民县地方史志编纂委员会编：《惠民县志》，第272页。

③ 参见山东省博兴县地方史志编纂委员会编：《博兴县志》，第258～259页。

④ 参见惠民地区商业局史志编纂领导小组：《惠民地区商业志（征求意见稿）》，第202～203页。

四、集市与物资交流大会的发展与变化

集市自古以来即为农村商品交易的主要场所,其发展程度可视为一个区域农村商业发展的风向标。为便于说明,现将中华人民共和国成立至1978 年黄河三角洲原惠民地区集市发展情况列表(见表 4-20)如下:

表 4-20　惠民地区集市情况一览表(1949～1978 年)

县区	定期集市	集市发展情况	材料来源
滨县	滨城、杜店、小营、旧镇、里则、山王城、大尚家、侯家、周家、东张集、赵集	(1)1949 年中华人民共和国成立后:集市趋于繁荣 (2)1953 年:统购统销政策实施,集市萎缩 (3)1958 年:集市遭强制关闭 (4)1959～1961 年:集市恢复至 30 余处 (5)1966～1978 年:集市萧条,部分集市废止,其他集市全县统一以农历逢一、逢六为集日 (6)1978 年后:集市恢复	《滨州市志》1993 年版
邹平县	邹平、新民、大由、长山、大阎、张旺、甘埠、魏桥、阎家、明家、耿家、青阳、徐家、西董、南石、段家、苗家、蒙家、吕家、大临池、梁毛、吕家庄、礼参、大王驼、小店、崔家、旧口、韩店、苑家、焦桥、三元、王伍、辉里、孙镇、有里、崖镇、辛梁、吴庄、石店、曹务、台子、码头、草庙、归苏、九户、店子、赵奉站、旧延安、韩坊	(1) 1949 年后:共有集市 54 处 (2)1958 年后:有 33 处集市停办 (3)1961 年:停办集市恢复,全县集市上市物资总值达 2827 万元 (4)1965 年:集市日渐繁荣 (5)1966～1978 年:“文化大革命”开始后,集市受到冲击,全县曾统一集日为农历逢一、逢六,上市物资和赶集人数减少,1973 年被迫关停集市 30 处	《邹平县志》1992 年版

续表

县区	定期集市	集市发展情况	材料来源
博兴县	博城、相公堂、贤城、陈户、官阎、赵楼、李家、相呈、曹王、王海、东鲁、赵冯、幸福、赵赵、义和、兴许、傅园、焦集、刘家、通滨、祁家、安家、纯化、窝刘、蔡寨、乔庄、阎坊、营李、龙河、辛集、刘官、湾头、西闸、鲁刘、安柴、柳舒、红卫、柳桥、寨卢、寨高、相公、店子、利城、辛张、张侯、前崔、大王、辛朱	(1)1949年后:集市贸易活跃,市场不断扩大 (2)1956年:集市贸易额达550万元 (3)1958年:集市冷落,由1958年前的63处减少为45处 (4)1962～1963年:4集市恢复至58处 (5)1965年:有集市65处,交易额702万元 (6)1966～1978年:集市受到影响,1971年减至39处;1974年后逐渐恢复,增至51处	《博兴县志》1993年版
惠民县	具体不详	(1)1949年后:集市贸易不断发展 (2)1956年:集市贸易日趋萧条 (3)1963～1965年:集市贸易有所发展 (4)1966～1978年:集市受限,曾规定10天一集,后统一全县集日为农历逢一、逢六	《惠民县志》1997年版

续表

县区	定期集市	集市发展情况	材料来源
阳信县	阳信城里、大寨、蚕姑庙、霍家、小光家、八里庄、劳家店、后周、崔家寨、商家店、阎家、小桑、西官庄、河流店、刘家庙、张家、王姑庵、豆腐店、翟王庄、二十里堡、李家桥、洋湖、古佛镇、张王庄、十字道、庙李、前刘店、赵南湖、曹家、董家、宋家、温店、蔡王庄、王二官、焦王庄、八里泊、流坡坞、前营、周商、金家、沙窝、王家、赵家、水落坡、钦八、任家	(1)1949年后:集市贸易迅速发展 (2)1953年:集市商品受到限制 (3)1956年:市场活跃,集市发展至49处 (4)1958～1961年:集市冷落,仅存25处 (5)1966～1976年:集市萧条,1971年,仅存14处	《阳信县志》1995年版
无棣县	小泊头、杜家庄、大山街、水湾、埕口、梁郑王、马山子、南鄺、大王庄、李家十坊店、五营、柳堡、宋家庄、常家、车镇、二郎庙、店子、大庄、庞家、西小王、佘家巷、石庙、邓王	(1)1949年后:物资交流日趋活跃 (2)1954年:有集市48处 (3)1958年:集市关闭 (4)1963年:集市恢复至28处 (5)1965年:集市发展至41处 (6)1966～1976年:"文化大革命"期间,仅存城关、大山、水湾、车镇、泊头、埕口、佘家巷、大庄8处集市 (7)1978年:集市恢复	《无棣县志》1994年版
沾化县	具体不详	(1)1949年后:集市逐渐恢复 (2)1957年:有集市19处,此后无相关记载	《沾化县志》1995年版

续表

县区	定期集市	集市发展情况	材料来源
广饶县	西关、大王、稻庄、马头、牛庄	(1)1949年后:各级集市恢复发展 (2)1956年:部分集市关停 (3)1958年:大集化小,小集消亡 (4)1960年:消亡的部分集市恢复 (5)1966～1976年:大部分集市关闭,1973年仅存有西关、大王、稻庄、马头、牛庄等10余处集市,统一规定集日为农历逢一、逢六 (6)1978年后:集市恢复	《广饶县志》1995年版
利津县	具体不详	(1)1949～1952年:市场活跃(无具体数字) (2)1953～1958年:统购统销及人民公社化运动,使市场冷落,货物紧缺 (3)1959～1961年:市场萧条 (4)1962～1966年:逐步恢复。1962年全年上市总价值1600万元,比1961年增长40% (5)1966～1972年:受“文化大革命”影响,市场再度萧条,1972年集市关闭	《利津县志》1990年版

续表

县区	定期集市	集市发展情况	材料来源
高青县	崔张店、寨子、大李、徐家寨、刘家镇、樊家林、单家村、码头、肖家等,最多时达30余处(具体不详)	(1)1949～1955年:集市贸易日趋活跃(无具体数字) (2)1956年:集市达30余处 (3)1958～1961年:集市衰落,崔张店、寨子、大李、徐家寨、刘家镇等集市消亡 (4)1962年:集市稳定 (5)1965年:集市恢复,如青城集,吸引了来自淄博、盐山等地的客商,日落方散 (6)1966～1976年:受"文化大革命"影响,集市萧条,樊家林等集市消失 (7)1978年:集市恢复,年总成交额385万元	《高青县志》1991年版
桓台县	索镇、田庄	(1)1949年:集市贸易是商品流通的渠道之一 (2)1952年:有集市43处,成交额300万元,此后采取限制集市措施,集市趋于萧条 (3)1958年:集市关闭 (4)1961～1963年:集市逐渐恢复。1963年,集市发展至40处,成交额近700万元 (5)1966～1978年:"文化大革命"开始后,集市受到冲击,70%的集市被迫关闭;1976年,全县仅存集市7处;1978年有所恢复,该年上市商品总额为812万元,较之1977年增长了近1倍	《桓台县志》1992年版

续表

县区	定期集市	集市发展情况	材料来源
垦利县	永安、一村、下镇、友林、护林、五县庄、西宋、史口、辛店、董集、民丰、下镇、坨庄、西张、高盖、十八图、后彩、杨庙	(1)1949～1953年:有集市存在,具体不详 (2)1956年:有集市26处 (3)1959年后:仅存永安、一村、下镇、友林、护林、五县庄、西宋7处集市 (4)1962年:集市恢复,全县每5日上市人数达5万余人次,成交额达301万元 (5)1963～1964年:集市被整顿,交易额逐年下降。1964年成交额为206.4万元,比1962年减少31.4% (6)1966～1978年:"文化大革命"开始后,集市贸易大受影响,1969年全县裁撤15处集市,存16处,至1978时交易额为227万元	《垦利县志》1997年版

从上表中不难看出,在中华人民共和国成立后的一段时期内,黄河三角洲区域内的集市有过较快发展。如桓台县在中华人民共和国成立之前集市不足30处,至1952年,发展到43处,成交额约300万元。① 高青县在中华人民共和国成立初期只有集市12处,1956年达到30余处。② 中华人民共和国成立前,博兴县有集市48处,至1958年"大跃进"、人民公社化运动开展前,发展到63处。1956年,全县集市成交额已达550万元。③

社会主义改造、人民公社化等运动开始后,黄河三角洲的集市贸易受到影响,一些集市被关闭,一些集市的上市商品受到限制。如滨县在1958年"共产风"刮起后,停止了集市贸易,连拥有170年历史的何家集也被取消。④

① 参见山东省桓台县史志编纂委员会编:《桓台县志》,第325页。

② 参见高青县地方史志编纂委员会编:《高青县志》,第255页。

③ 参见山东省博兴县地方史志编纂委员会编:《博兴县志》,第287～288页。

④ 参见山东省滨州市地方史志编纂委员会编:《滨州市志》,第295页。

20世纪60年代初至“文化大革命”开始，黄河三角洲的集市又有所恢复。如桓台县1963年集市恢复到40处，其中，万人以上的大集有6处，万人以下、3000人以上的大集有5处，3000人以下的小集有29处，农村集市成交额近700万元。与1960年相比，集市成交额增加了80%，赶集人数增加了60%，上市商品数量增加了2倍多。[①]

博兴县的情况与桓台相近，该县集市在1958年由此前的63处减少到45处，粮食市场一度关闭，集市贸易额度较低。进入20世纪60年代后，尤其是1962年之后，博兴的经济状况有所好转，集市贸易出现复苏迹象。如1962年上市物资总值达1.4亿元，交易额达428.4万元，集市交易粮食250万公斤、土布40万米、土线1.5万公斤、生猪7000头、活羊21600头、耕畜190头。1963年，博兴县集市数量增至58处，年上市物资总值达1900万元，交易额达到650万元。1965年，全县集市数量发展到65处，贸易成交额达702万元。[②]

再如邹平县，中华人民共和国成立后该县共有农村集市54处。1958年，33处集市被裁掉。1961年，根据社会对商品贸易的需求，邹平县恢复了被裁掉的33处集市，并对原有集市进行了整顿，集市贸易日渐活跃，出现了赶集人数多、上市物资多、贸易成交额多的局面。据调查，1961年，邹平全县集市上市物资总值达2827万元，成交额占上市物资总值的44.2%。1965年贯彻执行中央对农村集市“管而不死，活而不乱”的方针后，该县农村集市日趋繁荣，成交额占上市物资总值的46.5%。[③]

再如广饶县，1963年该县农村集市恢复发展至40处，接近1952年的集市数量，集市的成交额、赶集人数等都有较大提升。该年广饶县集市成交额近700万元。较之1960年，成交额增长了80%，上市物品数量增加了2倍多，赶集人数增加了60%。

又如利津县，该县1962年集市贸易活跃，全年上市物资总值达1600万元，比1961年增长了40%；成交额在120万元左右。[④]

---

① 参见山东省桓台县史志编纂委员会编:《桓台县志》，第325页。
② 参见山东省博兴县地方史志编纂委员会编:《博兴县志》，第288页。
③ 参见山东省邹平县地方史志编纂委员会编:《邹平县志》，第616页。
④ 参见山东省利津县地方史志编纂委员会编:《利津县志》，第320页。

20世纪60年代初至“文化大革命”开始，黄河三角洲地区的集市贸易得到较快恢复与发展，与中央对全国集市贸易政策的调整有极大关系。如1959年9月23日，《中共中央、国务院关于组织农村集市贸易的指示》下达全国，该指示提出：

> 为适应生产发展和生活提高的要求，商业部门除了大力组织收购、供应，召开各级物资交流会外，还必须积极组织和指导农村集市贸易，便利人民公社社员交换和调剂商品，沟通城乡物资交流，促进人民公社多种经济的发展，活跃农村经济。①

农村集市贸易“应该根据公社化以后农村经济生活的变化情况，因地制宜地采取多种多样的形式”②。1961年《中共惠民地委批转专署商业局党委“关于农村集市贸易开发情况和今后意见的报告”》指出：“我区自贯彻中央关于有领导有计划地恢复农村集市活跃农村经济的指示后，各地均根据中央、省委的指示采取了具体措施，农村集市贸易情况有了迅速改变，扭转了过去死滞的情况。”目前农村集市“上市品种增多，人数增加，东西多，交易大，成效显著”。③ 文件说明20世纪60年代初期黄河三角洲地区农村集市贸易的发展，是贯彻中央、省委指示的结果。此处所称中央指示，无疑即为上文提及的《中共中央、国务院关于组织农村集市贸易的指示》；而省委指示，当指此份中央指示下达山东省后，山东省委又作出的进一步说明和指示。

这一时期农村集市贸易的恢复与发展，除促进了农村商品交易的发展外，还带来了其他一些积极效果。如《中共惠民地委批转专署商业局党委“关于农村集市贸易开发情况和今后意见的报告”》指出，农村集市贸易的活跃，还“带动了副业的发展，提高了生产队和社员的生产积极性，不少生产队，利用休假和空闲时间大搞多种经营。有些地方因为副业生产的发展，集体和个人收入均有增加。如索镇公社33个核算单位，1959年冬季副业门路23项，收入20多万元，1960年冬季发展到30多项，纯收入达到了30.36万元，这对生产自救起了很大的作用。同时，促进了冬季农业生产”。另外，农

---

① 中共中央文献研究室编：《建国以来重要文献选编》第12册，中央文献出版社2011年版，第501页。

② 中共中央文献研究室编：《建国以来重要文献选编》第12册，第503页。

③ 滨州市档案馆藏：《中共惠民地委文件》惠发(61)字36号丑《中共惠民地委批转专署商业局党委“关于农村集市贸易开发情况和今后意见的报告”》，档案号3—1—379—1，第1页。

村集市贸易的活跃使“黑市活动大大减少,集市交易价格有些已经稳定下来,并有一部分商品价格开始回落。据索镇1960年12月29日68种商品的调查,与11月份比较,40种稳平,14种上涨,14种回落。特别是当地手工业如炊食用具、编织品的价格都有降落。由于上市商品增多,价格回落,黑市成交大大减少,这样有力打击了投机商贩的活动”。[①]

“文化大革命”期间,黄河三角洲地方政府对集市采取了“严格限制,逐步代替”等措施,大、小集市均受到不同程度的影响。一方面,大部分集市被重新关停;另一方面,一些没有被关停的集市,集日被统一规定为农历逢一、逢六,进入了较长时间的萧条期。如博兴县1972年集市交易额下降至161万元,仅为1965年交易额的1/5左右。[②] 桓台县在1976年时仅存7处农村集市,较之1965年减少了33处;上市物资品种减少,年成交额为420万元,比1965年减少近300万元。[③]

“文化大革命”后期,黄河三角洲的部分集市又有逐渐复苏迹象。如1974年,博兴县恢复集市51处;到1975年,全县集市交易额达20423.83元,为历史最高水平。[④] 1978年十一届三中全会召开后,黄河三角洲地区的集市开始全面复苏与发展。

除集市外,黄河三角洲农村的商品交易还通过定期召开的物资交流大会进行。物资交流大会源于当地传统的庙会。中华人民共和国成立之前,黄河三角洲庙会众多,仅邹平县的庙会就达30多处,会期最长的可达10天。抗战时期,黄河三角洲的庙会几乎全部被废止。[⑤] 中华人民共和国成立后,物资交流大会取代庙会,成为农村商品交易的重要场所。现将中华人民共和国成立至1978年黄河三角洲原惠民地区举办物资交流大会的情况,列表(见表4-21)说明如下:

① 滨州市档案馆藏:《中共惠民地委文件》惠发(61)字36号丑《中共惠民地委批转专署商业局党委“关于农村集市贸易开发情况和今后意见的报告”》,档案号3—1—379—1,第2页。

② 参见山东省博兴县地方史志编纂委员会编:《博兴县志》,第288页。

③ 参见山东省桓台县史志编纂委员会编:《桓台县志》,第325页。

④ 参见山东省博兴县地方史志编纂委员会编:《博兴县志》,第288页。

⑤ 参见山东省邹平县地方史志编纂委员会编:《邹平县志》,第618页。

表 4-21　　惠民地区物资交流大会一览表(1949～1978年)

县区	举办地点	举办时间	发展情况	材料来源
滨县	西关、北镇、里则	不载	(1)1953年:县境内各界人士组成物资交流委员会,举办物资交流会21起,总成交额11288万元 (2)1955年:西关、北镇、里则相继举办,西关物资交流大会上市摊点600多个,上市人数达10万余人次 (3)1958年:停止 (4)1978年后:恢复	《滨州市志》1993年版
邹平县	邹平城、黄山庙	四月初八	(1)1953～1958年:1953年首次举办,至1958年共举办18次 (2)"大跃进"开始至1978年:停办	《邹平县志》1992年版
博兴县	博兴县城、兴福、利城、阎坊、马家、陈户、通滨、丈八佛	县城:农历四月、十月 兴福:农历四月 利城:农历三月、十月 阎坊:农历十月 陈户:农历四月 通滨:农历四月 丈八佛:农历十月	(1)1948年:开始举办 (2)1958年:中断 (3)1978年:恢复。如县城物资交流大会到会人员达50余万,成交额120万元	《博兴县志》1993年版

续表

县区	举办地点	举办时间	发展情况	材料来源
惠民县	惠城、胡家集	胡家集每年九月初七举办	(1)1949 年后:将庙会有组织、有领导地发展为物资交流大会,会期长,交易品繁多 (2)1958 年后:停办 (3)1978 年后:逐渐恢复	《惠民县志》1997 年版
阳信县	雹泉庙、狼丘家、阳信城里、古佛镇、水落坡、阎家、河流店、范家阁、温家店、小刘村、大寨村等	具体举办时间不详,会期 5 天左右	(1)1950 年:举办 4 处 (2) 1953～1954 年:举办 10 处 (3)1958 年:停办 (4)1962 年:阳信城里交流会恢复,交易额达 50 余万元 (5) 1966～1980:"文化大革命"开始后,停办	《阳信县志》1995 年版
无棣县	城关镇、大庄、水湾、泊头、大山、埕口、常家、邓王、佘家巷	不详	(1)1954 年:首次在城关镇举办,交易额 10.2 万元 (2) 20 世纪 50 年代末:停办	《无棣县志》1994 年版
沾化县	沾城、下洼、富国、利国	不详	(1)1952 年:首次在沾城举办,到会人员达 3 万余人次 (2)1958 年后:停办	《沾化县志》1995 年版

续表

县区	举办地点	举办时间	发展情况	材料来源
利津县	利城、盐窝、陈庄	每年10月，历时5天	(1)1953年：赶会总人数达12.4万人次，交易额22亿多元(旧人民币) (2)1956年：停止 (3)1980年：恢复	《利津县志》1990年版
高青县	县城驻地、重点集市	每年秋、冬两季，具体时间不定	(1)1949～1956年：政府部门联合组成物资交流会筹委会，具体交易情况不详 (2)1957～1978年：受社会影响，停办	《高青县志》1991年版
桓台县	索镇	秋末	(1)1953年：首次举办 (2)1966年后：停办 (3)1978年：恢复	《桓台县志》1992年版
垦利县	罗镇	秋季	1962年：首次在罗镇举办	《垦利县志》1997年版

中华人民共和国成立至1957年，黄河三角洲地区的物资交流大会得到较快发展。各地每年定期举办的物资交流大会，交易物资众多，交易额较大，参会群众较多。交易物资主要为针织百货、日用百货、农业生产资料、当地的农副产品等。[①] 1953年，滨县共举办物资交流大会21起，商品成交额达到11288万元。1955年，滨县西关举办的物资交流大会，参会人数超过10万人。[②] 同年，阳信县在城北的小刘村、大寨村等举办春季物资交流大会，5天的会期，商品交易额达到50万元。[③]

物资交流大会不仅有本地商人参加，更吸引了外地客商的参与。如在1953年邹平县举办的春季物资交流大会上，仅来自天津、济南、昌潍、淄博等

① 参见山东省阳信县史志编纂委员会编：《阳信县志》，第219页。
② 参见山东省滨州市地方史志编纂委员会编：《滨州市志》，第299页。
③ 参见山东省阳信县史志编纂委员会编：《阳信县志》，第219页。

地的药商就达151家，药市设摊位800余处，药材成交量达1万公斤，物资交流大会的成交额达94219万元(旧币)。[①]

物资交流大会是在国营商业、集体商业统购统销的背景下出现的。由于大多数商品实行统购统销政策，群众对生产、生活用品的需求受到较大限制，在集市贸易无法提供更多商品的情况下，物资交流大会应运而生，并焕发出勃勃生机。

然而，1958年后，受"大跃进"等运动的影响，黄河三角洲的物资交流大会一度中断，改革开放后才陆续恢复。

五、对外贸易的发展

对外贸易是商业发展的重要环节。中华人民共和国成立至1978年，黄河三角洲地区的对外进出口贸易有了较大发展。

1. 对外贸易管理机构及外贸企业发展情况

中华人民共和国成立后，黄河三角洲地区的外贸管理机构最初出现于1950年，该年4月，渤海行政公署下发总字第51号文件《关于改组渤海区国营贸易机构的决定》，要求在渤海行署所辖地域设立粮食、百货、花纱布、油脂分(支)公司以及猪鬃公司(下设办事处)，业务上受济南支公司的垂直领导。该年5月，惠民专员公署工商科成立，负责惠民专区的对外贸易工作。此时的惠民专署所辖区域，与今天的黄河三角洲地区基本重合。从此，黄河三角洲的对外贸易工作有了专门的管理机构，相关贸易也逐渐开展。

1960年，黄河三角洲的对外贸易机构进一步发展，该年，淄博专署外贸局成立，同时，中共淄博地委成立了对外贸易指挥部，负责指挥全区物资的收购、加工、出口和调运工作。

1961年，外贸局并入供销社。惠民专区供销社下设外贸科，负责全区的对外贸易工作。

进入20世纪70年代后，黄河三角洲的外贸工作先隶属于商业局管理，后逐渐走向独立。1972年，惠民地委对外贸易局成立，负责管理本区域的对外贸易工作。[②]

---

① 参见山东省邹平县地方史志编纂委员会编:《邹平县志》,第618页。

② 参见惠民地区对外贸易局:《惠民地区对外贸易志(1894～1985)》,第16～26页。

20世纪50年代初期，黄河三角洲地区没有专门的外贸企业。国营实业公司、油脂公司、供销社、渔业社、个体私人工商业等负责粮油、食品及土特产等出口商品的收购。1953年开始，粮油实行统购统销，粮油等出口商品统一由油脂公司、专署粮局调运出口。1957年后，有关出口农产品的采购由供销社系统负责。

进入20世纪60年代后，黄河三角洲的外贸企业发生新变化，如1965年成立了中国畜产进出口公司山东分公司惠民专区支公司(后更名为"山东省畜产进出口公司惠民地区支公司")，专门负责畜产品等的进出口业务。

20世纪70年代后，黄河三角洲地区成立了外贸公司，如1971年在惠民地区畜产进出口公司的基础上，建立了对外贸易公司，隶属于商业局、外贸局。惠民地区外贸公司建立后，各县区也建立了与之对接的县级外贸公司。1973年，惠民地区外贸公司撤销，取而代之的是山东省土产工艺进出口分公司惠民地区支公司、山东省食品进出口分公司惠民地区支公司、山东省畜产品进出口分公司惠民支公司。黄河三角洲的对外贸易走上了更加专业化的道路。[①]

2. 进出口商品发展情况

(1)出口商品

黄河三角洲地区的出口商品，主要包括粮油、食品、畜产品、土产品、工艺品、纺织品、蚕茧(丝绸)等。

出口的粮油产品，包括粮食、油脂、油料、饲料、食盐等几个类别。如绿豆的出口：1963年，原惠民地区出口绿豆400吨；1967年，出口1847吨；1974年创历史纪录，出口数量达到1526吨。[②] 此后，粮油出口情况不够稳定。如1975年粮油出口总值为159.39万元，1977年增至209.4万元，1978年又跌至124.33万元。[③]

出口的食品，包括海产品、肉蛋品等。20世纪五六十年代，当地的食品出口增长缓慢且不稳定。如1956年惠民地区食品出口总值为24万元，1959年增至87.47万元，1969年又跌至7.75万元。真正的持续增长出现在20世纪70年代后。如1972年惠民地区食品出口总值为25.51万元，1975年

① 参见惠民地区对外贸易局：《惠民地区对外贸易志(1894～1985)》，第56～57页。

② 参见惠民地区对外贸易局：《惠民地区对外贸易志(1894～1985)》，第91页。

③ 参见惠民地区对外贸易局：《惠民地区对外贸易志(1894～1985)》，第101页。

为103.45万元,1978年为393.66万元。①

出口的畜产品包括皮毛制品、皮革制品等诸多类别。现将有关商品出口情况列表(见表4-22)如下:

表4-22　　惠民地区畜产出口总值统计表(1961～1978年)②

时间	总值(万元)	时间	总值(万元)
1961	95.92	1970	210.75
1962	169.42	1971	257.52
1963	188.91	1972	139.97
1964	175.30	1973	122.36
1965	125.49	1974	138.78
1966	69.13	1975	233.01
1967	123.69	1976	336.46
1968	(无记录)	1977	339.72
1969	215.45	1978	402.06

从上表中可以看出,黄河三角洲西部地区畜产品的出口在20世纪60年代处于徘徊、不稳定的状态,至1974年后才呈现出稳定增长的趋势。

黄河三角洲地区的土产品出口,也经历了从徘徊、不稳定到稳定增长的发展历程。如1959年,黄河三角洲原惠民地区土特产出口总值达215.59万元,但1962年降至63.29万元。③"文化大革命"后期开始,土特产出口呈现出稳定增长态势,如1974年出口总值为61.97万元,1975年为133.16万元,1976年为176.37万元,1977年为294.72万元,1978年为344.14万元。④

出口的工艺品,主要包括草编、柳编、苇编、地毯、家具等传统手工艺品。黄河三角洲地区工艺品的大量出口始于20世纪70年代。如1971年,沾化县开始向日本、欧美等地销售民众用玉米皮编制的地毯、茶垫等,拉开了沾

① 参见惠民地区对外贸易局:《惠民地区对外贸易志(1894～1985)》,第115～116页。
② 参见惠民地区对外贸易局:《惠民地区对外贸易志(1894～1985)》,第135～136页。
③ 参见山东省滨州地区地方史志编纂委员会编:《滨州地区志》,第535页。
④ 参见惠民地区对外贸易局:《惠民地区对外贸易志(1894～1985)》,第150～151页。

化县工艺品出口的序幕。此后，出口工艺品的数量、品种不断增多。[1] 1973年，博兴县居民利用传统柳编工艺制作成各种器皿，通过设于青岛的山东省土产工艺品进出口公司办理对外销售业务。[2] 改革开放之前，黄河三角洲地区的工艺品出口一直呈现出较快增长的趋势。如1972年，惠民地区工艺品出口总值为56.75万元，此后逐年增长，1975年增至543.76万元，1978年达到1436.41万元。[3]

纺织品的出口始于20世纪70年代。如1973年，惠民县棉纺厂的产品开始投入国际市场。此后，为适应国际市场所需，产品结构不断调整。[4] 纺织品的出口带动了黄河三角洲地区纺织加工业从粗加工、半成品向精加工、成品的转变。[5] 纺织品出口总值也呈现出较快增长的势头：1973年为8.66万元，1975年增至107.09万元，1977年增至199.35万元，1978年增至263.40万元。[6]

由于黄河三角洲系传统的桑蚕养殖区，中华人民共和国成立后，当地蚕茧业发展较快。如1954年，惠民地区蚕茧总产量达到2.855万公斤。1964年收购的蚕茧总值达到12.32万元。[7] 蚕茧（包括丝绸）也是黄河三角洲地区出口商品的重要组成部分，但受统计资料所限，中华人民共和国成立至1978年黄河三角洲蚕茧出口的发展、变化轨迹，尚难知其详。

（2）进口商品

中华人民共和国成立至1978年，黄河三角洲地区的进口商品多为上级业务部门调拨，自汇进口较少。上级调拨的物资以钢材、木材、化肥、农药、煤油为大宗，另有纺织品、粮食、食糖、医药、器械、生活日用工业品等。[8] 1978年改革开放之后，黄河三角洲进口商品的品种、数量大幅度增加。

总而言之，中华人民共和国成立至1978年，黄河三角洲地区的商业较之中华人民共和国成立前有了明显发展，商业经营形式由以私人经营为主转变为以国营商业、集体商业统购统销为主。这一时期的商业交易平台，不仅

---

① 参见山东省沾化县地方史志编纂委员会编：《沾化县志》，第391页。
② 参见山东省博兴县地方史志编纂委员会编：《博兴县志》，第278页。
③ 参见惠民地区对外贸易局：《惠民地区对外贸易志（1894～1985）》，第150～151页。
④ 参见山东省惠民县地方史志编纂委员会编：《惠民县志》，第298页。
⑤ 参见山东省滨州地区地方史志编纂委员会编：《滨州地区志》，第537页。
⑥ 参见惠民地区对外贸易局：《惠民地区对外贸易志（1894～1985）》，第174页。
⑦ 参见山东省滨州地区地方史志编纂委员会编：《滨州地区志》，第537页。
⑧ 参见山东省滨州地区地方史志编纂委员会编：《滨州地区志》，第538页。

有国营商店、供销社及其他集体企业、组织，还有被重新激活的传统集市，并进一步出现了物资交流大会这一新形式。对外贸易中，以出口为主，进口为辅。出口商品的数量、品种等随着时间的推移，尤其是进入20世纪70年代后逐渐增多。这一时期，受政治运动、自然灾害等诸多因素影响，黄河三角洲地区的商业发展不够平稳，总体上呈现出前期发展较快，中期较慢甚至倒退，后期再快的发展趋势。

从商品销售额的角度看，这一时期，黄河三角洲西部地区的商业开发滞后于胶东地区以及鲁西南的济宁地区。如黄河三角洲地区1958年的商品销售额为15027.8万元，1978年增至18331.8万元①，增长率为21.9%。而胶东半岛的烟台地区，1957～1978年，商品销售额从8466万元增至117178万元②，增长率为1284.1%。威海市1959～1982年的商品销售额从2344.6万元增至8090.0万元③，增长率为245.0%。据此可以推断，1958～1978年，威海市的商品销售额增长率应当略低于245.0%。鲁西南地区的济宁市1957年商品销售额为17696.8万元④，1978年增长至70000万元⑤，增长率为295.6%。

第七节 交通运输业

俗语称："要致富，先修路"；"交通举，百业兴"。交通运输业的发展，是促进区域开发建设的重要因素。而区域经济的开发，又会助推交通运输业的进一步发展。中华人民共和国成立至1978年，黄河三角洲地区的交通运输业有了很大程度的开发，无论是交通基础设施的建设还是运输业，均较此前有了新的变化。

---

① 参见山东省滨州地区地方史志编纂委员会编：《滨州地区志》，第532～533页。

② 参见烟台市地方史志编纂委员会办公室编：《烟台市志》，第1086页。

③ 参见威海市地方史志编纂委员会编：《威海市志》，第286页。

④ 参见济宁市地方史志编纂委员会编：《济宁市志》，第767页。

⑤ 参见济宁市地方史志编纂委员会编：《济宁市志》，第768页。

一、交通基础设施的建设

其一，公路建设。

首先，修建了一批省级主干公路，主要有张义公路、北吴公路、王潍公路、济理公路、潍博公路、垦禹公路、庆淄公路、平富公路等。

张义公路是贯穿黄河三角洲地区的省级主干公路之一，南起张店，经索镇、博兴，越过黄河至北镇、滨县、富国镇，北至东营的义和庄，全长145.1公里。[①] 该条公路，除淄博张店段外，其余绝大部分路段均在黄河三角洲境内。张义公路在清朝时期即为大道和驿道，抗战时期，因为战事，破坏殆尽，车马难行。中华人民共和国成立后，1953～1954年，张店至北镇段改线离村，裁弯取直，加宽路基，建成了基配砾石、碎石路面，成为山东省第一条用基配碎石材料铺筑路面的公路。[②] 1967～1968年，张店至滨县滨城镇(今滨城区滨北街道办事处)路段铺筑沥青路面。1969～1970年，滨城镇至义和庄路段铺筑沥青路面。[③] 1974～1977年，张店至黄河南除个别路段外，路基加宽至20～24米，沥青路面宽19～19.5米。[④]

北吴公路，始于北镇，通过德州直达河北省吴桥县，1966～1978年铺设沥青路面，为北镇通往河北的主要交通干线。

潍博公路，东起潍坊，西至博兴，与胶济、张东铁路相连，1970年铺设沥青路面，为黄河三角洲地区通往胶东半岛的主干公路之一。[⑤]

以上公路多修建于20世纪六七十年代，少数在50年代即开始建设。进入20世纪80年代后，多数路段又得到进一步的拓展和修整。

除以上主干公路的修建外，中华人民共和国成立至1978年，黄河三角洲还有一些沟通本区域内各县区间联系的重要公路完成建设，如滨孤公路、博新公路、滨海公路等。滨孤公路，起自滨县县城，止于东营孤东，全长124公里，1970年施工兴建。博新公路，起自博兴，止于垦利县的新安乡，全长107

---

① 参见山东省地方史志编纂委员会编:《山东省志·交通志》，山东人民出版社1996年版，第23页。

② 参见中共滨州地委党史资料征集研究委员会编:《中共惠民地区历史大事记(1950～1992)》，第56页。

③ 参见山东省滨州地区地方史志编纂委员会编:《滨州地区志》，第444页。

④ 参见山东省地方史志编纂委员会编:《山东省志·交通志》，第23页。

⑤ 参见山东省滨州地区地方史志编纂委员会编:《滨州地区志》，第444～445页。

公里,有关路段最早兴建于1967年。滨海公路,起自滨州(原北镇),止于东营海港,全长143.9公里,部分路段始建于1956年。[①]

另外,中华人民共和国成立后,黄河三角洲地区各区县的县乡公路均有新发展。如桓台县在20世纪六七十年代即修建了果周公路、红马公路、侯庄公路等。[②] 广饶县修建了广码路。垦利县修建了建林路、高盖路等。利津县修建了义盐路、前宋路、利富路、薄集路、北付路等。[③]

其次,为促进胜利油田的开发建设,从20世纪60年代开始,黄河三角洲地区还修建了一批胜利油田专用公路。胜利油田出于原油运输等需要,亦修建了一些省级干线和县乡公路。至1985年,石油部门投资修建的公路总里程达1100公里,分布于黄河三角洲的东营、滨州两地的公路达727.1公里。[④]

中华人民共和国成立至1978年,黄河三角洲地区基本建成了连通南、北、东、西的公路网。同时,本区各县之间以及县、乡之间也建设了公路线。公路网络的建设,对黄河三角洲地区各县之间、本区域与外界之间的沟通联系以及黄河三角洲的经济发展起了积极的促进作用。

其二,铁路建设。

中华人民共和国成立后,黄河三角洲地区的铁路建设有了一定发展,从淄博张店至东营的张东铁路于1970年正式通车。张东铁路最早兴建于1959年,主要基于支援王旺庄水利工程建设而集资修建。1963年底通车,为客货混用的轻便铁路。1966年,为促进胜利油田的开发建设,按照国家三级标准,将自淄博至博兴的轻型轨条改换为大型标准轨,之后将铁路由博兴延伸至东营。1970年,全线正式通车,全长91公里。该铁路原称"张北铁路",今改称"张东铁路"[⑤],为中华人民共和国成立至1978年黄河三角洲境内唯一一条贯穿全境的铁路线。

除张东铁路外,胶济铁路曾于邹平县临池乡过境,原设两个火车站,1960年又增建一站。但除了临池站外,其他两站均不办理客货运输业务。1982年,胶济铁路改线,邹平境内的相关站点被撤销。[⑥]

---

① 参见东营市交通史志编纂委员会编:《东营交通志》,人民交通出版社1998年版,第110～114页。

② 参见山东省桓台县史志编纂委员会编:《桓台县志》,第337～338页。

③ 参见东营市交通史志编纂委员会编:《东营交通志》,第117～120页。

④ 参见山东省地方史志编纂委员会编:《山东省志·交通志》,第43页。

⑤ 参见山东省滨州地区地方史志编纂委员会编:《滨州地区志》,第445页。

⑥ 参见山东省滨州地区地方史志编纂委员会编:《滨州地区志》,第445页。

其三，桥梁建设。

中华人民共和国成立后，随着公路建设的发展，黄河三角洲公路桥梁的建设也逐步推进。20世纪60年代初，黄河三角洲境内的桥梁仍以半永久性的临时性桥梁为主，1965年始采用大锅锥钻孔、混凝土灌注桥桩技术，使桥梁的寿命延长。1966年，黄河三角洲开始修建采用新型上部结构形式的桥梁。至1976年，惠民地区共建设中小桥梁48座，全长1261.29米。此后，桥梁建设速度加快，规模加大。1977～1985年，惠民地区共新建桥梁162座。[1]

黄河三角洲在中华人民共和国成立至1978年这一时期所建桥梁，部分至今仍发挥着重要作用。如北镇黄河公路大桥于1972年9月建成，桥长1390.6米，桥面行车道宽9米，两侧人行道宽1.5米。该桥位于黄河下游南北交通动脉的要冲，时至今日，仍发挥着重要的交通作用。[2] 再如分洪河桥，该桥位于广饶县境内小清河北侧的分洪河上，全长212米，兴建于1966年，20世纪80年代后进行过改建、加宽[3]，桥梁承载能力进一步增强。

其四，港口建设。

中华人民共和国成立至1978年，黄河三角洲地区的港口建设相对滞后，主要修建了2座小型港口。

其一为东风港（见图4-5）。其前身为傅家堡子港，位于无棣县境内徒骇河与秦口河汇合处的套儿河西岸。1969年建港，1971年建成，码头长120.9米，可停泊500吨货船2艘，1971年货物吞吐量为11.5万吨。[4]

图4-5　东风港[5]

① 参见山东省滨州地区地方史志编纂委员会编：《滨州地区志》，第446页。
② 参见山东省滨州地区地方史志编纂委员会编：《滨州地区志》，第448页。
③ 参见东营市公路管理局史志纂委员会：《东营市公路志》，山东人民出版社1993年版，第86页。
④ 参见山东省滨州地区地方史志编纂委员会编：《滨州地区志》，第454页。
⑤ 采自山东省无棣县县志编纂委员会编：《无棣县志》。

其二为富国港。该港位于沾化县境内徒骇河东岸的富国镇，1960年时货物吞吐量为3.9万吨，1978年进行重建。[①] 1979年，富国港可停泊200吨级船舶，年综合通过能力为30万吨。[②]

二、运输业的发展

中华人民共和国成立后，伴随着经济的发展及本地区公路、铁路等基础设施建设的推进，黄河三角洲地区的运输业也有了进一步的发展。这主要体现在三个方面上。首先，运输工具的发展。关于中华人民共和国成立至1978年黄河三角洲地区交通运输工具的变化情况，以桓台县为例试加说明(见表4-23)：

表4-23　　桓台县交通运输工具统计表(1949～1978年)[③]

年份	机动车(辆)			非机动车(辆)			
	汽车	大中拖拉机	小拖拉机	铁木轮大车	胶轮大车	胶轮地排车	胶轮手推车
1949	/	/	/	1406	/	/	/
1950	/	/	/	1406	/	/	/
1951	/	/	/	1523	/	/	/
1952	/	/	/	1581	/	/	/
1953	/	/	/	1619	/	/	/
1954	/	/	/	1631	/	/	/
1955	/	/	/	1592	/	/	/
1956	/	/	/	1592	/	/	/
1957	/	/	/	1589	232	/	682
1958	/	/	/	1577	377	230	1942
1959	/	3	/	1580	432	360	2046
1960	/	8	/	1377	478	445	2930
1961	/	16	/	1234	554	991	3793
1962	2	16	/	1209	688	1602	6163
1963	3	20	/	912	757	2059	6461

① 参见山东省地方史志编纂委员会编:《山东省志·交通志》,第357页。
② 参见山东省沾化县地方史志编纂委员会编:《沾化县志》,第309页。
③ 山东省桓台县史志编纂委员会编:《桓台县志》,第343页。

续表

年份	机动车(辆)			非机动车(辆)			
	汽车	大中拖拉机	小拖拉机	铁木轮大车	胶轮大车	胶轮地排车	胶轮手推车
1964	8	23	/	705	863	2410	6768
1965	8	23	/	555	998	2255	6536
1966	5	/	/	/	1154	3115	9044
1967	6	5	/	/	1313	3538	7964
1968	13	10	/	/	1403	3619	8391
1969	9	44	16	/	1528	3704	7781
1970	16	37	30	/	1719	3859	8084
1971	18	46	38	/	2333	4310	8894
1972	18	63	92	/	2078	5351	9421
1973	25	142	149	/	2252	5234	9666
1974	37	199	193	/	2369	4947	10402
1975	24	290	256	/	2471	5260	10604
1976	31	351	307	/	2594	5216	11307
1977	30	413	317	/	2721	5287	13268
1978	102	476	369	/	2733	5006	15149

从表4-23看，中华人民共和国成立后，桓台县的机动车数量总体上呈增长趋势。但“文化大革命”初期，桓台县的机动车数量一度减少。进入20世纪70年代后，机动车的数量才快速增长。除铁木轮大车外，非机动车的数量总体上亦呈增长趋势。铁木轮大车在经过20世纪50年代初期的短暂增长之后，呈逐年减少趋势。至1966年，桓台县竟无相关车辆统计数字。这一现象表明，作为旧式运输工具的铁木轮大车逐渐退出历史舞台，新式运输工具在经济发展中发挥的作用愈益增大。

其次，客运的发展。黄河三角洲地区客运事业的发展主要体现在公路客运方面。而公路客运的发展主要表现在客运站点的增加、行车里程的延长以及客运量的增长等方面。1957年，黄河三角洲原惠民地区拥有汽车站24个、售票处9个、代办站15个、停车点73个、客运路线31条，行车里程为1451公里，全年客运量为86万人次。1965年，汽车站、售票处数量与1957年相同，但代办站增至19个，停车点增至175个，客运路线达到50条，行车里程为1712公里,全年客运量达到180万人次。进入20世纪70年代后,黄河三角洲客运事业发展迅速。如1976年,惠民地区有汽车站25处、售票处7处、代办站43个、停车点241个、客运路线93条,行车里程为2880公里,全年客运量达323万人次。[①]

再次,货运的发展。黄河三角洲地区的货运事业发展较早。如1952年,北镇运输分公司正式成立并开始运营,标志着黄河三角洲货运事业的起步。此后,随着经济的发展,货运量逐步增长。如1966年,惠民地区的公路货运量为107万吨,至1978年增至651万吨。[②]

总之,中华人民共和国成立至1978年,黄河三角洲的交通运输业较之中华人民共和国成立前有了长足发展,尤其体现于公路方面。具体而言,不同区域的发展速度不尽相同。总体来看,20世纪50年代交通运输业发展较慢,60年代较之50年代发展要快,但低于70年代。

黄河三角洲地区交通运输业的发展速度和质量与同期胶东半岛地区相比,还有一定距离。就公路客运而言,烟台地区1957年客运量为150万人次,1965年达到300万人次;到20世纪70年代中期,有客运路线160条、站点900多个,客运量达700万人次。[③] 这些数据均超过了同一时期的黄河三角洲惠民地区。就港口建设而言,黄河三角洲地区与胶东地区差距尤大。改革开放前,黄河三角洲地区仅拥有吞吐量较小的两个港口,且以货运为主;而胶东半岛在同一时期已拥有大型港口烟台港以及威海港、龙口港、石岛港、长岛港、乳山口港、蜊江港等诸多港口。1976年,仅烟台港即发送旅客47.3万人次[④];而改革开放前,黄河三角洲地区的港口尚未开通客轮运输业务。

---

① 参见山东省滨州地区地方史志编纂委员会编:《滨州地区志》,第452页。

② 参见山东省滨州地区地方史志编纂委员会编:《滨州地区志》,第453页。

③ 参见中共烟台市委研究室编:《烟台市情(1949～1988)》,山东人民出版社1989年版,第392页。

④ 参见烟台市地方史志编纂委员会办公室编:《烟台市志》,第581页。

参考文献

一、著作

(元)脱脱等:《宋史》,中华书局 1977 年版。

(清)程士范纂:(乾隆)《利津县志补》,(台北)成文出版社 1977 年影印版。

(清)程素期、程之芳等修辑:(康熙)《邹平县志》,清康熙三十四年(1695)刻本。

(清)黄玑:《山东黄河南岸十三州县迁民图说》,《山东文献集成》第 2 辑,山东大学出版社 2007 年版。

(清)李熙龄修纂:(咸丰)《武定府志》,清咸丰十年(1860)刻本。

(清)李熙龄纂修:(咸丰)《滨州志》,《中国地方志集成·山东府县志辑》,凤凰出版社 2004 年影印版。

(清)柳堂修,(清)李凤冈纂:《惠民县志补遗》,清光绪二十七年(1901)刻本。

(清)沈世铨修,(清)李勗纂:(光绪)《惠民县志》,《中国地方志集成·山东府县志辑》,凤凰出版社 2004 年影印版。

(清)盛赞熙修,(清)于朝荣纂:(光绪)《利津县志》,《中国地方志集成·山东府县志辑》,凤凰出版社 2004 年影印版。

(清)王定柱:《同治山东盐法续增备考·富国场私开滩池聚众侵害等情一案》,清同治三年(1864)辽阳刘清泰刻。

(清)王守基:《盐法议略》,光绪丙戌(1886)刊本。

(清)王赠芳、王镇修,(清)成瓘、冷烜编纂:(道光)《济南府志》,清宣统二年(1910)刻本。

(清)佚名:《长山县乡土志·道路》,清末抄本。

(清)岳濬等监修,(清)杜诏等编纂:(雍正)《山东通志·艺文》,文渊阁《四库全书》本。

(清)赵弘燮:《奏陈委员拿获沿海私枭折》,《宫中档康熙朝奏折》第7辑,(台北)"国立"故宫博物院印行。

(清)周壬福修,(清)李同纂:(道光)《博兴县志》,(台北)成文出版社1976年影印版。

《东营市水利志》编纂委员会编:《东营市水利志》,红旗出版社2003年版。

《鲁政辑要》,清末抄本。

《清高宗实录》,(台北)大通书局1997年版。

从翰香主编:《近代冀鲁豫乡村》,中国社会科学出版社1995年版。

东营市交通史志编纂委员会编:《东营交通志》,人民交通出版社1998年版。

董合忠编著:《盐碱地棉花栽培学》,科学出版社2010年版。

高青县政协文史资料委员会编:《高青文史资料》第7辑,1991年。

国营黄河农场编:《黄河农场志》,山东省地图出版社2006年版。

侯荫昌修,张方墀等纂:(民国)《无棣县志》,《中国地方志集成·山东府县志辑》,凤凰出版社2004年影印版。

黄河水利委员会黄河河口管理局编:《东营市黄河志》,齐鲁书社1995年版。

惠民地区地方史志编纂委员会编:《惠民地区风物综览》,山东友谊书社1989年版。

惠民地区对外贸易局:《惠民地区对外贸易志(1894～1985)》,1989年内刊本。

惠民地区商业局史志编纂领导小组:《惠民地区商业志(征求意见稿)》,惠民地区商业局,1989年。

垦利县地方史志编纂委员会:《垦利县志》,山东人民出版社1997年版。

李秉衡:《李忠节公(鉴堂)奏议·奏利津县北岭子西滩两处民埝漫片》,(台北)文海出版社 1968 年版。

李沈阳:《黄河三角洲民俗信仰调查与研究》,山东大学出版社 2014 年版。

梁建章、徐中晟修,于清泮纂:(民国)《沾化县志》,《中国地方志集成·山东府县志辑》,凤凰出版社 2004 年影印版。

梁中权修,于清泮纂:(民国)《齐东县志》,《中国地方志集成·山东府县志辑》,凤凰出版社 2004 年影印版。

林修竹:《山东各县乡土调查录》,齐鲁书社 1985 年版。

林振翰:《盐政辞典》,商务印书馆 1928 年版。

刘德增:《大迁徙——寻找"大槐树"与"小云南"移民》,山东人民出版社 2009 年版。

栾钟垚、赵咸庆修,赵仁山等纂:(民国)《邹平县志》,《中国地方志集成·山东府县志辑》,凤凰出版社 2004 年影印版。

毛承霖修,赵文运等纂:(民国)《续修历城县志》,1926 年铅印本。

彭泽益编:《中国近代手工业史资料》,三联书店 1957 年版。

齐涛主编:《中国古代经济史》,山东大学出版社 2011 年版。

曲延庆:《邹平通史》,中华书局 1999 年版。

山东省滨州地区地方史志编纂委员会编:《滨州地区志》,中华书局 1996 年版。

山东省博兴县地方史志编纂委员会编:《博兴县志》,齐鲁书社 1993 年版。

山东省地方史志编纂委员会编:《山东省志·交通志》,山东人民出版社 1996 年版。

山东省东营市地方史志编纂委员会编:《东营市志》,齐鲁书社 2000 年版。

山东省桓台县史志编纂委员会编:《桓台县志》,齐鲁书社 1992 年版。

山东省惠民地区农业合作化史编写委员会编:《山东惠民地区农业合作化史料集》,1990 年。

山东省惠民地区水利志办公室编:《惠民地区水利志》,青岛出版社 1991 年版。

山东省沾化县地方史志编纂委员会编:《沾化县志》,齐鲁书社1995年版。

山东省邹平县地方史志编纂委员会编:《邹平县志》,齐鲁书社1992年版。

寿杨宾编著:《青岛海港史(近代部分)》,人民交通出版社1986年版。

滕泽之:《山东人口史》,山东省新闻出版局1991年内刊本。

田家怡、吕学军、闫永利等:《黄河三角洲生态环境灾害与减灾对策》,化学工业出版社2008年版。

王鸿绩、赵仁泉修,闫容德总纂:(民国)《续修惠民县志》,山东省惠民县史志办藏1936年稿本之1983年抄本。

王蕊:《齐鲁家族聚落与文化变迁》,齐鲁书社2008年版。

王文彬、潘莱峰修,王寅山纂:(民国)《续修广饶县志》,《中国地方志集成·山东府县志辑》,凤凰出版社2004年影印版。

王雨先:《广饶盐业》,山东省政协文史资料委员会编:《山东文史集粹》(修订本),中国文史出版社1998年版。

徐珂编撰:《清稗类钞·矿场类·山东产盐区域调查记》,中华书局1984年版。

徐其忠、李靖莉、王燕:《黄河三角洲古文化遗存研究》,山东人民出版社2002年版。

盐务署辑:《清盐法志》,1920年铅印本。

杨启东修,赵梓湘纂:(民国)《青城县志》,《中国地方志集成·山东府县志辑》,凤凰出版社2004年影印版。

俞异君:《山东庙会调查集》,李文海主编:《民国时期社会调查丛编》(宗教民俗卷),福建教育出版社2004年版。

张含英编:《黄河志》第三篇《水文工程》,国立编译馆1936年版。

张金路、孙才顺、田家怡:《黄河三角洲文化概要》,齐鲁书社2007年版。

张其丙修,张元均纂:(民国)《重修博兴县志》,《中国地方志集成·山东府县志辑》,凤凰出版社2004年影印版。

张秀荣:《惠民地区林业志》(上),铅印稿,1994年。

赵尔巽等:《清史稿》,中华书局1976年版。

赵世瑜:《狂欢与日常——明清以来的庙会与民间社会》,三联书店2002

年版。

政协滨州市委员会编著:《滨州区域文化通览·滨城卷》,中国文史出版社 2012 年版。

政协沾化县委员会文史资料研究委员会编:《沾化文史资料》第 1 辑,1987 年。

中共利津县委党史研究室编:《利津县史》,齐鲁书社 2000 年版。

中国人民政治协商会议垦利县委员会文史资料委员会编:《垦利文史资料》第 1 辑,1987 年。

朱兰修,劳乃宣等纂:(民国)《阳信县志》,《中国地方志集成·山东府县志辑》,凤凰出版社 2004 年影印版。

二、文章

《草帽缏改良事宜》,《商务官报》己酉第 14 册,1909 年 5 月 5 日。

《山东农村副业概况》,1935 年 8 月 13 日《中央日报》。

崔树梓等口述,李军整理:《铁门关》,中国人民政治协商会议东营市委员会学习宣传文史委员会编:《东营文史》第 9 辑,2000 年。

董龙凯:《近代黄河三角洲的发展与移民》,《中国历史地理论丛》1996 年第 1 期。

勾利军、彭展:《唐代黄河中下游地区蝗灾分布研究》,《中州学刊》2006 年第 3 期。

李靖莉:《黄河三角洲古代工商业考略》,《烟台师范学院学报》2003 年第 2 期。

李靖莉:《黄河三角洲古代商业考论》,《滨州学院学报》2005 年第 1 期。

李靖莉:《黄河三角洲古代手工业考论》,《理论学刊》2005 年第 12 期。

李靖莉:《黄河三角洲近代棉业改良及其影响》,《齐鲁学刊》2005 年第 6 期。

李靖莉:《近代时期的黄河三角洲移民》,《东岳论丛》2011 年第 4 期。

李靖莉:《明清时期黄河三角洲手工业经济考论》,《东方论坛》2006 年第 4 期。

李靖莉:《唐宋明清时期黄河三角洲商品经济发展考论》,《东岳论丛》

2006 年第 6 期。

李靖莉:《晚清时期黄河三角洲手工业考论》,《滨州学院学报》2008 年第 2 期。

李靖莉、李淑芬:《黄河三角洲古代经济述要》,《山东行政学院 山东省经济管理干部学院》2002 年第 2 期。

李靖莉、王萍:《黄河三角洲盐业生产史考》,李象润、李靖莉编著:《滨州历史与民俗文化考略》,黄河出版社 2007 年版。

李靖莉、赵惠民:《黄河三角洲古代盐业考论》,《山东社会科学》2007 年第 9 期。

李人凤:《渤海垦区土地问题——垦区土地工作会议记录摘要》,中共山东省委党史研究室、山东省中共党史学会编:《山东党史资料文库》第 9 卷,山东人民出版社 2015 年版。

李沈阳:《近十年来黄河三角洲区域研究的回顾与展望》,《中国石油大学学报》2009 年第 2 期。

孟艳霞:《明代山东蝗灾分布特征初探》,《菏泽学院学报》2009 年第 1 期。

田家怡、闫永利:《论黄河三角洲灾害文化的构建》,《滨州学院学报》2009 年第 1 期。

王爱民、李靖莉:《民国前期黄河三角洲地区市镇的发育》,《东岳论丛》2014 年第 8 期。

徐其忠:《从古文化遗址分布看距今七千年——三千年间鲁北地区地理地形的变迁》,《考古》1992 年第 11 期。

张金路:《黄河三角洲区域文化的渊源与特征》,《滨州师专学报》2000 年第 3 期。

赵惠民:《论黄河三角洲古代商品经济的发育》,《中国石油大学学报》2007 年第 3 期。

赵惠民:《清末民初的黄河三角洲移民》,《齐鲁学刊》2007 年第 4 期。

三、档案

滨州市档案馆藏:《中国共产党惠民地方委员会通报》1955 年第 5 号,档案号 3－2－77－9。

滨州市档案馆藏，惠民专署统计科编辑：《私营工业及个体手工业材料》(1953 年)，档案号 14－1－10－10。

滨州市档案馆藏：《惠民专区引黄灌溉管理局关于引黄灌溉工作的初步总结及今后意见(草稿)》，档案号 3－1－577－7。

滨州市档案馆藏：《惠民专署统计资料》(1956 年 5 月 31 日)，档案号 14－1－18－3。

滨州市档案馆藏：《中共惠民地委财贸部指示》总号(55)27 号《中共惠民地委财贸部批转惠民县油脂支公司“关于当前食油统销情况和今后意见”的报告》，档案号 3－2－96－7。

滨州市档案馆藏：《中共惠民地委文件》《惠民专区农业社增减产和社员增加收入情况统计表(1956 年 11 月 5 日)》，档案号 3－1－148－8。

滨州市档案馆藏：《中共惠民地委文件》惠发(61)204 号申《中共惠民地委批转专署计委党组“关于加强小农具生产意见的报告”》，档案号 3－1－377－4。

滨州市档案馆藏：《中共惠民地委文件》惠发(61)239 号戌《中共惠民地区水利建设指挥部委员会关于今冬明春水利工程安排意见的报告》，档案号 3－1－386－7。

滨州市档案馆藏：《中共惠民地委文件》惠发(61)字 36 号丑《中共惠民地委批转专署商业局党委“关于农村集市贸易开发情况和今后意见的报告”》，档案号 3－1－379－1。

滨州市档案馆藏：《中共惠民地委文件》惠发(62)108 号未《中共惠民地委关于全区农业生产水平及生产力变化基本情况和对粮、棉、油、牲畜几个主要方面恢复问题的初步意见》，档案号 3－2－345－3。

滨州市档案馆藏：《中共惠民地委文件》惠发字(61)89 号寅《中共惠民地委批转专署商业局委员会关于当前煤炭供应情况和今后意见的报告》，档案号 3－2－304－6。

滨州市档案馆藏：《中共淄博地委文件》淄发(60)字 128 号寅《中共淄博地委批转地委水产部关于当前渔业生产情况及今后意见的报告》，档案号 3－2－267－6。

滨州市档案馆藏：《中共淄博地委文件》淄发(60)字 154 号卯《中共淄博

地委关于一九六〇年农业半机械化规划(草案)》,档案号3—1—330—1。

滨州市档案馆藏:《中国共产党地方委员会通报》总号(55)1号《地委批转地委财贸委关于目前采购残牛、毛猪工作中发生强迫命令和只顾采购宰杀不顾政策的现象及今后措施的报告》,档案号3—2—77—7。

滨州市档案馆藏:《中国共产党惠民地方委员会通报》总号(55)91号《中共惠民地委转发专社党组关于推销新式农具的措施报告》,档案号3—2—77—11。

滨州市档案馆藏:《中国共产党淄博地方委员会批示》总号(59)88号《有关中共淄博地委批转地委农具改革办公室关于大力开展以夏收工具为中心的工具改革运动的报告》,档案号3—2—207—14。

作家出版社编辑部编:《跃进新民歌(三):大跃进战歌》,作家出版社1958年版。